BIOGRAFÍAS ESPASA

FERNANDO CLARAMUNT

JUAN ANTONIO VALLEJO-NÁGERA

LA DIFÍCIL SERENIDAD

ESPASA CALPE
Madrid-1993

Diseño y cubierta: José Fernández Olías
Fotografías de la cubierta: Juan Antonio Vallejo-Nágera *(EFE)*,
Fernando Claramunt *(Foto P. Albert)*
Director de la colección: Ricardo López de Uralde

Las fotografías que ilustran la obra han sido proporcionadas por el autor, la familia del doctor Vallejo-Nágera y el Archivo Gráfico de Espasa-Calpe.

Impreso en España
Printed in Spain

Depósito legal: M. 39.206-1992
ISBN 84—239—2267—7

Talleres gráficos de la Editorial Espasa-Calpe, S. A.
Carretera de Irún, km. 12,200. 28049 Madrid

Al doctor Juan Antonio Vallejo-Nágera Botas y a su padre, don Antonio, maestro suyo y mío en la Facultad de Medicina.

agradecimientos

LA enumeración completa de personas a quienes debo gratitud por su ayuda en la preparación de este libro es casi imposible. El primer nombre que viene a la lista es la doctora María Dueñas Vallejo, psiquiatra del equipo de Juan Antonio y sobrina segunda suya. Me ha facilitado contactos con la familia y colaboradores próximos, además de obtener valioso material de cartas, documentos y fotografías. Su generosa ayuda, la devoción hacia la figura del maestro y su realismo, muy vallejiano, para valorar las anécdotas, han sido fundamentales. María ha disipado el prejuicio que adquirí al consultar estudios que tratan del arte y la técnica de biografiar. En ellos suele decirse que el peor adversario es la familia del personaje, llevada por motivos de toda índole a entorpecer la tarea del autor. Sinceramente declaro que no ha ocurrido así en mi caso. En primer lugar, mi agradecimiento a María Victoria Zóbel, entrañable Vicky, a quien conocí recién casada con Juan Antonio y ahora me resisto a mencionar como viuda. No hemos necesitado largas conversaciones. La mirada clara, de frente, la serena belleza de su rostro, suma de dignidad, elegancia y tristeza, junto al afecto recíproco de una antigua amistad, han dicho, con muy pocas palabras, todo lo necesario.

A continuación vienen los hermanos Alejandro, José Ignacio y Paloma Vallejo-Nágera Botas. Sólo ellos saben el respeto con que nos hemos acercado a tantos recuerdos personales. Quiso Alejandro venir a mi despacho; al ver la fotografía de su padre me guiñó un ojo: «Noto un tufillo vallejiano en esta habitación.» Y no paró de contar cosas. Como resultado, su sobrino Ignacio, hijo de Juan Antonio, que vive normalmente en Hollywood, apenas pudo abrir la boca. De acuerdo con la personalidad de cada hermano, la colaboración de José Ignacio es más mesurada. La de Paloma, corta y muy eficaz; como tiene un horno de asar, alguna opinión le sale churruscada. Mejor que mejor. La conocí de niña pequeña, vestida de gasas azules, bailando música de Debussy delante del padre y del coro de wagnerianos. El reencuentro, cuarenta y pico años después, ha sido para los dos una curiosa experiencia. Resalto, de los familiares entrevistados, en todos ellos, natural simpatía, señorío característico, hidalguía y solera que no se improvisa. Cualidades que he visto igualmente en su primo el coronel don Félix Vallejo Ruiz.

Varios psiquiatras de la generación de Juan Antonio merecen ir en cabeza: José Carlos Oliveros y Diego Gutiérrez Gómez, compañeros de carrera, copartícipes de los acontecimientos de su vida; lo mismo cabe decir del fino humor de Luis Aliño Testor, íntimo del conde de Foxá y cuñado del profesor López-Ibor; de José María Poveda Ariño, estudioso constante y lector perpetuo, cuyo análisis de algunas décadas cruciales resulta especialmente lúcido; José Luis Gutiérrez Herrero, médico palentino de proyección nacional, que es el notario de aquellos años; Ramón Navarro sería buen testigo, pero resulta mejor como equilibrado juez de todo aquello desde las alturas del Patronato Nacional de Asistencia Psiquiátrica. Gratitud especial a Carlos Castilla del Pino, siempre fraternal y comprensivo. De mis compañeros en la cátedra de don Antonio, cito por orden de antigüedad a Florentino Santos Madrigal, Enrique García Barros y Antonio Forcada Calvo para expresarles gratitud. Dos colegas más jóvenes actuaron en su día como sobresalientes cuando Juan Antonio era primer espada en Leganés: el actual catedrático de Valladolid, Valentín Conde, y el doctor José María Escudero Pérez, de ilustre dinastía de médicos militares. Gracias a la doctora Carmina Ballesteros por su visión sutil y exquisita de la personalidad de nuestro biografiado. De las generaciones más recientes, agradezco las aportaciones de Edith Sintes, Esther

Sánchez Moiso, y la larga conversación con Santiago Kassen, que tanto supo de los últimos días de su maestro.

Al profesor Francisco Llavero Avilés debo atinadas sugerencias y precisiones. Repetidamente he recibido amistosas orientaciones del catedrático Pedro Ridruejo. Primero me ayudaron a iniciar este libro, cuando todavía era una nebulosa de incertidumbres; después me han permitido terminarlo, cuando se había convertido en un caos de datos. El profesor Aquilino Polaino me ha proporcionado información de primera mano, fruto de su estrecha vinculación con Juan Antonio. A Cándido Pérez Gállego, catedrático de la Facultad de Filología, le debo sugerencias fundamentales: sus diez libros sobre Shakespeare y la veintena restante en torno a los principales autores ingleses y norteamericanos lo acreditan como conocedor del alma humana y guía de sus amigos.

Esperanza Ridruejo, en un palacio del Madrid viejo, y Elena Covarrubias, en un hogar señorial, con distinción y fineza de espíritu, han sabido crear la atmósfera propicia para evocar recuerdos de un jovencísimo doctor Vallejo, todavía soltero. Fernando Andreu supo acercarme al ambiente de las últimas reuniones sociales de Juan Antonio. Josechu Sanz de Diego, compañero de estudios desde la infancia, conoce como nadie la evolución de las aficiones de su amigo, especialmente en el área de las preferencias musicales; casi podría precisar las fechas exactas de la entrada y salida de cada una de ellas en el primer plano de su bien administrado tiempo de ocio.

Con Gumer Galván, castellano viejo de Medina de Rioseco, espejo de caballerosidad y hombría de bien, he recorrido los pueblos de la Tierra de Campos, solar de los Vallejo y de los Nágera; juntos hemos peregrinado por Astorga, Castrillo de Polvazares y El Bierzo, hasta llegar a los paisajes de Asturias, los montes del interior y las playas en que creció Juan Antonio.

Las dos secretarias de la consulta, Isabel y Laura, me han transmitido lo más difícil de contar: el espíritu del rincón de la recepcionista, la atmósfera de la sala de espera, el corto trayecto del pasillo y la honda impresión de un despacho repleto por la ausencia.

La pesquisa de obras poco accesibles ha sido facilitada por don Fernando García Bravo en la Biblioteca Nacional; tanto él como quienes allí trabajan merecen el homenaje de los españoles que todavía leen libros.

prólogo

«ME quedan tres meses de vida. Quizá menos. Se podría cuantificar esto en términos de semanas. Es un cáncer de cabeza de páncreas y no hay nada que hacer. Se han realizado todos los estudios posibles; todas las investigaciones complementarias coinciden, no cabe ninguna duda. Desde Houston y desde otros sitios me aconsejan que me traten mis médicos de Madrid. No, no es cuestión de nuevas pruebas diagnósticas. Está muy claro. Ahora se trata de ponerse a bien con Dios.»

La voz de Juan Antonio, por teléfono, sonaba firme, serena. Intento, al rememorar su llamada de primeros de diciembre de 1989, captar alguna inflexión fuera de lo habitual, pero no puedo recordar nada más, salvo su tono pausado y triste.

Decir que nos vamos es una manera de haberse ido ya. Los amigos, sobrecogidos, consternados, estuvimos varias semanas sin querer hablar entre nosotros de una noticia que no nos dejaba pensar en otra cosa. Los periódicos y la televisión extremaron la delicadeza al tratar de su enfermedad. Cuando apareció en público las últimas veces, el adelgazamiento rápido y el cambio de expresión en su cara anunciaron que lo irremediable iba a producirse en muy corto plazo.

Amigos y compañeros habíamos recibido, entre diciembre y enero, una carta de su puño y letra, creo que todas ellas de tres o cuatro líneas, en que nos expresaba su afecto sin trabas ni protocolos. No decía nada de su enfermedad, ni menos aún de su próximo fin. Sin aludir a ello, era claramente una carta de despedida definitiva.

Con mi colega Diego Gutiérrez Gómez, antiguo compañero de Juan Antonio en oposiciones de Psiquiatría Infantil, me acerqué a su casa, a un paso de la mía, en la calle de Santiago Bernabéu. La eficaz Conchita, correcta pero inflexible, no nos dejó pasar de la puerta. Vicky nos dijo que esa mañana estaba su marido en un sanatorio para seguir un tratamiento especial; se interesó cariñosamente por nuestras familias y nos agradeció la visita con un emotivo abrazo. Diego y yo evitamos en los días siguientes hablar de la enfermedad de nuestro amigo.

En la mañana del 13 de marzo, nada más escuchar por radio la noticia de la muerte, acudí al domicilio, y esta vez todas las puertas estaban abiertas de par en par. Me encontré con Juan Antonio metido en un féretro que permitía ver su rostro con apariencia de serenidad y de paz. Estuve a solas rezando por él en aquella habitación en que tanto le gustó encerrarse para crear arte. En toda la casa sonaba fuerte, muy fuerte, música de Bach.

* * *

«Elaboración del duelo» es una expresión que simboliza lo que todo el mundo ha llamado siempre llorar. El llanto, con o sin lágrimas, viene inmediatamente. Más tarde llegará la hora de las elegías. Poco a poco, la pena necesita ser comunicada a otros, el dolor moral se encauza a través de rituales y ceremonias. La buena educación requiere un grado importante de control externo de las emociones. En tiempos no demasiado remotos, la sociedad sancionaba a quien no manifestaba desesperación. Todavía, entre gentes modestas, está mal visto no agitarse estentórea y visiblemente en honor al difunto.

En toda época, en cualquier nivel social, se espera el momento de las loas. No deben faltar las alabanzas a la persona fallecida. Hombres públicos, bienhechores de la humanidad, escritores y artistas reciben coronas literarias, además de florales. Así sucedió, muy justificado, en el caso de Juan Antonio Vallejo-Nágera. Tuvo homenajes en todos los ámbitos; la cantidad y calidad de los elogios recibidos, merecidísimos, sentidos, espontáneos, sinceros, revelan la categoría de la persona que se nos fue. ¿Qué viene luego? Vienen sentimientos de añoranza, que atemperan moderadamente los normales y saludables procesos del olvido. Los psicoanalistas saben describir cómo se incorpora la imagen del ser querido, haciéndole un hueco en nuestra personalidad profunda, para llevarlo con nosotros el resto de la vida, sin que el dolor de su pérdida nos lacere como al principio. Eugenio d'Ors, en un libro sobre la amistad y el diálogo, lo ha contado mejor que los psicoanalistas:

> Torna, amigo, a llenar el sitio en sombra que ya siempre ha de aguardarte, exaltado un día con el prestigio de tu presencia.

* * *

En algún momento de ese proceso, sometido a leyes psicológicas que nunca dejan de cumplirse, durante mi elaboración del duelo, un amigo que lo fue de los dos, Ricardo López de Uralde, me llama desde la editorial Espasa-Calpe para que me ocupe de redactar la biografía de Juan Antonio. Me asegura que soy la persona idónea, por compañero de especialidad, discípulo del mismo maestro, haber compartido muchas décadas experiencias similares, tener aficiones comunes y pertenecer a la Sociedad Española de Médicos Escritores. Añadió un montón de argumentos para lograr mi conformidad inmediata. Agradeciendo el honor, dije que no; invoqué motivos profundos para que no insistiera. Sin embargo, poco después, el 4 de octubre de 1991, firmé el contrato. Hubo importantes cambios internos en la editorial en los meses siguientes, durante los cuales hallé, desde el primer momento, incondicional apoyo en la persona de Manuel Ramírez. Por su parte, Javier de Juan me ha mostrado su constante interés, y el de Espasa, en el proyecto. Ymelda Navajo, de Temas de Hoy, generosamente, me dio ayuda moral y me facilitó fotografías, no sin confesar, tras un femenino suspiro, que le hubiese gustado a ella editar la biografía.

Sin haber salido de las etapas de la elaboración del duelo, reconsideré que nadie lo haría con mayor afecto a la persona de Juan Antonio, así como a la memoria de su padre, maestro de los dos. La popularidad del personaje garantiza más de una biografía. Existía ya *La puerta de la esperanza,* del novelista Olaizola, que leí de un tirón en el verano de 1990 y he releído con provecho y nuevas sugerencias. Mi aceptación final podría explicarla el fabulista La Fontaine. Todo editor tiene algo de raposo al pie del árbol. Con pérfidos elogios de nuestra voz, nos bajan la guardia y, nada más abrir el pico, perdemos el queso para siempre.

* * *

El paso siguiente es ponerse a escribir. Adquirir un ordenador fue el último consejo que me dio Juan Antonio. La relación entre el ordenador y su dueño, el ordenado, tan curiosa, alterna los papeles de víctima y verdugo. El mío es directo, como la gente de ahora. Recién instalado, nos hablábamos respetuosamente en inglés, con mucho «yes, sir» por mi parte. Superada la fase inicial de nuestra colaboración, quiso hablar en español y que, en lugar de «señor Morgan», le llamase Manolo. Por la pantalla azul, me recomienda cuidado con las fronteras imprecisas entre vidas, biografías, autobiografías, memorias, ensayo, novela e incluso historia. Me advierte: «Te puedes meter en un buen berenjenal.» Cuando le prometo leer lo posible sobre metodología, me confiesa: «Tarea de chinos. No te hagas ilusiones.» La máquina usa tono protector a veces y hasta se permite letanías de consejos:

«Procura dar gusto a Juan Antonio. A él le agradaría un tono casi de coloquio, ameno y no demasiado solemne. Evita, mientras se pueda, lo que también él evitaba. Que todos comprendan tu deseo de no molestar a nadie. Cuenta lo que debas contar con respeto, constructivamente. No escribas la vida de un santo. Tampoco te dejes crecer barbas de ácrata desmitificador. Que los mitos sigan en paz su destino. En la vividura hispana, vieja de siglos, prestigios y famas vuelan con rapidez de vencejos al atardecer. Sólo el paso de unos pocos queda grabado para la posteridad. Los doctores Vallejo-Nágera, padre e hijo, bien parecen a la altura de los claros varones que da Castilla.

»Pide benevolencia al lector por tus inexactitudes y por las omisiones. Insiste en que son involuntarias. No vale proyectar la culpa a una máquina electrónica. Los lapsus humanos son productos con trastienda psicológica. Algunos profesores niegan, por falta de demostración científica, la existencia del subconsciente. Pero tú, por si acaso existiera, deberías analizar dentro de ti los sentimientos hacia tu biografiado; no tanto los que se refieren al tiempo en que disfrutabais, vivos los dos, de la amistad, sino, principalmente, los de ahora. Se te ha metido dentro. Eres portador suyo y de sus circunstancias. Ya ves que soy un ordenador que ha leído a Ortega. Cualquier intento de autoanálisis, desde el primero, el de Freud, resulta incompleto, tendencioso y, por si fuera poco, muy imposible y muy necesario. Átame esa mosca.

»Como perteneces a una generación de reprimidos, tus inhibiciones harán que si te cuentan algún chisme, aunque él no era hombre de chismes, lo ignores, a sabiendas de que son sal y pimienta para mucha gente. ¡Ah! No te olvides de que los testigos vivientes, los amigos verdaderos y los familiares son fuente a la vez de información y de problemas cuando deciden colaborar. Contrasta versiones, porque, con la mejor voluntad, te pueden contar cosas que nunca ocurrieron de ese modo. Ten en cuenta la vanidad humana en cada momento, y muy especialmente la tuya. Vas a mencionar, por vericuetos de anécdotas y de impresiones subjetivas, personas y épocas que forman parte de la historia de la medicina española; declara que no puedes, ni es tu intención, entrar en el campo de los historiadores, cuyos métodos científicos admiras y respetas. Lo tuyo no pasa de acercar una imagen a través de un temperamento.

»Reitera en tu prólogo que no tienes intención de herir sentimientos de nadie. No reiteres, en cambio, que es preciso ser amigo de Platón, pero también de la verdad; bastaría una insinuación leve. Me voy a callar porque los demás ordenadores me pueden llamar cotorrón y charlabarato. Siento mayor emoción que otras veces. Hemos hecho juntos varios libros, pero esta es nuestra primera biografía. Soy máquina, pero comparto contigo el sentido de responsabilidad y deseo que el resultado no desmerezca demasiado al lado de otros homenajes dedicados al doctor Juan Antonio Vallejo-Nágera.»

* * *

Mi primer contacto con Juan Antonio tiene lugar en 1952, en Santiago de Compostela, en el congreso de la Asociación Española de Neuropsiquiatría. Interviene para humanizar la relación médico-enfermo. Es tiempo, todavía, de grilletes, camisas de fuerza y tratamientos de choque. El hijo del profesor Vallejo-Nágera habla en pie, extendida la mano, con la palma hacia arriba, como si esperase gotas de lluvia en plena sequía. Exactamente la foto de portada del último libro, *Hablar en público,* aunque con rostro infantil. Rogaba entonces que los especialistas se acordasen «de la pobrecita psicoterapia»; en diminutivo, asociado a una imagen de niña pura rodeada de feroces guerreros, que él llevaba dentro.

Nos hemos tratado con asiduidad, sin otras interrupciones que las debidas a viajes y períodos de vacaciones. En los últimos años, por vivir muy cerca, coincidíamos con regularidad cada domingo, en la misa de una, en la iglesia de San Agustín o en los Sagrados Corazones. Debo contar que en esta segunda iglesia, el sacerdote interrumpió el ritual para pedir urgente un médico. En la primera fila se había desvanecido una señora mayor. Sin habernos visto antes, nos encontramos de pronto, cada uno de un lado de la enferma, tomándole el pulso. Se estaba muriendo. Nos rodeaban gentes excitadas proponiendo remedios desesperados. Muy sereno, impuso silencio y calma. Nadie intervendría, salvo el equipo de la ambulancia, que ellos, los nerviosos, debían pedir inmediatamente. Me miró y nos dijimos, sin palabras, todo lo que podíamos decirnos ante una persona que se nos moría a los dos.

La conversación más larga la tuve, mediados los años cincuenta, al viajar en su coche a Pamplona con motivo de un congreso. Quisimos ahondar en la estructura de nuestros respectivos caracteres: muy abierto, «alegre oficialmente», hipersociable, extravertido el suyo; apartadizo con modos, no poco introvertido, en comparación, el mío. Muy lejos estábamos de suponer que nos uniría esta inquietante relación de personaje y autor. Comprendo a quienes afirman que las biografías suelen ser en el fondo autobiografías. Salvo, tal vez, la guía de teléfonos, todo libro que escoja y seleccione datos está expuesto a las arbitrariedades de la subjetividad.

* * *

A don Antonio Vallejo-Nágera me presenté, cordialmente recomendado por mi profesor Domínguez Borreguero, a primeros de octubre de 1953. Deseaba realizar la tesis doctoral y especializarme bajo su dirección. Me escuchó con afabilidad; inmediatamente me asignó un puesto en la consulta de policlínica. Me dijeron que era brusco y seco. Pienso ahora que la suya era una brusquedad muy selectiva. Creo que le caí bien. Le gustó mi impaciencia por la tesis doctoral. Tenía una buena biblioteca, que nadie usaba en el primer año de mi llegada. Al ver que yo la devoraba en corto plazo, me regañó con afecto: «No se crea todo lo que lee.» Su raro consejo cada vez me parece más sabio.

En una tertulia, salió a relucir la vida militar. Dije que consideraba un honor ser alférez de Infantería. Pertenecer al arma de Infantería, añadí en un arranque imprudente, tiene más solera que ser de Sanidad. El catedrático, coronel del cuerpo de Sanidad, se puso muy serio: «Eso es verdad.» Nunca olvidaré su gesto ni su voz. Poco después, tal vez, se vengó. No estoy muy seguro de ello. Leí una historia en sesión clínica. Presidía don Antonio y me puso en evidencia delante de los compañeros: «Muy mal, me ha decepcionado usted.» Solicité en privado, con el mayor respeto, que me señalara los defectos. Me miró muy zorrupión: «El caso estaba bien analizado. Pero usted no ha leído la historia en posición de firmes.» ¡*Jawohl,* don Antonio!

Le pedí consejo, en 1956, para estudiar algún tiempo en París con el profesor Delay, al obtener beca de la Fundación March. Se alegró mucho: «Vaya, yo le he enseñado a usted todo lo que sé.» Lo decía con sinceridad. Otros hubieran empleado tono irónico. Nunca hubiera terminado de transmitirnos, aunque lo deseaba sin reservas, todo lo que sabía. Sus palabras me siguen pareciendo de maestro excepcional. De nuevo le pedí consejo en 1960, en vísperas de ampliar estudios en Estados Unidos como becario del Instituto de Educación Internacional. El 1 de febrero, antes de ir al aeropuerto, acudí a visitarlo. Lo encontré muy débil, acostado. El pijama blanco parecía camisa de dormir. Estaba muy delgado. Nadie se ha parecido tanto a don Quijote en su lecho de muerte. Habló muy poco, para desearme provechosa estancia en Norteamérica. Quiso sentarse y me dio un fuerte y prolongado abrazo. Los dos sabíamos que se iba a morir en brevísimo plazo.

Supe su fallecimiento a los pocos días de llegar a Nortwestern University, en Chicago, donde también me enteré por periódicos locales de la muerte de don Gregorio Marañón: *Maranon dies.* Ver su ilustre apellido escrito sin eñe hubiera motivado sagaces comentarios a don Gregorio, tan español. En Estados Unidos y Canadá conocí bondadosos y pacientes maestros. En mi recuerdo agradecido están Franz Alexander, Jules H. Masserman, Judd Marmor, Ladislas von Meduna, Karl Menninger, Lawrence Kolb, los esposos Frederic y Erna Gibbs, y Lawrence S. Kubie. En clínicas europeas escuché en calidad de discípulo a los profesores Paul Guiraud, Jean Delay, Deniker, Ajuriaguerra y P. B. Schneider. He conocido de cerca a figuras como Eugéne Minkowski, Erik H. Erikson, Anna Freud, Viktor Frankl o Lippot Szondi. Sobre todos ellos, don Antonio.

1

paisaje y estirpe

La tierra de los abuelos

LOS Vallejo y los Nágera son ellos y su paisaje, ellos y sus antepasados. No se trata sólo de fantasías de paraíso perdido, al cruzar a pie los semáforos del paseo de la Castellana, menguado el ánimo por altos edificios bancarios y grandes almacenes. Entre masas de cemento, algún árbol comunitario menea el aire municipal y alaba al concejal de turno. La funcional plaza Picasso, los jardines de los Nuevos Ministerios, no tan nuevos como se dice; los alrededores del estadio Santiago Bernabéu y el complejo de Azca, repleto de competentes oficinistas, constituyen el paisaje urbano de los últimos años de Juan Antonio, en cuya vecindad pinta, conversa con sus editores y escribe:

> Me importa mucho la belleza, temo que excesivamente. En Madrid, donde vivo, no puedo disponer de un paisaje. Las calles que rodean mi casa son un monumento a la vulgaridad de cierta arquitectura contemporánea. Prefiero no verlas. He dispuesto la mesa de trabajo de espaldas a la ventana.

Existe otro paisaje, el que cuenta de veras, en el solar de los antepasados. Su centro espiritual es Paredes de Nava, en la provincia de Palencia, pueblo de don Antonio Vallejo-Nágera, cuna de la dinastía de los Berruguete y, antes todavía, del linaje de los Manrique, que da pie a la primera gran elegía en lengua castellana. Historia de España arriba, en la vieja tierra de los vacceos, las huestes de Teodorico celebran la victoria sobre el rey suevo Requiario, que huye por los caminos de El Bierzo. El monarca Eurico une estos campos de cereales al reino godo. Atanagildo, el de nuestros libros de bachillerato, viene aquí para sofocar rebeliones de las sufridas gentes del páramo.

Deberíamos pisar con mesura, porque bajo los trigos, a pocas brazas, duermen los nobles visigodos y sus vasallos. No demasiado lejos, el rey Chindasvinto y su dulce esposa Reciberga desearon ser enterrados en el monasterio de San Román del Hornija. Recesvinto, a quien las guerras de su tiempo provocaban cólicos renales, buscó alivio en un manantial a cuyo lado edificó la iglesia de San Juan Bautista. Son algo más que tradiciones, como la del rey Wamba, alzado aquí a la máxima jerarquía para, como buen hidalgo labrador, volver años más tarde al cultivo de sus campos. Algunos historiadores no logran demostrar el eslabón que nos une, sin interrupción, con tanta raíz visigoda. Porque no han conocido, tanto peor para ellos, a don Antonio Vallejo-Nágera.

Una dinastía, en opinión de Eugenio d'Ors, es siempre un arquetipo, una presunta constante. Un mito, si se quiere. ¿Son las armas de un blasón capaces de gobernar destinos individuales y familiares? Muchos adversarios tienen hoy los patrocinios arquetípicos, limitadores de la contingencia individual. En tiempo de exaltar, siquiera de boquilla, la igualdad y la fraternidad, resultan embarazosas esas culturas en las que «los muertos mandan», y no se ganan, se heredan, elegancia y señorío.

Los trigos de Paredes de Nava extienden su extraña belleza intemporal entre los ríos Valderaduey y Carrión. Otros trigales continúan la llanura al Este, hacia Tamarón, Pampliega y Castrillo de Matajudíos, en tierras burgalesas. El suelo amarillo pardea gracias a lo que aún queda de las tapias de adobe. Edificios a medio derruir tienen armoniosa continuidad con el resto del paisaje; comparten, en expresión vallejiana, una pobreza distinguida y refinada. Esta manera sobria de irse hundiendo en el silencio y el olvido era muy del gusto del pintor Joaquín Vaquero y de su amigo el marqués de Lozoya, para quienes la Tierra de Campos palentina y la provincia segoviana eran y son naturaleza pura de España.

Al Oeste, pasados los ríos Cea y Esla, se alzan villas enraizadas en la Edad Media: Benavente, Granucillo de Vidriales, Santibáñez. A seis leguas de León y tres de Astorga, fluye el más hidalgo y loco de todos los ríos caballerescos: el Órbigo de don Suero de Quiñones, el del Paso honroso. Por amor a doña Leonor de Tovar, se colgaba cada jueves una pesada argolla del cuello, desafió a los caballeros que iban camino de Santiago y quiso romper con ellos hasta trescientas lanzas entre el 10 de julio y el 9 de agosto de 1434. Uno de los perdedores, el valenciano mosén Francés Daviú, que peleaba por el amor de una religiosa, al verse derribado del caballo juró solemnemente no volver a amar monja alguna. La única muerte, por encuentro de lanza, en los combates del puente del Órbigo, fue la del caballero aragonés Asbert de Claramunt, el viernes 6 de agosto de dicho año.

Al Sur, en la provincia de Valladolid, está Villafrechós, donde don Antonio Vallejo-Nágera, recién terminada la carrera, hipnotizó a su primera paciente; Medina de Rioseco, cuna del actual arzobispo de Sevilla, de la rama de los Vallejo Amigo; más allá, entre los llanos de Barcial y Castroverde, crece la cebada en el lugar en que, en refriega con la gente de don Gutierre de Quixada, cayó herido de muerte el belicoso don Suero de Quiñones, el 11 de julio del año 1456; Quixada, viejo adversario, gritó a sus peones: «¡Buscadle entre los muertos, no entre los que huyen!»

El solar hispanogodo es hoy, en buena parte, región deforestada, pedregosa; por milagro siguen meciéndose dorados campos de cereales. El arroyo seco y el chopo polvoriento acentúan la desolación, la aridez de todo. Únicamente si somos capaces de trascender lo que los ojos ven a primera vista, uniremos, con honrosas imaginaciones, el horizonte de castillos en ruinas y la torre de una iglesia cuya campana no serviría para llamar a nadie. Un raro orgullo puede brotar en ese momento de nuestra contemplación. En el cruce de los caminos de estas provincias castellanas y leonesas nacen, entre ejecutorías de hidalguía, los linajes de los Vallejo y los Nágera.

Alguna vez salió al paso el doctor Marañón frente a quienes afirman que Castilla, toda España quizá, ha sido deformada por gentes de temperamento literario: «Vana objeción. La realidad externa no es nada. Es lo que somos nosotros mismos.» El paisaje está en nosotros y, por tanto, es como somos. Cree Marañón que hay almas trágicas como paisajes, así como existen paisajes transidos de alma.

Del oleaje metafórico de los trigos palentinos al de las ondas del Rin wagneriano pasa don Antonio Vallejo-Nágera con facilidad. No ve ninguna barrera, como tampoco halla obstáculo don Antonio de Cabezón, su medio paisano, para combinar inspiración musical de aquí y de allá, en la remota Inglaterra.

Wagner, en *El oro del Rhin,* describe aguas caudalosas en cuyas profundidades nadan ondinas, observadas por enanos y héroes. En las suaves olas del río alemán se reflejan bosques espesos, aptos para ensueños mitológicos. Todo ello es impensable en las llanadas palentinas. Dígalo, a mediados de agosto, quien se haya sentado en una piedra, que parece de fuego, a la escasa sombra del único chopo, bajo la luz cegadora del violento sol de Castilla. Los regatos no dan ni para renacuajos. Aquí no pasa nada ni nadie. Salvo tres cuervos en fila, vestidos de Felipe II, de Felipe III y de Felipe IV. Volvemos de Castrillo de Matajudíos, lugar semivacío, patria chica del compositor Antonio de Cabezón, amigo de Felipe II y acompañante de Su Majestad durante su estancia en Inglaterra. El señor alcalde, vestido de riguroso invierno en pleno estío, nos regala una biografía de tres páginas del ilustre Cabezón. Si escuchamos su música cortesana, nos costará trabajo evocarlo, vestido de cuervo, por estos campos. Los paisanos desean que el pueblo se llame Castrillo de Cabezón. Hasta ahora no han logrado vencer la enorme fuerza del primitivo topónimo.

El vigor y la creatividad brotan en los páramos sin que sea fácil explicar por qué. Es lógico que, de acuerdo con su reputación, estos campesinos sean, de verdad, tranquilos, austeros, frugales, previsores, ordenados, conservadores, escépticos. Llegada la ocasión, socarrones. Y por encima de todo, serenos, dignos. De pensamiento preciso, con aplomo, con la cachaza visigoda intacta.

Las inquietudes espirituales, la religiosidad, el interés por el arte, que se manifiesta en varias generaciones de los Vallejo y de los Nágera, pueden relacionarse con este sentimiento del paisaje interiorizado. Las dos familias se procuran, todavía hoy, reuniones periódicas, festivas o conmemorativas. Llegada cierta edad, el presentimiento de la muerte individual debe seguirse de serena aceptación. Algo ayuda la contemplación de los trigos que se renuevan anualmente. Son ciclos de resurrección de la naturaleza, del clima físico y también de la historia y del estilo de la estirpe.

* * *

La lista de abuelos hidalgos, empadronados en la Tierra de Campos, se remonta, en probanza acreditada, a don Gabriel Vallejo, hacia 1670. Los Nágera proceden del valle de Vidriales y de Villalcázar de Sirga. Existe constancia de que don Antonio Nágera vivía en Santibáñez de Vidriales hacia el año 1500, casado con doña María del Berrio. La Real Chancillería de Valladolid hace llegar las ejecutorías de hidalguía correspondientes, ininterrumpidamente hasta hoy.

A comienzos del siglo XIX, en vísperas de aquel saqueo de las tropas de José Bonaparte en Medina de Rioseco, bien contado en un libro de Juan Antonio, los Nágera se hacen notarios, abogados del Estado y farmacéuticos. El primer médico en la rama paterna fue Antonio Vallejo Sicilia, que nació en Baltanás, en 1818, y murió hacia 1870, durante una epidemia de tifus en el vecino pueblo de Villaviudas, dando ejemplo de compañerismo mientras ayuda al facultativo local. Su hijo Martín Vallejo Lobón, nacido en Villaviudas en 1861, será catedrático en las facultades de Medicina de Cádiz y de Barcelona. Su fuerte personalidad, talento y vocación, originan espléndida floración de discípulos, que a su vez serán grandes maestros. Don Félix, hermano de don Martín, se casa en 1887 con doña Consuelo Nágera de la Guerra; al nacer su primogénito, Antonio, que había de ser el padre de Juan Antonio, se unen dos apellidos con casta de hidalgos.

Las vidas de don Antonio Vallejo-Nágera y de su hijo Juan Antonio precisan ser comprendidas en relación con la del primer médico egregio de la dinastía, el doctor don Martín Vallejo Lobón. Tan eminente personaje vivió en Barcelona hasta 1903, después de haber sido decano y profesor de Patología Quirúrgica; escribió en 1876 el primer tratado de psiquiatría que existe en lengua española: *Tratado teórico-práctico de frenopatología, o estudio de las enfermedades mentales fundado en la clínica y en la fisiología de los centros nerviosos.* Le llegó la muerte en plena actividad profesional, poco después de terminar el prólogo de un libro. Gravitan en la dinastía de los Vallejo rasgos de don Martín: responsabilidad ante los pacientes, religiosidad ortodoxa, afán de enseñar con ayuda de los pacientes, dentro de un profundo respeto a estos. En 1991, la doctora María Dueñas Vallejo declaraba que tal enseñanza es la más importante de las recibidas por ella de su maestro y pariente Juan Antonio.

Los valores humanos del recordado profesor de Barcelona permiten repetir, noventa años después, las mismas palabras de su biografía, aplicadas hoy a los psiquiatras Vallejo-Nágera padre e hijo:

> Don Martín era un hombre de carácter entero, bien definido, formado en el crisol de su propio dominio y en la creencia en un Juez Supremo; se propuso desde el principio una línea de conducta vital, que procuró seguir sin titubeos apoyado en una firmísima voluntad, basada en una laboriosidad a toda prueba y en el amor al estudio. Era muy reflexivo; una vez adoptada una resolución que hubiese madurado bien, se apartaba de ella con dificultad; lo que no significa que fuese obstinado, porque nunca le costó abandonar su propio parecer, en materias opinables, si se le convencía de ser el ajeno más razonable.

Buena biblioteca privada, vasta cultura, afición a la historia, la filosofía y la literatura. Tiempo para la selecta tertulia de amigos, al término del trabajo. Devoción por la música clásica. De vez en cuando, conciertos y funciones del Liceo.

Católico, conservador, monárquico, tradicionalista y, subráyese, a su manera, flexible. Típica mentalidad vallejiana. Don Martín, como don Antonio y Juan Antonio, no cae en el fanatismo ni en la intransigencia; mantiene amistad con hombres cultos de conocidas actitudes librepensadoras. Siempre vestido con la corrección correspondiente a su rango. Solía alternar el veraneo en la tierra de sus antepasados y en algún balneario elegante.

* * *

La galería de antepasados requiere detenerse en don Félix Vallejo Lobón, teniente coronel y profesor de equitación en la Academia de Caballería de Valladolid. En aquella academia se formaron varios miembros de la aristocracia, así como los cuatro hermanos Vallejo, militares todos: Antonio, el mayor, y Félix, el más joven, médicos militares; Martín y José, generales de Caballería y de Estado Mayor, respectivamente. El mayor iba camino del generalato; realizó los cursos teóricos con la máxima puntuación. Le faltaba un período de mando efectivo, pero en tal coyuntura pasa por su cabeza ser catedrático de Psiquiatría, especialidad totalmente nueva, campo virgen en las facultades de Medicina. La vocación docente, el estilo intelectual, la experiencia clínica, le inclinan a la cátedra; el entorno familiar, al generalato. Encarga a su sobrino Félix que le dome unos botos altos, de montar, mas no llegó a usarlos.

Gustosamente amplía detalles este sobrino suyo, don Félix Vallejo Ruiz, nacido en 1924, hoy coronel de Caballería retirado, mientras fuma cigarro tras cigarro. Al abuelo le llamaban «el Etna», porque se echaba la ceniza sobre las ropas y la aplastaba en lugar de quitársela:

> Vivía entre humo y cenizas. Los Vallejo, menos Juan Antonio, hemos sido grandes fumadores. ¿Puedo encender un *Ducado* aquí en este despacho? Sin filtro, je, je, que es como da gusto. Así los fumaba, los domingos por la tarde, en los conciertos en casa de tío Antonio. Mis padres escuchaban algo de Wagner y se retiraban a otras habitaciones con mi tía Lola; a los tres les encantaba la cháchara. Yo me quedaba en la sala de música, donde se fumaba sin parar.
>
> En aquellas tardes, enrarecidas de humo de tabaco negro, de puros y de pipas, osé presentar mi novia al tío Antonio. La recibieron con galantería de caballeros chapados. Mi esposa, mi novia entonces, premio extraordinario del Conservatorio, se atrevió a cantar ante aquel consejo de ancianos. Estaba entre ellos el famoso señor del silbato, me refiero a un aparatito, diapasón de soplo, que daba el *fa*. El señor esperaba todo lo que fuera necesario. Cuando llegaba el primer *fa*, él soplaba para comprobar que las dos notas eran iguales y que el tono resultaba el adecuado.
>
> Tío Antonio tenía muchas versiones de óperas de Wagner; cada vez nos ponía una distinta. A última hora escuchaba música de Richard Strauss. Recuerdo *La mujer sin sombra*, que le gustaba mucho. Las reuniones se hicieron famosas desde los años cuarenta, pero ya existían antes de la guerra en el mismo despacho, que, por cierto, desapareció y un día lo encontré yo intacto, asombrosamente, en el colegio de los Calasancios. Debieron requisarlo primero los republicanos

y luego los funcionarios de Regiones Devastadas, al término de la contienda. Reconocí inmediatamente las tallas y los adornos, imitación de Berruguete. En cuanto mi tío los reclamó, volvieron a su sitio.

A finales de los años cuarenta, yo era capitán y Juan Antonio todavía estudiante. Apenas coincidíamos. Recuerdo la familia de los Milans del Bosch, vecinos de la calle de Alcalá Galiano; nos saludábamos a menudo en la escalera. Por Nochebuena íbamos todos a cenar a casa de tío Antonio. Los Vallejo y los Nágera han sido familias muy numerosas. Tengo cuarenta y tres primos. De la rama Vallejo, veintiséis. Había que regresar cada noche a las nueve y media, muy puntuales. Excepcionalmente, el tío nos permitía escuchar, después de la cena, lo que él llamaba «música de Juan Antonio». Y se reía, cachazudo, mientras poníamos discos de las películas de moda.

Aquella casa tiene para mí un recuerdo muy preciso: el momento de la Extremaunción de tío Antonio. Aguantó con entereza la enfermedad hasta última hora, y añadía notas de socarronería vallejiana. Nos decía que estaba bastante mal y que seguramente no habría concierto el domingo siguiente.

Imagen del coronel médico doctor Antonio Vallejo-Nágera

Don Antonio, padre de Juan Antonio Vallejo-Nágera Botas, está presente, de un modo u otro, en todos los capítulos de este libro. Lo estuvo cada día en la vida de su hijo y permanece exactamente igual en quienes hemos sido sus discípulos. Hay que decirlo todo. Este libro se escribe con sinceridad o no se escribe. He pedido datos a mis antiguos compañeros de la cátedra. Llevábamos décadas sin vernos. Han respondido como un solo hombre: «Si se trata de una biografía de don Antonio, cuenta conmigo a la hora que quieras, haré lo que digas donde sea y como sea. ¿Es sólo sobre Juan Antonio? ¡Ah! Bueno, iré de todos modos.» Alejandro Vallejo-Nágera Botas estima que la vida del padre es más interesante y rica en significados que la del famoso y hoy tan llorado primogénito.

Nació en Paredes de Nava, Palencia, en 1889, y falleció en Madrid el 24 de febrero de 1960. Estudió Medicina en Valladolid, siendo alumno interno durante la carrera en Histología y Anatomía. Tras la licenciatura, ingresó en Sanidad Militar. En Gijón, obtuvo la medalla de la Cruz Roja por su dedicación a los pacientes de una epidemia de fiebre tifoidea.

En África, participó en la ocupación de Larache y se distinguió en acciones militares. Fue médico del Cuartel General del general Silvestre. Pasó algún tiempo en el Marruecos francés, invitado por las autoridades sanitarias. A lomos de una mula, con un solo libro, aprendió francés sin profesor. Sería fácil recordarle, allá en su gloria, que al hablarlo se le notaba la forma en que lo aprendió. Los discípulos sabemos que no se enfadaría. Unamuno glosa maliciosamente el origen de la Compañía de Jesús basándose en las memorias de San Ignacio. Dubitativo el santo entre la vida de milicia o la religiosa, dejó que su caballería decidiese en un cruce de caminos: «Y así, por el capricho de una mula, nació la Compañía.» Si uno aprende idiomas en duras cabalgadas africanas, bajo un sol inclemente, expuesto al balazo de un moro agazapado, es comprensible que hable, para siempre, el francés tal y como se escribe. Para quienes alcanzamos a oírlo, resulta raro y admirable.

Mediados los años cincuenta, en su cátedra de Madrid, recibió cortésmente al profesor Pierre Pichot, sucesor en París del catedrático Jean Delay, prócer de la Medicina y de la vida literaria. La exquisitez académica y humanística no la heredó monsieur Pichot, que tenía todo el aire del cantautor Georges Brassens, idénticos bigotes y maneras. Quiso ser simpático en español macarrónico: «Castagnetas, togueadogues, San Isidgo, señoguitas de buen veg.» Don Antonio, muy palaciego de El Escorial, que no de Aranjuez, ni de Versalles, le ofreció un sillón: «¿Voulezzz vouss unne chaísse, monsieurrr Pichóttt?» Los discípulos nos sentíamos orgullosos de tener un maestro tan castizo; como un español goyesco del Dos de Mayo, sobrado de majeza, se pasaba la pronunciación gabacha por la faja.

En algún sitio se ha dicho que aprendió en África el alemán. Su sobrino don Félix Vallejo Ruiz cree que fue en Barcelona, a raíz de la Semana trágica:

> Durante aquella semana sangrienta estaban los tres hermanos, Antonio, Martín y mi padre, el más joven de ellos, destinados en la academia. Salió un curso de alemán y se apuntaron los tres. Sólo persistió mi tío Antonio, que a los dos años lo hablaba perfectamente. Luego surgió lo de irse a los campos de prisioneros en la segunda guerra mundial.

Don Alfonso XIII, a petición de los gobiernos aliados, envió cuatro médicos españoles, dos a países aliados y dos a Alemania, como observadores de los campos de concentración. Mi tío nos escribía muchas tarjetas postales desde Alemania. Se puso en contacto con los mejores psiquiatras y aprendió a hipnotizar. A su regreso, acudió a Villafrechós, para estudiar el caso clínico de la tía «No Sé Cuantos», pariente remota, famosa en la comarca. La curó por hipnosis, previa autorización del cura y del alcalde, que estuvieron presentes. Le dijo, como a Lázaro, «levántate y anda». Y vaya si anduvo. Al domingo siguiente, la tía «No Sé Cuantos» fue a misa. A continuación acudió toda la provincia para ser hipnotizada. Me lo contaron miles de veces mi padre y tío Martín.

Del salvamento en 1936 gracias a un barco alemán hay distintas versiones; no sé si todos los detalles son totalmente ciertos. Mis padres y yo salimos de Madrid el 16 de julio hacia Biarritz de veraneo. Pero como llevábamos un año sin ver a la familia de Valladolid, nos detuvimos allí y, gracias a esta parada, salvamos la vida. Mi padre era comandante de Caballería. En Madrid, con los primeros tiros, nuestro portero se hizo dueño de todo y organizó un batallón ciclista de milicianos, del cual se autodesignó jefe, por la única razón de sentarle bien el uniforme de mi padre. Pasada la guerra, mi padre logró que este portero se librase de las represalias. No todos los nacionales eran tan generosos.

El salvamento de mi tío lo he oído contar así: Iban por las calles de Bilbao hacia el puerto. Hablaban alemán a gritos para que los milicianos les dejaran pasar, con un marino alemán a cada lado, acompañados del cónsul. No sé si embarcó en un destructor o en un submarino. Me parece más lógico que fuera un destructor. Si hubiera salido en un vulgar carguero, sería una desilusión para todos.

* * *

En tiempos de don Alfonso XIII, por sus méritos en las campañas africanas, a las que volvió después de su estancia en Alemania, obtuvo don Antonio la medalla de María Cristina. Pasó algún tiempo en Barcelona y, en 1917, viajó a Berlín como agregado militar de la Embajada de España. Allí realizó una importante labor humanitaria con los prisioneros aliados y además estudió en sus fuentes la psiquiatría germana y conoció personalmente a los grandes maestros, entre ellos Gruhle y Schwalbe. El doctor Wagner von Jauregg, premio Nobel de Fisiología y Medicina, mantuvo correspondencia con don Antonio en torno a los progresos de la malarioterapia en los enfermos de neurosífilis.

Al término de la primera guerra mundial, tanto los países aliados como el Gobierno alemán, le concedieron medallas y agradecieron calurosamente la caballerosidad y sentido humanitario de su labor en la Embajada de España.

Tras breve estancia en Barcelona, se estableció en Madrid, donde desplegó gran actividad profesional. Fue profesor del Instituto de la Encarnación y ayudante de campo del ministro de la Guerra, con el empleo de comandante médico. Su vocación por la Psiquiatría le llevó a las tareas clínicas del Manicomio de Ciempozuelos.

Aunque en Madrid transcurre la mayor parte de su vida, tres ciudades marcan su personalidad con huella indeleble: Melilla, Berlín y Burgos, las tres asociadas con situaciones bélicas, que exaltan su espíritu militar y la admiración que siente por las virtudes castrenses.

Durante la segunda República española, es curiosa la simpatía y respeto recíproco que se tienen don Antonio Vallejo y don Manuel Azaña. «Se caían bien, pero la política les separó de manera radical», me dice su hijo Alejandro Vallejo-Nágera Botas, que se siente muy comunicativo una mañana de abril de 1992:

> La guerra civil se veía venir. Estábamos convencidos de que el primer muerto sería mi padre. En vísperas del Alzamiento se molestó con su íntimo amigo el psiquiatra Raúl de Montahud, porque decidió marcharse a la Argentina en vista de lo que se avecinaba. Mi padre, al llegar el 18 de julio de 1936, se escondió en Bilbao en casa de don Julio Arteche, conde de Arteche. Desde allí contactaron con la Embajada alemana en Lisboa y enviaron un submarino con varios uniformes alemanes. Mi padre se puso uno de ellos y salió de casa del conde de Arteche hablando en voz muy alta en alemán, con varios oficiales, hasta llegar al puerto, donde una lancha le llevó al submarino. Al llegar, se abrazó a la bandera alemana y la besó muchas veces. Eso lo comprendo perfectamente y lo encuentro muy natural y consecuente con su manera de ser.
>
> Se fue inmediatamente a Burgos y se puso a las órdenes de Franco. Se puede hablar de una etapa de su vida en

Burgos, pero la verdad es que viajaba constantemente a los frentes de guerra en su calidad de jefe de los Servicios de Psiquiatría del Ejército.

Al iniciarse la segunda guerra mundial, mi padre deseaba fervientemente que entrásemos a favor de Alemania y de Italia. Íntimamente, no perdonó a Franco que virase hacia los aliados. En cuanto a ideas, estaba más cerca de Serrano Súñer que de Franco, pero fue siempre fiel a su Caudillo, aunque en lo más profundo de su ser no estuviera conforme. Cuestión de disciplina militar. En la posguerra repetía que él era incondicional de Franco, pero sin cargos. Y, la verdad, rechazó muchas prebendas. Vivió toda su vida con sobriedad. Mi padre nació para tener disciplina, para ser católico, militar, psiquiatra y padre. Le gustaba rezar y sufrir. Por eso se murió de cáncer.

Alejandro es hombre flexible, extravertido. Admite que las causas del cáncer puedan ser múltiples. Se sorprende cuando le menciono el número de cigarrillos que fumaba su padre diariamente. «Sí, eso pudo influir en su cáncer de pulmón, pero yo creo lo que te dije antes.»

Conviene subrayarlo. Don Antonio, a su manera, muy suya, era también flexible. Alejandro está conforme:

En su tertulia del Gijón alternaba con personas de ideología parecida, como el general Palanca, pero mucho más dados que él a contar procacidades y golferías. Lo pasaba muy bien con su amigo el doctor Vital Aza, de ilustre familia, lleno de creatividad e ingenio. Y le divertían escritores bohemios, como don Felipe Sassone, que le daba sablazos económicos y recitaba a los contertulios los mandamientos del perfecto perezoso. Sassone hizo un precioso prólogo para la primera edición de *Locos egregios,* en el cual termina pidiendo a mi padre que lo deje como portero del manicomio, pero sin hacerle trabajar.

Don Felipe resultaba incansable hablando de tauromaquia. Para todo lo demás, era un monumento a la modorra. Elogiaba la pasividad completa hasta en el encuentro amoroso. Tergiversaba los proverbios árabes en su favor: «Si tienes un amigo que trabaja, no vayas a verlo», «No olvides que desciendes de los gloriosos benimerines, que prefieren la muerte antes que trabajar». Enumeraba hasta diez máximas de esta naturaleza. Mi padre le escuchaba complacido hasta que, al final, Sassone le pedía dinero.

Fue amigo de otro escritor, poeta inmenso, buen bebedor y glotón: Agustín de Foxá, conde de Foxá. ¡Qué gran hombre! Se relacionaba también con el actor don Enrique Guitart, a quien llevaba una vez al año a la clase. Recitaba el monólogo de *Las manos de Eurídice,* sentado entre los alumnos, para que se creyeran que era un loco. Luego lo presentaba elogiosamente.

Mi padre tenía buena amistad con el doctor Marañón, pese a lo cual don Gregorio no quiso hacerle el prólogo al *Tratado de Psiquiatría.* Quizá por contemporizar con López-Ibor. Existió fuerte pugna cuando los dos psiquiatras querían la cátedra de Madrid. Luego suavizaron las relaciones. En los congresos eran muy corteses. Al acercarse la jubilación de mi padre, eran más que corteses. Me atrevo a decir que mi padre se murió en brazos de López-Ibor.

Un hidalgo para un crepúsculo

Don Antonio tradujo a Wagner y adaptó obras suyas en colaboración con el maestro Ribera, para ser cantadas. El sentido épico de la vida, exaltado en la famosa tetralogía, iban bien con su talante. Frecuentes viajes a Alemania consagran su devoción, que ritualiza los domingos por la tarde, en reuniones solemnes. En verano, asistía a los festivales de Bayreuth. La familia Wagner le concedió una insignia y un documento para permanecer entre bastidores en cualquier teatro del mundo cuando se representasen obras wagnerianas. Nadie mereció tanto una distinción así.

De nuevo es preciso dejar la palabra a Alejandro:

> Mi padre debió vivir su época más feliz en aquella Alemania de la primera guerra. Era joven, tenía categoría como médico militar; en Munich y Berlín le llamaban «Herr Professor». Era alto, bien plantado, muy caballeroso. ¿Galante? Tal vez. Ferviente católico, muy rezador, demasiado estricto y formal. No sé lo que harían con él las chicas de entonces. A las alemanas hay que conocerlas. A todas, a las de todos los países. Yo, a mis diecisiete años de edad, me ligué a mi profesora de inglés, que tenía treinta y cinco. Mi madre nos enviaba dinero y bolsas de comida para que

> me cuidara bien. ¡Y vaya si me cuidaba mi profesora! Lo mío ha sido distinto. Pero de mi padre, en su juventud, siempre tan serio, no sé qué decirte. Se va a quedar en el misterio de su biografía.

Un hidalgo se sabe miembro de casta con obligaciones y deberes, más que con privilegios. Es natural que aspire a perpetuar la casta. Don Antonio publica un curioso libro, *Antes que te cases...*, en 1946.

Hoy constituye un documento para conocer el sentir de aquellos años:

> Imposible la raza robusta sin sólida preparación de la juventud para el matrimonio, a través de la moral católica. Hace años que el autor quijotea por los yermos eugenésicos patrios, sobrándole manteamientos.

¿Qué diría de la llamada «educación sexual» de nuestros días? Quería una raza robusta y superior, sin mezcla de sangre impura; ni judíos ni moriscos. ¿Mantearían hoy a don Antonio? La mofa se queda para Sancho Panza. Los hidalgos no se mantean; los apedrean y los tunden a palos. Molido quedaría ante la televisión de ahora. El léxico degradado y malsonante de los años noventa retumbaría en su cráneo como pedrada en el yelmo de Mambrino. Nunca se lo vimos, pero es indudable que llevaba puesto uno, igual que Don Quijote.

Aspira don Antonio a formar desde la niñez al hidalgo en aquello que le es propio. Lamenta que el ejercicio viril y noble de la caza tienda a ser reemplazado por el deporte. ¡Si supiera que hoy ciertas señoras creen educar a sus hijos prohibiéndoles la caza y los toros! «Las generaciones excesivamente entregadas al deporte se embrutecen y pierden las cualidades psicológicas en que radica la verdadera virilidad.» Lo de «Mens sana in corpore sano» le parece una solemne mentira. Tampoco don Miguel de Unamuno traga el anzuelo. No creen esa memez de que practicar, y peor aún, pagar por contemplar actividades deportivas, conduzca a una mente más clara.

El hidalgo ha de ser casto. Don Antonio dedica sesudas páginas a la virtud que ahora toman a risa los productores cinematográficos y tantos editores. El gran negocio contemporáneo que supone en España la burla de la castidad es otro cantazo en el colodrillo. El noble castellano viejo, que tanto respetó las diferencias sexuales, sentiría perplejidad al ver el regusto contemporáneo en atenuarlas. El uso de modas «intermedias» para híbridos le haría fruncir el ceño. Considera a la mujer, superior al hombre en muchas cosas, pero inferior por sus feos hábitos nerviosos, como morderse las uñas, chuparse el dedo y sacar la lengua. «Menos mal que, obedientes a las conveniencias sociales, se corrigen ellas solas una vez llegadas a la pubertad.» De este modo nos tranquilizan las últimas páginas de *Antes que te cases...*

La música de Wagner es el último reducto para su germanofilia, al término de la segunda guerra mundial. Es curiosa la reacción de los dos grandes psiquiatras españoles de la época: el profesor López-Ibor visita en 1944 varias universidades alemanas y recibe confidencias de sus colegas, horrorizados por las atrocidades en campos de concentración. A su regreso, los amigos no querían creerlo. Acabaron convencidos por la fuerza de los datos. Don Juan José, de paso, coincide con otros intelectuales en la necesidad de que el régimen político español se abra hacia los aliados. Don Antonio negó todo aquello en forma terminante. Había supervisado campos de prisioneros en la primera guerra mundial; la proverbial caballerosidad y el espíritu militar germánicos hacían imposible tal cosa. Eran calumnias. Y, además, las armas secretas darían la victoria de un momento a otro a los países del Eje. Y pese a todo, no era el suyo duro germanismo a lo Feuerbach, «exclusivo y altanero», sino devoción honda a idealizados valores medievales y románticos en amalgama con esperanzas de un florecer de las ciencias y las artes en una armoniosa *Zukunftswissenschaft*.

En 1945, el búnker berlinés se hunde y los cascotes de cemento con hierros retorcidos caen, en cierto modo, sobre la cabeza de don Antonio. La radio daba noticias, minuto a minuto, con el fondo de los compases más lúgubres del *Crepúsculo de los dioses*. Desde entonces, cada tarde de domingo era para él un crepúsculo wagneriano. Las cercanas acacias de la Castellana no reemplazaban a sus amados tilos de la avenida Unter der Linden de Berlín. La música, en voluntaria y melancólica penumbra, evocaba con frecuencia el idilio de Tristán e Isolda, como si bastara poner el disco para resucitar a los amantes. Los colores de la noche permiten gozar los placeres de una estética pesimista no accesible a todo el mundo. Poderes que se ejercen con suavidad y fatalidad, pueden llevarnos por caminos de quietismo a mundos de pasividad y extinción de deseos. Antes ha sido preciso sufrir por amor y pactar con el olvido las condiciones de la soledad. Don Antonio, como todo hidalgo de pro, tenía una amada inmortal y superior a todas las criaturas de este mundo. Su amada era Alemania. La prolongada muerte de Isolda puede ser el símbolo de su personal caída de Occidente, con el derrumbamiento de tantas ensoñaciones.

2

la cátedra de Psiquiatría

Actividad docente y clínica

DON Antonio llegó a la cátedra universitaria en 1947 con enorme experiencia profesional. En Ciempozuelos, desde 1928 fue jefe clínico, y desde 1930, director; en este centro habían pasado por sus manos más de ocho mil historias clínicas. En los años de formación conoció personalmente a las figuras más notables de la psiquiatría germana: Kraepelin, Gruhle, Schwalbe y al premio Nobel Wagner von Jauregg. Gozó de la amistad de este último, cuyo pensamiento contribuyó a divulgar entre los especialistas de habla hispana. Su actividad docente es muy antigua. Desde su primera época fomentó vocaciones psiquiátricas en la Academia de Sanidad Militar. En la Universidad fue profesor encargado de Psiquiatría en la Facultad de Medicina desde 1940 a 1945. Experiencias de la segunda conflagración mundial le permiten escribir el discurso de ingreso en la Real Academia de Medicina: «Enseñanzas psiquiátricas de la segunda guerra mundial».

Fruto de sus décadas en Ciempozuelos es el *Tratado de psiquiatría,* redactado cuando ya era teniente coronel. Se levantaba a las cinco y media de la madrugada para escribir. Los alumnos de familias acomodadas lo compraron; los otros no, porque resultaba caro para el presupuesto juvenil. En vista de ello, compuso un compacto resumen, *Lecciones de psiquiatría,* que todos estudiaron, furiosamente, de memoria. Entenderlo, la verdad, nadie lo intentó.

Tenía fama de severo en los exámenes. A ellos, así como a las clases, era preciso entrar impecablemente vestido. La corbata, obligatoria. La compostura, muy cuidada. Si la clase había empezado, los rezagados nunca osaron entrar ni empujar la puerta, salvo, en vísperas de examen, un alumno, a medio vestir, con acento del Caribe: «¿Da su peelmiso, plofesoool?» El color atezado destacaba sobre el blanco de la camiseta. Sonreía con inocencia precolombina. Todo el mundo estaba aterrado. Volvió a pedir autorización, con dulzona cortesía. Don Antonio se irguió, más grandón que nunca, con el brazo derecho extendido y prolongado por el dedo índice, como Colón en lo alto de su columna. Los Vallejo, no olvidemos, descienden de Castilla la Vieja, tierra de almirantes. Señaló, mayestático, un asiento libre de la primera fila y continuó la clase como si nada. A la salida, todos rodearon al compañero antillano sin terminar de creer lo que habían visto. «¿Y pol qué me tenía que ggegaaañal a mí? ¡Ete ploofesol e muy bueno y muy macho!»

Examinaba con severidad y procuraba ser justo. Le gustaba el examen oral. Al alumno dubitativo, le susurraba zumbón: «Pero, hombre, si eso lo sabe hasta mi profesor ayudante.» El docente aludido y el alumno se miraban con cara de conejo. A los aprobados les felicitaba: «Ya puede irse, galán.» A los suspensos les hacía ver su completa ignorancia: «En esta asignatura es usted un verdadero pezorro.»

Explicaba los métodos curativos de la época: coma insulínico, choques de cardiazol, bombeo espinal, electrochoque, leucotomía y lobotomía. Para los estados de agitación, era infalible el absceso de fijación con trementina. Esto último era tremendo. Lo anterior, también. Es difícil, hoy, imaginar tratamientos anteriores a la era de los psicofármacos. Era una medicina cuartelera, violenta. En los grandes manicomios, los Hermanos de San Juan de Dios procuraban humanizarla. A los directores de aquellos establecimientos, los especialistas privados les acusaban, despectivamente, de practicar psiquiatría de sotana, para algunos, peor que la de cuartel.

Las relaciones del profesor con el clero han sido paradójicas. Nadie más católico y más cristiano viejo. Quizá por serlo tanto, no le caían bien los religiosos neuróticos que florecieron cuando el Concilio Vaticano preconizó la apertura a nuevas formas de vida. Le nombraron consejero de casos de conciencia. Se trataba de escrúpulos y problemas de vocación. Era el tiempo en que se colgaron muchos hábitos. Bastantes querían casarse. Don Antonio los citaba en grupos y los atendía de uno en uno. Con aire de resignación, abría la puerta y decía con voz gruesa: «¡Venga, que pase otro cura loco!»

* * *

Es preciso citar textualmente al doctor Enrique García Barros, veterano colaborador:

> Era un catedrático muy castizo; al terminar el trabajo nos llevaba a jugar al mus, acompañados de Julián, el bedel, a una tasca junto a San Carlos. Se llamaba «La Cierva» y tenía una corza disecada, en muy mal estado. Al pie de aquel bicho, comíamos con don Antonio sus ayudantes y los «internoides». Algunas veces nos llevaba a restaurantes de más categoría el día de su santo, San Antón. Muy socarrón, comentaba que era día de agasajar a todos los animales.
>
> Le gustaba, con modos, una ginebrita con sifón y algunos riojas. Apenas quedaban ya catedráticos castizos que se fueran de chateo con los ayudantes. Nos permitía ir a su casa para consultar bibliografía en un cuartito silencioso. Llegábamos a primera hora de la tarde, mientras dormía. Se levantaba en el acto, en pijama, para dejarnos los libros. Nada del típico señor a quien le cortan la siesta.
>
> De nuestro profesor hay que decir que leyó y fumó mucho, hasta última hora. Lo mismo sucedió con su amigo y colaborador, el doctor Echalecu, maestro a su vez de muchos especialistas, que fumaba en la consulta del Seguro hasta la misma víspera de morir de cáncer de pulmón.

Tuvo dos hijos el doctor Echalecu, Elvira y Vidal, formados en la cátedra. La hija mayor, al teléfono, exhala suspiros antes de responder: «Me preguntas por cosas de hace más de cuarenta años. Es mucho tiempo en la vida de una señora. De don Antonio, de quien fui alumna, poco puedo decir. Apenas hablé con él, de miedo que le tenía. A pesar de ser muy amigo de mi padre, me imponía, me daba miedo verlo tan grande.»

Vidal, más joven, gozó de la admiración del catedrático, que ya estaba a punto de jubilarse: «Pero no me admiraba como estudiante, aunque no era malo, sino como torero. Yo vestía el traje de luces por pueblos de Ciudad Real y le caí en gracia. Procuró convencer a mi padre de que yo no era ningún garbanzo negro, ni una vergüenza para la familia. Ya ves, no duré como novillero y, en cambio, he sido muchos años psiquiatra del Seguro. Don Antonio era un caballero español, de los que quedaban muy pocos ya en su época.»

En las tareas de la cátedra participaron férvidos discípulos, entre ellos Luis Galve, buen pianista; César Galve Brunengo; César Paumard, más tarde director del Hospital Psiquiátrico de Zaragoza; Florentino Santos Madrigal, dentro de la tradición de la psiquiatría militar; Demetrio Mármol Plaza, que, como Larramendi y José Carlos Oliveros, se dedicó a la encefalografía; Guillermo Rico y Gabriel Narros Martín, clínicos avezados; Alfonso Álvarez Villar, prolífico escritor; Enrique García-Barros, pintor y creativo terapeuta artístico; Francisco Ordeig Pastells, que alternaba la psiquiatría con sus tareas de conservador de la iglesia de San Francisco el Grande; Ildefonso López Caño, modelo de eficiencia; Jesusa Pertejo, psicoanalista didáctica de lo más ortodoxo; la colombiana Margarita Guzmán, de vocación neurológica; Diego Muñagorri Berraondo y Mercedes Gregori Ocejo, paidopsiquiatras; Antonio Forcada Calvo, experto psicofarmacólogo, y Pablo Población, de temprana inclinación psicoterápica.

Destacaba en la cátedra un colombiano de excepcional valía profesional y humana, César Constain Mosquera, que en su país ha tenido importantes responsabilidades en la enseñanza y en la clínica. A su solemne boda con Milou van Reck, en los Jerónimos, acudió don Antonio como testigo, vestido de chaqué. El señorío natural del catedrático contrastaba con la muy artificial etiqueta de los ayudantes y jóvenes colaboradores. Olíamos a naftalina de chaqué alquilado con prisa en la guardarropía, junto al teatro Calderón.

La víspera, el novio quiso despedirse de soltero descorchando botellas en casa del doctor García Barros. «No llores, don Sésar», le decíamos remedando su fonética bogotana. «Lloro porque no soy rubio.» «Bueno, don Sésar, pero no llores de esa manera tan rara.» «Es que además tengo angustia vital. Me sube del subconsciente la niebla tanática y noto el aguijón de la nada en el hondón de la personalidad.» «Óigame, don Sésar, te sabes de memoria una conferencia de López-Ibor.» «No le digáis a don Antonio que he llorado ni que me ha entrado la timopatía ansiosa, que ese mal no es de su escuela.» «Mira, don Sésar, te han entrado demasiados vasos de valdepeñas y riojas, por eso tienes llantos y risas inmotivados.» «Ji, ji, es verdad, soy un síndrome exógeno, ji, ji. Entonces estoy recogido por don Antonio en su *Tratado de psiquiatría.* Ya me pasó. Ponme otra copita.»

Durante el banquete nupcial, nuestro catedrático, testigo de honor, aspiraba el olor de la naftalina comprensivo, con sonrisa bondadosa. Hasta que, a la hora de encender un puro, echó en falta un mechero de oro y perdió los papeles. Por fortuna, lo recuperó un camarero al poco rato.

En época posterior acudieron a formarse en la cátedra jóvenes doctoras con personalidad: Magalí Martín Lorch, atractiva santanderina de vasta cultura, a la que su paisano el doctor Obrador Alcalde propuso, entre aplausos, que en la Sociedad de Neurocirugía, Neurología y Psiquiatría, tras elegir el cargo temporal de tesorero, se le concediese a ella el título, eterno, de tesoro; Iris Matienzo Bocanegra, trigueña retostada, que vino del Caribe para hacerse psiquiatra infantil; era todo un espectáculo verla abrazar a los niños que, al principio, la miraban asombrados. Les decía: «Venga acá, criaturita», y los aplastaba contra su bata blanca, entre cuyos pliegues desaparecían, para volver poco después, encantados y, se diría, curados. Con acento del aya sureña de *Lo que el viento se llevó,* su encanto maternal era irresistible. Ofelia Santomé fue una de las últimas en incorporarse. Gallega y melosa, afirmaba, ladeando la cabeza, que la esquizofrenia se debía a un metabolito neurotropo. Al decir lo del metabolito, entornaba los ojos y la invitábamos a merendar.

Por aquellos años llegó Igor Dubravec, andando desde Checoslovaquia. Cruzó los Pirineos a pie y cuando vio un campesino montado en burro se santiguó de rodillas, dando gracias a Dios al comprender que estaba en España. Varios pacientes de la provincia de León, empeñados en que era paisano suyo, le traían queso del pueblo. Igor nos ofrecía trozos: «Esta vida es barbarritat, barbarritat.» Aquel queso lo compartió Pedro Alonso Arangüena, a punto de hacerse psiquiatra. Un día nos dijo que la Endrocrinología le atraía más: «No digo que sea más serio que esto que hacéis los psiquiatras...» No lo decía, no, pero lo pensaba.

El lado castizo de don Antonio se manifestaba, por otro lado, en el sanatorio El Rosalar, lleno de pacientes pintorescos, entretenidos en pisar sapos inexistentes y en condecorarse por méritos imaginarios. El más sensato allí era el médico internista, don Javier Abad, a quien en ocasiones sustituía un admirable compañero, Antonio Fernández Hontanilla, de Navalpino, hidalgo manchego, muy querido por el profesor Vallejo-Nágera. Don Antonio quiso poner a su hijo al frente del sanatorio privado, pero apenas consiguió que pisara lo indispensable por aquel lugar.

En la cátedra, Juan Antonio cumplía con su obligación y en cuanto podía, más que irse, se esfumaba. Con los ayudantes mantenía una actitud cordial, simpática, no exenta de una sutil «distancia terapéutica». A diferencia del catedrático, evitaba alternar en el café de la esquina, una vez terminado el horario de trabajo. Durante largos períodos, el horario de sus numerosos cargos le impedía participar a fondo junto al resto del equipo.

Las relaciones padre-hijo en la cátedra eran curiosas. Si se enfadaban, el bedel recibía una orden terminante del catedrático: «¡Haga usted el favor de decir al profesor ayudante Juan Antonio Vallejo que venga!» El hijo, hasta donde podía, se evadía de aquella tutela. Aseguraba que nuestro patrón tenía días insoportables. No le agradaba recibir destempladas broncas en público por motivos nimios; a veces le llegaban ecos de críticas amargas. Varios médicos veteranos quisieron halagar al catedrático elogiando la conferencia tan bonita que dio su hijo la tarde anterior, sobre los consumidores de cocaína. El profesor dio dos chupadas largas al cigarro y sentenció entre dientes: «Las conferencias de psiquiatría no deben ser bonitas, deben ser científicas.»

Don Antonio juntaba a todo el equipo cuando llegaba algún ilustre psiquiatra extranjero. Nos presentaba con toda formalidad. A nuestro nombre y apellidos añadía algún comentario amable, específico para cada cual, benévolo con nuestro limitado currículum; al final movía la cabeza, entre bocanadas de humo, y explicaba: «Ya se ve, ninguno de ellos tiene nada que hacer, ningún porvenir, salvo mi hijo. Todos estos, nada, nada.» Los ayudantes nos mirábamos compungidos. Nibelungos del montón. O chibichungos, que suena todavía peor. En aquella cátedra wagneriana, enanos todos.

Si la relación de Juan Antonio con los nibelungos era de diplomático avezado, con las jóvenes doctoras extremaba la cortesía, sin asomo de la menor estrategia de seducción. Pero se volcaba con cualquiera, cada vez que lo creía necesario. A finales de los cuarenta, recorría Madrid en una pequeña *Ossa,* una moto muy pequeña, y se vestía muy atildado para viajar en ella. Llevó más de una vez, en el sillín posterior, al doctor Enrique García Barros, a la sazón nibelungo meritorio, que tenía un paciente privado —entonces teníamos sólo uno—, pero muy urgente. No lo olvida Enrique. Mejor aún refleja su carácter lo que hizo cuando un brillante alumno sufrió, por accidente de tráfico, un episodio de amnesia y euforia traumática. Era la época de exámenes, y el traumatizado cerebral, contentísimo, anunciaba a sus profesores, estupefactos: «Sólo hay tres Evas en el mundo: la mujer de Adán, doña Eva Duarte de Perón y la patrona de mi pensión, doña Eva Evangelina.» Hubiera perdido el curso de no ser por Juan Antonio, que se lo llevó en la pequeña *Ossa* a visitar, uno por uno, a cada examinador, explicándoles un caso práctico de la euforia patológica. Todos le aprobaron sin examen y uno quiso darle la nota máxima. El alumno-paciente se despedía de los sabios con una palmada confianzuda: «¡Gracias, majete!» En pocas semanas se recuperó y disfruta hoy de excelente reputación profesional.

Una mañana, Julián, el bedel, hizo saber que el catedrático nos deseaba reunir a todos en su despacho. Intrigados, creíamos que nos anunciaría próximas oposiciones, pero tenía un rostro diferente, nuevo. Resplandeciente y feliz, fumaba con los ojos en blanco. Se rió fuerte con la o, como cuando se le ocurrían chistes cazurros:

> Jo, jo, no saben ustedes la boda que va a hacer mi hijo, menudo campanazo, eso sí que es una boda. La novia no puede ser más guapa ni tener una fortuna más importante. Pertenece a la familia más rica de Filipinas y quizá de toda Asia. Por eso les he hecho venir al despacho, ¡jo, jo, jo!, no van a estar trabajando toda la mañana hoy, ¡jo, jo!, habrá que irse a tomar tintorro con gaseosa.

La ceremonia del enlace quiere contarla el doctor Enrique García Barros:

> Asistió en lugar preferente doña Carmen Polo de Franco. El banquete fue en un restaurante cerca de la plaza de las Cortes que estaba muy de moda, con grandes jardines. Me llamó mucho la atención ver bandejas de plata enormes con ciervos enteros, y otras con faisanes, asomando las largas plumas. Fuimos todos los ayudantes que estábamos en Madrid. Lo más elegantes que pudimos, de oscuro, pero no de etiqueta. Esta vez no olíamos a naftalina.

La cátedra no estaba en una isla desierta. Junto al venerable Hospital de San Carlos y Facultad de Medicina de la calle de Atocha, teníamos a un paso el Hospital Provincial, en la plaza de Santa Isabel. En su sala de mujeres, desde 1945, don Juan José López-Ibor explicaba una psiquiatría fenomenológica, atenta a la actualidad intelectual, enormemente atractiva. Mediados los años cincuenta, en las gradas de su pequeño anfiteatro, asistíamos a las sesiones clínicas, escapados un rato de la Facultad. La pugna de las dos escuelas tenía algo que ver con la política, por suponer, en cierto modo, la confrontación de dos corrientes: la continuidad del Régimen, representada por don Antonio, y la corriente monárquica de don Juan de Borbón, que aportaba López-Ibor. Don Juan José, sin aparente prisa por llegar a otra situación, tenía su departamento de Psicología Médica desde 1951-1952.

A pocos metros, don Gonzalo Rodríguez Lafora agrupaba un conjunto valioso de colaboradores. Entre ellos destacaba el doctor Llopis, respetado mundialmente por sus trabajos sobre la psicosis pelagrosa, durante el cerco de Madrid en la guerra civil; con sus observaciones elaboró su armazón teórico de la tesis de la «psicosis única», una de las escasas aportaciones españolas tenidas en cuenta por especialistas de otras latitudes.

En el mismo hospital, junto a las salas del doctor Marañón, existía el pequeño consultorio de Medicina Psicosomática del doctor Juan Rof Carballo. Allí acudíamos un reducido número de psiquiatras. Luego nos íbamos todos a la sesión clínica de Medicina Interna, presidida por don Gregorio Marañón. Mediada la mañana, se interrumpía la sesión por culpa de ruidosos intentos de abrir la puerta; brusco y algo torpón de movimientos, el doctor Lafora, todo bastón y osadía, terminaba por abrirse paso entre filas de alumnos estupefactos ante aquella falta de respeto. Don Gregorio, con tono sosegado, saludaba pacientemente: «Hola, Lafora.» Don Gonzalo le miraba de tú a tú: «Hola, Marañón.» Y la sesión continuaba.

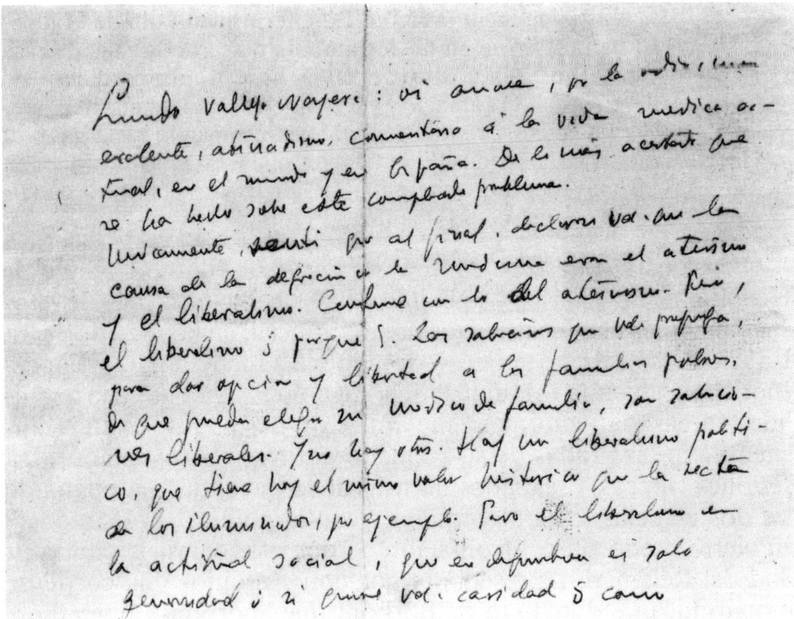
Querido Vallejo Nágera: Sí, a usted, por lo rápido, muy excelente, acertadísimo. Comentario a la vida médica actual, en el mundo y en España. De lo más acertado que se ha hecho sobre este complicado problema.
Únicamente, siento que al final, declare Vd. que la causa de la depresión de la juventud eran el ateísmo y el liberalismo. Conforme con lo del ateísmo. Pero, el liberalismo ¿por qué? Los sabemos que Vd. propugna, para dar opción y libertad a las familias pobres, sin saberlo que pueden elegir su médico de familia, son sabidos liberales. Pero hay otros. Hay un liberalismo político, que tiene hoy el mismo valor histórico que la secta de los iluminados, por ejemplo. Pero el liberalismo en la actitud social, que es defendemos es sólo generosidad y si quiere Vd. caridad y cariño

Precisiones del doctor Marañón a don Antonio sobre el ateísmo y el liberalismo

Por otro lado, alrededor de 1954 se configura la Escuela de Psicología y Psicotecnia, con el psiquiatra José Germain, el padre Zaragüeta, Mariano Yela y otros, cuyas primeras clases se dan en el viejo edificio universitario de la calle de San Bernardo. Existen tres secciones: Pedagógica, dirigida por Víctor García Hoz; Industrial, por Miguel Siguán, y Psicología Clínica, al cuidado de José María Poveda Ariño. En esta última dio clases Juan Antonio Vallejo-Nágera, que no tardó en delegar en otros colegas. Ese es el germen de la ulterior Facultad de Psicología. El doctor Poveda Ariño desgrana para este libro recuerdos que complementan el panorama de la época:

> Mi encuentro personal con Vallejo, hijo, se produce en 1954, con motivo de las oposiciones a jefes provinciales de Psiquiatría y directores de Dispensarios de Higiene Mental, en su segunda promoción. Antes existió el centro del doctor Escardó. Ahora concurríamos Marco Merenciano, Alejo Argente, César Paumard, López Saiz, Cabaleiro, Juan Antonio Vallejo, Luis Aliño Testor y yo. Todavía no aparecen los nombres de Castilla del Pino ni de Luis Martín Santos. En el tribunal, la personalidad más decisiva era la de Sarró. Don Antonio también se dejaba ver. A López-Ibor no parecía importarle aquello, pero, entre bastidores, no perdía detalle. El programa, no malo del todo, se inspiraba en temarios europeos similares. Cuando salimos Juan Antonio y yo de los últimos ejercicios nos abrazó don Antonio con sus grandes manazas acromegálicas y deseó que realizásemos lo que ellos, los mayores, no habían sabido. La víspera de San Juan nos reunimos en casa del doctor López-Ibor. Acudieron los Vallejo, padre e hijo. Todos hablábamos ya el mismo idioma, con gran cordialidad.

En 1956 se crea la Sociedad Española de Psiquiatría. El primer presidente, don Antonio; vicepresidente, López-Ibor; los dos secretarios, Juan Antonio y Poveda Ariño. Como vocales figuran Castilla del Pino y Martín Santos, discípulos distinguidos de López-Ibor.

A la vez, se había puesto en marcha la Sociedad Española de Medicina Psicosomática y Psicoterapia. Formaban parte destacada Rof Carballo, Javier Morales Belda, Luis Martín Santos y Carlos Castilla del Pino. Nada de esto sería cabalmente recreado, para lectores de las épocas posteriores, sin traer a colación la importantísima, desde tantos puntos de vista, novela de Luis Martín Santos: *Tiempo de silencio*. Juan Benet, por su parte, ha escrito un libro clave sobre el Madrid de aquellos años.

Inquietudes científicas y humanísticas de don Antonio

Las inquietudes científicas y literarias de don Antonio se reflejan en su vasta producción iniciada en 1929, con estudios sobre el tratamiento de la parálisis general y otras neurosífilis. Entre las principales obras de su especialidad figuran las dedicadas a la esquizofrenia, simulación, psicosis de guerra, psicosis sintomáticas, trastornos psíquicos en traumatizados craneales, higiene mental en las grandes urbes y monografías curiosas, como la que dedica al caso de Teresa Newman. El número de publicaciones es muy elevado; abarca neurología, pedagogía, paidopsiquiatría y lo que años más tarde se llamó «psiquiatría de extensión». Destacan en el conjunto dos libros fundamentales: la útil *Propedéutica,* reeditada en 1952, indispensable durante décadas en todas las consultas, y el *Tratado de psiquiatría,* aparecido en 1945, cuya última edición es de 1954. El resumen del *Tratado,* con el título *Lecciones de psiquiatría,* data en 1948 y alcanza una sexta edición en 1958.

La personalidad, huraña por fuera, comprensiva caparazón adentro, encajó el tono zumbón de algunas críticas de sus rivales en las odiosas «trincas» de la época. Se notaba, le decían, que eran libros escritos de madrugada o en horas de insomnio.

El *Tratado,* de 1.223 páginas e ilustrado con fotografías de macilentos enfermos de manicomio, modelos de Solana, constituye un imperecedero testimonio de la pobreza española de aquellos años, dejada, por suerte, muy atrás. Los progresos de la terapéutica y de la psiquiatría social convierten al *Tratado* en un monumento histórico. Pero, ni aun hoy, ningún psiquiatra español debería pasarlo por alto entre las lecturas básicas para su formación. Otra cosa es el lenguaje arcaizante y la mención de controversias típicas de los alienistas germanos. Pese al deseo de usar un castellano claro, el lector puede quedar turulato a las pocas páginas.

El resumen era, de tan condensado, un cigarro puro infumable. Los alumnos repetían en el examen algunos latiguillos, como «empero, colígese de todo ello» o «infiere que la esquizofrenia es campo propicio para especulaciones existenciales». Preguntados por el psicoanálisis, contestaban como papagayos: «Esfuérzase en la explicación de todo el mecanismo de la vida psíquica inconsciente, normal y patológica. Empero, es verdaderamente incomprensible el éxito logrado entre los alienistas por la teoría psicoanalista, pues el concepto dinámico de la psicología freudiana le impide estudiar a fondo las relaciones de los fenómenos psíquicos con los órganos nerviosos.» Al terminar de decir eso, ponían cara de Boris Karloff en su papel de momia resucitada.

Un tema de examen consistía en explicar la diferencia entre el enfoque psicológico y su contrario, el organicista. Los estudiantes respondían con sonsonete: «¡Las escuelas psicológicas son tres, Freúdd, Janétt y Jaspérr!», acentuando la última sílaba. Habían aprendido de niños que los reyes magos son tres, Melchor, Gaspar y Baltasar. Sonaba con la misma música. Del voluminoso *Tratado,* se decía en la Facultad que «sólo lo entendían Dios y don Antonio». Del resumen, texto abreviado en 325 páginas, «ni don Antonio ni Dios». Pero se lo aprendían.

* * *

Las inquietudes estrictamente científicas de don Antonio revelan al clínico dispuesto a tomar de cada orientación y escuela lo que le parezca más útil para ayudar a los enfermos. Más germano que francés en sus fuentes, no desdeña aportaciones galas, italianas, portuguesas o sudamericanas. La psiquiatría estadounidense, que, después de la segunda guerra, se impone, no le hace mucha gracia, como tampoco al resto de especialistas europeos; la encaja porque no hay más remedio. El mismísimo doctor Marañón, de proverbial tolerancia, comentó duramente la desfachatez con que, del otro lado del océano, se silenciaban investigaciones europeas. Algo así nos pareció captar en las primeras sesiones clínicas del profesor López-Ibor, a raíz de la jubilación de don Antonio. Un alumno puertorriqueño señaló que en España estábamos muy atrasados en relación con Estados Unidos. Don Juan José, habitualmente muy ecuánime, saltó como un tigre: «¡Falso! La psiquiatría española y europea tienen mucho que decir por muchos años todavía. ¡Los americanos están en pantuflas!»

La era de las pantuflas de ultramar afectó la productividad del profesor Antonio Vallejo-Nágera. Pero supo adaptarse a las nuevas circunstancias; en los congresos de los años cincuenta se mos-

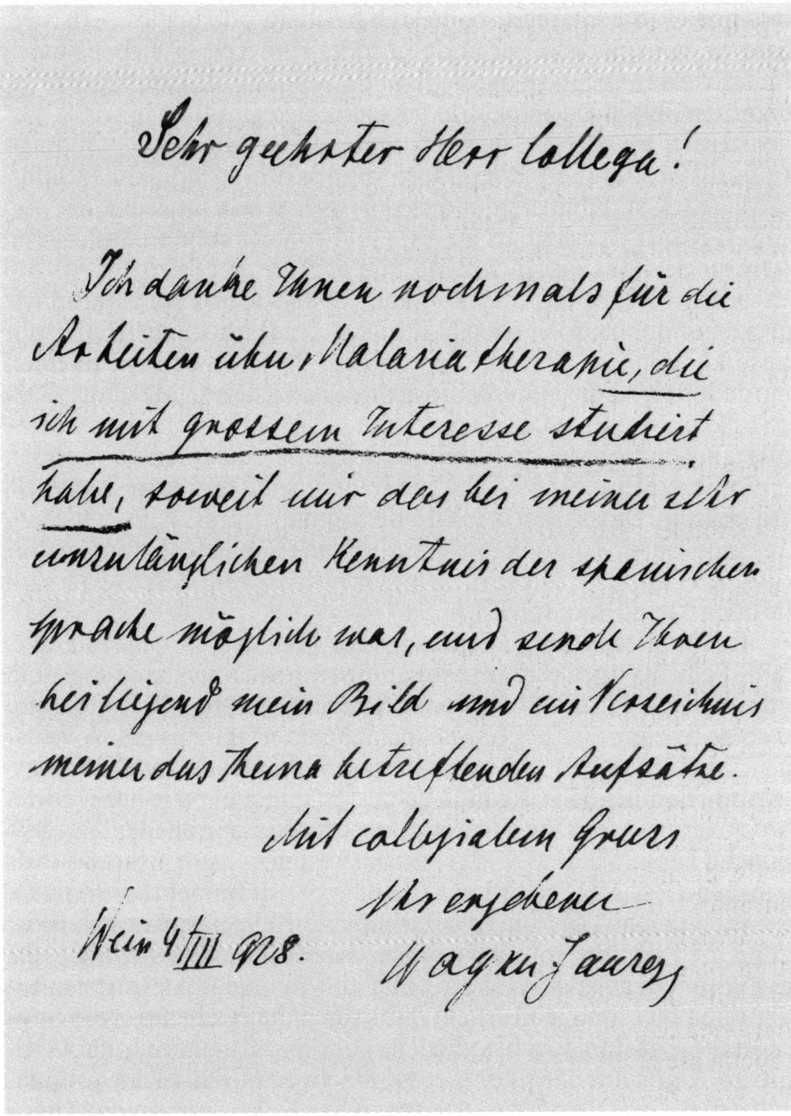

Sehr geehrter Herr Collega!

Ich danke Ihnen nochmals für die Arbeiten über Malariatherapie, die ich mit grossem Interesse studiert habe, soweit mir das bei meiner sehr unzulänglichen Kenntnis der spanischen Sprache möglich war, und sende Ihnen beiliegend mein Bild und ein Verzeichnis meiner das Thema betreffenden Aufsätze.

Mit collegialem Gruss

Ihr ergebener

Wien 4/VIII 928. Wagner Jauregg

Carta a don Antonio del premio Nobel Wagner von Jauregg, descubridor de la malarioterapia para la parálisis general progresiva tró dinámico e interesado por las actividades de los jóvenes colegas, fueran o no de su escuela. Era consciente de que su época había pasado. El máximo de actividad como publicista pertenece a los años comprendidos entre 1925 y 1944. Los temas humanísticos prevalecen en los escritos de los últimos años. Muy atemperado su radicalismo, sereno y bondadoso, nunca dio, ni siquiera en la inmediatez de su jubilación, indicios de decadencia intelectual ni personal. A raíz de cesar sus clases, vivió escaso tiempo y falleció en febrero de 1960, poco después que su esposa.

A los colaboradores y a Julián, el bedel, nos sorprendió ver al patrón poniendo el abrigo al nuevo profesor López-Ibor y alisarle las solapas. Con nuestro espíritu de mosqueteros, mirábamos a los recién llegados como esbirros de Richelieu. Tuvimos necesidad de algún tiempo, por suerte muy breve, para sentirnos tolerantes y capaces de trabajar en equipo, sin reservas partidistas. El talento y el tacto del profesor López-Ibor y de su grupo era notable, así como su espíritu de compañerismo. Esto debe quedar muy claro. Tanto como su estilo, más intelectual y universitario que el nuestro. No eran, como nosotros, psiquiatras a la pata la llana. Todo lo contrario.

De los nuevos compañeros, nos sorprendía el modo de hablar. A la hora del aperitivo no preguntaban por el bar de la esquina. «Soy cristocéntrico. La vida es futurición, y el hombre, menesteroso de teoría.» Claro, así no había manera de ir de tascas. A veces, las clases las daban, en lugar de don Juan José, sus ayudantes. Introducían metáforas tomadas de libros del profesor, así como de Ortega y Gasset o Laín Entralgo. No decían que alguien cambiaba de opinión, sino que efectuaba «un giro copernicano». Procuraban citar a Heráclito *el Oscuro* y oscurecían el discurso. En eso iban mucho más allá que su maestro. El profesor López-Ibor, al razonar un concepto particularmente sutil, movía los dedos de la mano derecha, deslizando yema contra yema, como si examinara una tela, una seda oriental tal vez. Alguno de sus ayudantes repetía ese gesto hasta la saciedad, sin venir a cuento. Juan Antonio nos comentaba: «El doctor X está lopeziborizado. El deslopeziborizador que los deslopeziborice, buen deslopeziborizador será.»

Don Juan José propone, en su fundamental libro *Los problemas de las enfermedades mentales,* no hablar de síntomas incomprensibles, sino heteróclitos. Pues bien, lo de «heteróclitos» lo soltaban a troche y moche los discípulos. Y si algo parecía marchar hacia su contrario, resucitaban al viejo Heráclito, para dejar caer con mirada misteriosa: «De ahí la enantodromía.» Con lo cual los estudiantes anhelaban la clase de Juan Antonio, en la que se entendía todo.

Existió algún tiempo una rivalidad apasionada, en gran medida irracional y no del todo ajena a los matices políticos y antropológicos que una y otra escuela encarnaron. Don Antonio era, sin escapatoria posible, un psiquiatra hispanogodo, un castellano viejo de los páramos palentinos, un alférez medieval a caballo, con halcón cazador sobre el guantelete de hierro; nosotros éramos sus peones, gente de mesnada, todos con cota de malla y lenguaje de *La venganza de don Mendo*. El advenimiento de don Juan José trajo refino, nos habló de Sartre y Camus, logró que las doctorcitas, nuestras compañeras, vistieran jersey negro, de cuello de cisne, como Juliette Greco, y nos situó en el siglo.

* * *

Un área muy peculiar en la obra del profesor Vallejo-Nágera es la destinada a mejorar la raza, la moral y las costumbres de los españoles. Si un mal entendido pudor silenciase tal área, nos quedaríamos sin entender no sólo aspectos significativos de la España de su tiempo, sino, en lo personal, muchas motivaciones de Juan Antonio. Quiere el hijo, deliberadamente, contrarrestar excesos y radicalismos. Don Antonio se dedicó en vísperas de la guerra civil, durante ella y poco después de ella, a publicar escritos ultrarradicales. Entresaquemos algunos títulos: «Maravillas comunistas», 1 de enero de 1936; «Mandilones y mandilandines», 15 de febrero de 1936; «España esquizofrénica», 15 de marzo de 1936; «Padrastros de la Patria», 1 de abril de 1936; «Discurso a los cabreros», 15 de abril de 1936.

Tras una pausa, muy justificada, lanza: «Eugenesia de la hispanidad y regeneración de la raza», Burgos, 1937; «Divagaciones intrascendentes», Valladolid, 1938; «El factor emoción en la Nueva España», Burgos, 1938; «Eugamia, selección de novios», San Sebastián, 1938; «Sinfonía retaguardista», Valladolid, 1938; «Biopsiquismo y fanatismo marxista», en *Sem. Med. Esp.*, tomo II, 1939.

A la etapa de posguerra pertenecen: «Moral médica en la medicina de las pasiones», en *Sem. Med. Esp.*, tomo II, 1944: «Comentario al dictamen emitido sobre las películas psicológicas», en

An. Real Acad. Nac. Med., 1950; «La psicoterapia religiosa contra los complejos de los enfermos crónicos», en *Clín. y Lab.*, núm. 311, 1952.

El comentario global, a finales del siglo XX, en una España con valores muy alejados de los que sostiene don Antonio, no debería hacerse a la ligera. Es grande la tentación de comentar jocosamente, fuera de aquel contexto histórico, los conceptos allí vertidos.

En «Divagaciones intrascendentes», a partir de la página 105, se enorgullece de llevar en los genes, paterno y materno, cromosomas inquisitoriales: «Fue orgullo de casta en tiempos pretéritos la cruz verde, las cadenas y las calderas, signos inquisitoriales en los blasones familiares.» Sale al paso de quien se atreva a llamarle retrógado y oscurantista, por propugnar el resurgimiento del Santo Tribunal: «Una Inquisición modernizada, con otras orientaciones, fines, medios y organización; pero Inquisición rígida y austera, sabia y prudente, obstáculo al envenenamiento literario de las masas, a la difusión de las ideas antipatrióticas, a la ruina definitiva del espíritu de la Hispanidad.» Acusa a los «fenicios» que se aprovecharon de la libertad de imprenta para inundarnos de ideas anticristianas: «Hay que pedir, valientemente, la reinstauración de la Inquisición; Inquisición para la prensa, para la tribuna y para la radio.» El Gobierno de Franco no tomó en consideración la propuesta.

He querido comentar, en 1992, con un conocido profesor, el silencio del Caudillo ante la propuesta de don Antonio para reimplantar el Santo Tribunal. Sin acabar de creerse la anécdota, me mira y comenta con socarronería: «Que nos perdonen sus partidarios, pero la verdad es que Franco tuvo algunos errores.»

Hay períodos de la vida española en que son inevitables los escritos de circunstancias, belicosos, incompatibles con el espíritu sereno que debe presidir el estudio y la creación científica o literaria. Entre 1936 y 1939 se produjeron, en ambos bandos, manifestaciones por parte de hombres de ciencia, poetas y artistas que hoy serían más moderados. ¿Volvería don Antonio Machado a preferir una pistola en lugar de su pluma de hombre de letras? ¿Recomendaría otra vez el poeta Miguel Hernández segar con hoces las nucas de los obispos y de los notarios?

Subráyese que en plena guerra civil, el coronel médico Vallejo-Nágera, jefe de los servicios psiquiátricos y de higiene mental de los ejércitos triunfadores, advierte a su propio bando: «Jamás el

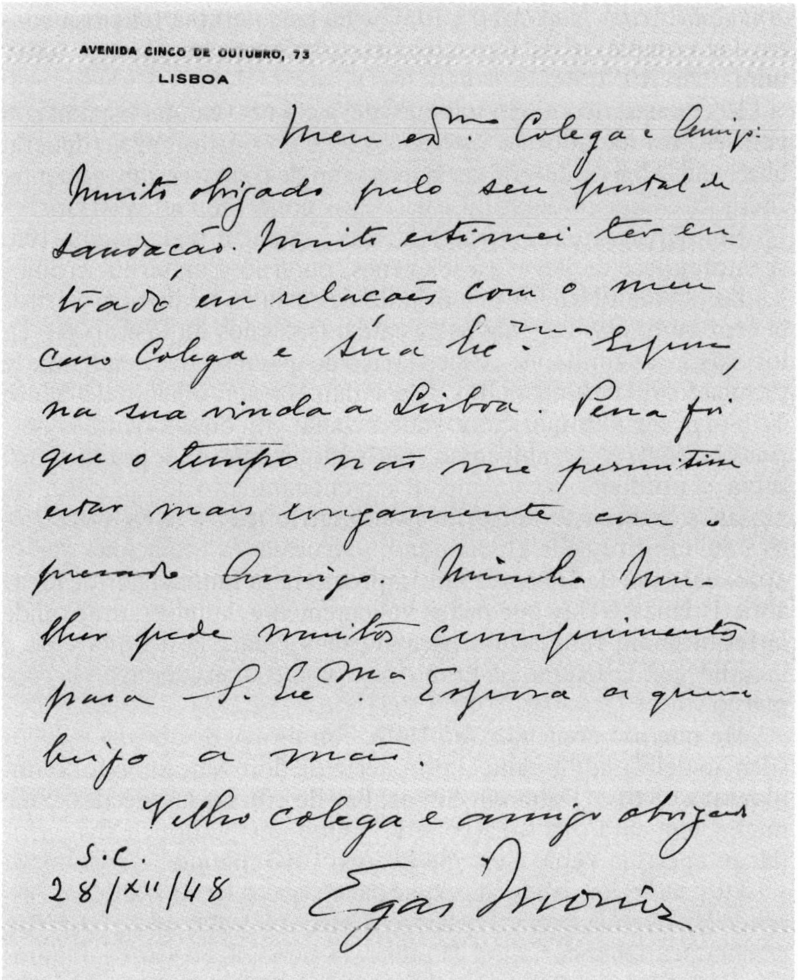

AVENIDA CINCO DE OUTUBRO, 73
LISBOA

Meu ex.mo Colega e Amigo:

Muito obrigado pelo seu postal de saudação. Muito estimei ter entrado em relações com o meu caro Colega e Sua Ex.ma Esposa, na sua vinda a Lisboa. Pena foi que o tempo não me permitisse estar mais longamente com o prezado Amigo. Minha Mulher pede muitos cumprimentos para S. Ex.ma Esposa a quem beijo a mão.

Velho colega e amigo obrigado

S.C.
28/XII/48

Egas Moniz

Carta a don Antonio del premio Nobel Egas Moniz, propulsor de la psicocirugía cruel ¡Vae victis!; al contrario, clemencia, misericordia cristiana para el vencido.» En años muy duros de la posguerra, don Antonio movió sus influencias para lograr que regresara desde México el ilustre psiquiatra exiliado don Gonzalo Lafora, hombre de ideas políticas completamente opuestas a las suyas, pero cuyas intachables cualidades morales y profesionales valoraba en grado sumo.

* * *

Las inquietudes literarias de don Antonio, en tiempo de paz, se expresan en su libro *Locos egregios,* publicado en 1946, con prólogo de Felipe Sassone. Clasifica botánicamente las locuras, sin penetrar demasiado en ellas. Los botánicos no suelen comerse las especies vegetales que describen; Picasso, en cambio, parece que mordía primero la manzana y después, enterado a fondo de su sabor, la pintaba.

En la versión *princeps* de *Locos egregios* (sin la lectura de la cual se nos escaparían motivaciones de Juan Antonio para un segundo libro con el mismo título y diferente orientación), se despachan en las primeras páginas ocho «histéricos geniales», entre ellos Unamuno. En el capítulo siguiente caen cuatro neurasténicos de un plumazo: Petrarca, el primero. La lista de psicópatas se abre con Sócrates y Leonardo da Vinci para cerrarse con Amiel. Paranoicos geniales son Buda, Góngora, Rousseau, Beethoven y Schopenhauer. En la variedad sanguinaria, Tiberio, Calígula, Nerón (por quien sentía especial afecto), Pedro I de Castilla, Cromwell, el marqués de Pombal, Marat y Robespierre.

Se requiere valor para incluir, en 1946, un capítulo sobre la relación entre los caudillos, sí, los caudillos, y los epilépticos: Jerjes, Alejandro Magno, Mahoma, Carlos el Temerario, así como el monarca español Carlos III, que, por cierto, no sale bien parado. Existe un apartado-taberna para bebedores ilustres. En otra sección, ciclofrénicos como Lutero, Lope de Vega, Felipe V, Fernando VI de España y el conde Leon Tolstoi. En el universo de las psicosis esquizofrénicas, algunas son, más bien, «conversiones», como en Goya o Larra; otras, esquizofrenias masivas: Tasso, Holderlin, Schumann y varias familias reales europeas.

A estas alturas, es casi seguro que pasean, en amable diálogo por los cielos, don Antonio Vallejo-Nágera y don Miguel de Unamuno. Pasado el encrespamiento inicial, don Miguel le preguntaría el porqué de «histérico genial». Don Antonio no concibe que pueda andar bien de la cabeza un profesor que ni fuma, ni bebe, ni lleva corbata, tapándose con un chaleco muy cerrado por arriba. De paso, se muestra descarado con el Rey, con el dictador Primo de Rivera y, finalmente, contra la República. No se hable más: histérico redomado, aunque genial.

El divino Petrarca, neurasténico perdido, se enamora de una mujer casada y, llegado a la vejez, se deja arrastrar por pasiones juveniles; además, odia los viajes en barco, con lo hermosos que son. No tiene arreglo Petrarca. Del filósofo Kant, no cabe duda: ser tan puntual, para un psiquiatra español, es síntoma grave. Y si prefiere el celibato, peor.

Algún orate habrá pedido explicaciones a don Antonio en los paseo por las celestiales avenidas eternas. No será el caso de Rubén Darío ni de Santiago Rusiñol; figuran entre los alcohólicos con veneración y ternura. Rubén, después de pecar sin tasa, recibe el Viático, llevado por un obispo bajo palio. Rusiñol, por haber bebido siempre de manera señorial, resulta un hombre admirable.

Las inquietudes literarias del profesor se plasman con mayor sosiego en otro libro, aparecido en 1950, como producto de larga evolución personal. En *Literatura y psiquiatría,* el prologuista don Luis Astrana Marín, califica, sin hipérbole, de magistral el largo capítulo sobre Cervantes. Va seguido de estudios sobre Zola y Dostoievski, análisis de la famosa novela *Cuerpos y almas,* de la locura en el romanticismo y de comentarios finales sobre novelística española, entre los que destacan los dedicados a *La familia de Pascual Duarte.*

Diez años antes de su muerte, don Antonio Vallejo-Nágera nos lega *Literatura y psiquiatría,* una obra plena de serenidad y buen sentido. La mejor, la que no puede envejecer, la que gana con el paso del tiempo. Ojalá encuentre un editor con sensibilidad para ponerla de nuevo en circulación. Muy lejos de los, hoy delirantes, escritos de guerra, muy lejos también de las preocupaciones por educar y moralizar a quien lo ha menester. No es que ya no haga falta, sino que el médico, acrisolada la experiencia de la condición humana, no se hace ilusiones. Su mirada se ha espesado de bondad y desasimiento.

3

el reino de las madres asturleonesas

Castrillo de Polvazares, canción maragata de cuna

«EL reino de las madres» y «lo eterno femenino» son algo más que frases de poética oscuridad. Cuando Goethe las redescubre, hace suyas fantasías, o necesidades de fantasías, tan antiguas como la misma humanidad. Seis siglos antes de Jesucristo, Lao-tse decía en el *Libro del sentido y de la vida* que el espíritu de la profundidad es inmortal, es lo Eterno Femenino, cuya puerta de salida es la raíz de lo celestial y de lo terreno. Esa fuerza que nos empuja constantemente, pese a su apariencia de estabilidad, constituye un principio de acción infatigable. El papel de la madre en la vida del hombre se compara a una sombra refrescante superior a todo amparo de cualquier otra naturaleza. Ningún amor, ninguna protección, la iguala, se dice en el *Mahabarata* hindú, mil años antes del nacimiento de Cristo.

El papel de lo femenino en la vida del varón aporta suaves claridades de luna y permite sospechar todo un mundo nocturno, misterioso e insondable allá en la cara oculta. Los biógrafos que abordasen su tarea como si la vida humana fuera explicable, de cabo a rabo, en términos científicos, gozarían la fácil seguridad que da el convencimiento de poseer el método infalible de llegar a la verdad. Vidas, memorias, autobiografías, serán siempre sinfonías incompletas, muy incompletas, para el autor, por más que ni una sola vez el protagonista de la obra haya dejado de completarla muriéndose al final del libro.

Lo femenino desborda la noción de la Madre con mayúscula, de por sí muy extensa: desde la tierra en que uno nace, la ciudad, el paisaje, colores y olores de la naturaleza, hasta el idioma y el tono de la voz en que nos llegan las primeras palabras que aprendemos. Lugar muy destacado tiene ese pequeño mueble infantil, la cuna en sentido estricto, con halo patricio en la vida que nos ocupa. Las vivencias vinculadas a influencias maternas y femeninas marcan precozmente el estilo y la personalidad. ¿Sería Rilke un poeta tan exquisito y delicado si su madre no hubiera deseado tener una niña en lugar de un varón? Si nació para ser poeta, lo sería en cualquier caso. Pero no habría hallado a lo largo de su vida adulta tantas mujeres maternales a su alrededor, tanto «eterno femenino» en forma de «amitié amoureuse» admirativa y protectora.

A Juan Antonio, la madre y la *fraülein* le acostumbran a la sobriedad espartana desde la infancia. El lado femenino de su educación está, por tanto, plenamente de acuerdo con lo que deseaba dar don Antonio a sus hijos.

* * *

Los primeros años transcurren entre influencias maragatas y astures. ¿De dónde vienen los maragatos? Se les ha supuesto libios, mauritanos, egipcios, persas, bretones y «mauri capti», moros cautivos. Mauritanos y cartagineses refugiados en las montañas de Astorga recibieron el nombre de maurellos o mourellos. «Mauriscatos» significaría «guerreros valientes». La tesis de una raza maragata pura es poco defendible; la región, despoblada hacia el año 750, se volvió a poblar, gracias a Ordoño I, en el 853, con gentes de El Bierzo, Galicia y Asturias, así como con mozárabes provenientes del Sur.

Astorga podría ser palabra de origen hebreo, derivada de la diosa Astoret o Asthoret, Venus sirio-fenicia. Se ha dicho, apoyándonos en que el dialecto vulgar leonés hace de la *L* una *R* y pronuncia igresia, brusa y obrigación, que los remotos habitantes de la actual Costa del Sol, Malaka costera, fundada por los fenicios, pasaron de Malakatos a maragatos, suavizando la *K* en *G*. Es fácil imaginar a Juan Antonio dando una conferencia sobre los malakatos del litoral y de las tierras altas. No resistiría la tentación de decir: «Malakatos del Nolte y Malakatos del Sul.» Le agradaría saberse malagueño ancestral, predestinado a vivir en la urbanización de Sotogrande en el límite de la Costa del Sol.

Hasta el siglo pasado era muy perceptible la cultura matriarcal, como la de cántabros y astures. La mujer labraba, el marido llevaba la comida y se practicó la «covada» (reposo del marido después del parto). Al llegar el ferrocarril, los maragatos se dispersaron por Asturias, Galicia y Sudamérica. Los antiguos mercaderes y arrieros se hicieron pescadores, carniceros o comerciantes en paños. En general, fueron prósperos, con fama de trabajadores y honrados.

* * *

He preguntado sobre estos antecedentes a Alejandro Vallejo-Nágera Botas:

> ¿Influencias maragatas? Los Botas son maragatos completos, integrales. Cada cinco años procuran reunirse en Astorga. Algunos creyeron que los Botas eran de origen hebreo, por eso de que el apellido se deriva del oficio en que trabajan o del tipo de comercio que ejercen. Pero no, los maragatos son eso, maragatos puros. Aquí no llegaron los judíos. Sería muy embarazoso para mi rama paterna, donde todos son fijosdalgos, que es más que ser marqueses o duques.
>
> No creo que ni Juan Antonio ni yo hayamos escuchado nunca canciones de cuna maragatas. De niños íbamos a tirar piedras al río cuando se celebraba alguna boda típica. Eran muy vistosas, pero nosotros preferíamos el campo, sin gente. Nuestras canciones de la niñez provienen de las juventudes nacionalsocialistas, a las que pertenecía nuestra *fraülein,* Elie Dark, nacida en Bonn. La *fraülein* volvió después de la segunda guerra mundial a España. Había enseñado alemán a Carmencita Franco.
>
> Nuestra rama materna es asturiana, de origen maragato. El abuelo Botas llegó a alcalde de Oviedo. Tenía unos almacenes en la calle Uría y protegió al famoso financiero Pepín Fernández en sus comienzos. Al bajar el nivel de vida en los

años treinta, el abuelo supo remontar bien el negocio. Tenía dieciséis hijos, de ellos tres hijas se metieron a monjas. Las gracias de los Botas consistían en usar una jerga especial, que mi padre no entendía. La familia Botas gustaba de lo espectacular; se encargaban trajes de treinta en treinta y viajaban a veces en caravanas de taxis. El mayor de aquellos hermanos se llamaba Juan; se casó en Puerto Rico con una puertorriqueña, la envió a España y él tardó veinte años en regresar.

La abuela Botas era muy guapa, como mi madre, que estudió en un colegio de monjas de clausura en Oviedo. Tuvo de compañera de clase a doña Carmen Polo, luego señora de Franco, con la que mantuvo siempre su amistad. Un dato curioso: mi madre no tomaba su laxante hasta las doce y media de la mañana, para poder salir de compras si «la señora» la llamaba. Cuando falleció, acudió doña Carmen Polo por la tarde, acompañada por el grupo de las asturianas, y dijo: «Ha muerto Lola, la amiga que no tenía envidia de nadie.»

Sobre imágenes femeninas que pudieran pesar en la vida de Juan Antonio precisa su primo don Félix Vallejo Ruiz:

No puedo contar demasiado de mi tía Lolina; en aquellos años no se daba pie para demasiadas confidencias. Muy cariñosa, ordenada, sin llegar a los extremos de alguna antepasada de nuestra rama castellana. Pienso en la abuela Consuelo Nágera, muy señora. De carácter dulce, pero firme. Visitaba la cocina a primera hora de la mañana, ya vestida de arriba abajo y con tacón alto. Pasaba revista a las siete criadas y a las veinticuatro habitaciones de nuestra casa, en la calle del Obispo, de Valladolid. Una vez, la abuela Consuelo pegó con el zapato a todos los hijos y a los numerosos amigos que habían traído. Jugaban a la guerra anglo-boer y prendieron una hoguera en medio de una habitación. Golpeó a todos, sin que se librase ninguno. ¿Qué dice usted? ¿Que Juan Antonio también encendía hogueras en el Retiro? ¿En tiempos de la *fraülein?* ¡Impensable! ¡No puedo creer esa anécdota! Hay mujeres y mujeres. A esta *fraülein* es preciso haberla conocido para saber cómo nos ponía a marcar el paso: «¡Uno, dos! ¡Uno, dos! *¡Halt!*»

* * *

Las canciones asturianas de cuna pudieron oírlas los hijos cantadas por la madre o por las primeras niñeras. Tienen, por asturianas, mayor dulzura que las, de por sí tiernas, «berceuses» de todo el mundo:

Duérmete, niñín del alma,
duerme, que te velo yo,
Dios te dé mucha ventura
nesti mundu engañador.
Non llores non,
duerme que te velo yo.

A los bebés les parece bien todo lo que les cantan, con tal de que les hagan caso. De mayores, sospechan que la letra refleja las complicaciones de la vida. En un cancionero musical de la lírica asturiana se admite que puede usarse a continuación de la cantada, otra estrofa:

Tengo elmió Xuan en la cama
y hoy galán non puede ser,
duérmete, niñín del alma,
güelve mañana a las tres.
Non llores, nin, non llores, nón,
que abiondo lo siento yo.

Durante las dos primeras décadas después de nuestra guerra civil, un ministro pudibundo, provisto de transistor, vigilaba de cerca las canciones asturianas, por si se deslizaban conceptos pecaminosos. Del rico folclore del principado, se prohibió cantar:

Caballu que en siete pasus
de una yegua no relincha
no le llamo yo caballu,
sinu potru sin malicia.

Las manzanas de Oviedo y Salinas

A Juan Antonio le gustaba evocar ese mundo astur de los primeros años. Las manzanas que se recolectan son de excelente calidad. En Salinas, donde veraneaba la familia Vallejo-Nágera, el mar no permite que los árboles frutales tengan productos de tanta calidad como en el interior. Lo dicen asturianos de tierra adentro, claro.

¿Se debe hablar de manzanas antes de abordar las resonancias míticas de los arquetipos femeninos? Los maestros Freud y Jung, a medida que se hacían mayores y cascarrabias, estarían de acuerdo en este punto. Según la mitología nórdica, se rejuvenecen los dioses viejos que mordisquean las manzanas de la diosa Idunn. ¡Qué gran verdad! Tan evocador símbolo no carece de importancia en una cultura matriarcal. Alegremente, en Asturias se fermenta el zumo de las manzanas de la diosa para fabricar sidrina. Es una dulce forma de sabiduría en torno a los mitos de la feminidad.

Paseo por los arquetipos femeninos

Un artículo de Álvarez Buylla recoge el buen humor de Juan Antonio al recordar los apodos, más ingenuos que pícaros, que sus paisanos dedican a las mozas dotadas de encantos desarrollados, en la comarca de Avilés. En Asturias, hasta los motes rurales contienen implícito un elogio; lo saben los allí nacidos y, en consecuencia, llevan el privilegio de ser y ejercer de asturiano, con chispa y fruición.

Hora es de acercarnos con la perspectiva de Jung a los arquetipos femeninos. Es cosa distinta del tema de las mujeres clave en la vida, que fueron, según José Luis Olaizola, la madre, doña Lola; la esposa, Vicky, y las hijas. Responden al «arquetipo María». De todas ellas, y no sólo de doña Dolores, podría decirse que nunca se quejaron de nada.

Los arquetipos femeninos son universales; nos enseñan a soñar, desear, padecer y renunciar. Sin ellos, la humanidad no sería lo que es. Ninguna personalidad crece, madura y aprende si no peregrina a su través. Jung estudió el asunto con especial predilección. Juan Antonio y yo lo conocimos en Zurich en septiembre de 1957. Estaba muy viejecito y muy delgado, dentro de su traje azul, que se le había quedado un poco ancho. Sin duda no pudo, en días previos a nuestra visita, mordisquear las manzanitas de la diosa.

La visión de los arquetipos se pretende científica, pero es sólo poesía, gracias a Dios. Gea, la madre tierra, de donde venimos y adonde volveremos, encarna un poder muy antiguo, a veces terrible; la cueva originaria, negrura de las minas, fuerza capaz de provocar explosiones de grisú, permite, por otro lado, imaginar las cuevas prehistóricas de Asturias, repletas de símbolos femeninos bien diferenciados en las figuras de las ciervas. Gea, la madre primordial, es, como Audumla en la mitología escandinava, la hembra que espera ser fecundada y dar leche abundante.

Otro de los cuatro arquetipos femeninos fundamentales es una mezcla de Helena de Troya o Pandora, con algo de joven Eva irresistible, expertísima tentadora, dotada para el amor y la destrucción en grado superlativo. Los hombres cautos, como Ulises y Juan Antonio, extreman las precauciones frente a este arquetipo. Don José, protagonista de la ópera *Carmen,* sucumbe ante su poder. Los románticos perecen abrazados a su imagen femenina ideal cuando pueden, en un doble suicidio; si no es posible, se matan ellos solos, como Larra. O caen en duelo, como Pushkin. Mozart y Juan Antonio lo toman con más calma. Sopesan pros y contras y deciden, finalmente, no dejarse llevar de la pasión.

En la exploración que todo hombre lleva a cabo respecto a la mitad femenina de su alma, la dialéctica entre *ánimus* y *ánima,* no sería descabellado recorrer las cuatro etapas por este orden: Gea, la madre primigenia; María, la bondad, la paz; Helena de Troya o Pandora, la Eva fogosa, y, por último, Sophia, que representa la sabiduría, el desasimiento de los apegos terrenales. No siempre se siguen las etapas por ese orden; es incluso posible que se produzca un caos en ciertos momentos de confusión. Se trata, en todo caso, de cuatro etapas fundamentales, cuatro estadios de peregrinación.

Nacemos de la tierra y a ella volveremos. En el reino de las madres asturleonesas abundan misterios, más amables que los entrevistos al comienzo de la segunda parte del *Fausto,* de Goethe, tanto bajo la tierra como en los hontanares de su cultura matriarcal. Todo un mundo de ternuras enlaza las canciones de cuna de nodrizas soñadas, con el exquisito arroz con leche —no soñado— que nos preparan en Oviedo las amas de casa de nuestros días.

Salir del dominio del primer arquetipo, no es fácil. El escritor Gabriel Miró viajó desde Alicante para pronunciar una conferencia en el Ateneo Obrero de Gijón en el año 1925. Pudo probar en toda su frescura las manzanas de Asturias. En sus novelas evoca blandas blusas entreabiertas de niñeras que nos hacen niños para siempre.

Por su parte, el arquetipo María, pura doncella que puede

llegar a modelo de madre virtuosa, nos conduce, por un idealizado mundo medieval, a los castillos donde nace el amor cortés, con tañer y cantar de trovadores y castas promesas de fidelidad. Pureza como ideal de la feminidad. Caballerosidad en el varón, como contrapartida. Vida honesta. Paz, serenidad, temple del ánimo. Castidad bien llevada.

Pero, ¡ay!, antes o después, uno se topa de bruces, siempre de bruces, con el ardoroso arquetipo Eva, con Helena de Troya o Pandora, causa de muy grandes problemas. Cuando los mosqueteros de Dumas lamentan que el hombre ame hasta la desesperación las cosas que más le perjudican: vino, guerra y mujeres, se refieren, claro está, a tan enigmático arquetipo femenino. Juan Antonio lo encuentra parcialmente representado en Lucrecia Borgia y escribe acerca de la fascinación que un rizo suyo ejerce, trescientos años después, sobre lord Byron. Pudo haber dado en Sevilla con otra personificación más cabal de la devoradora de hombres, la Carmen de Bizet, si hubiera vivido a mediados del siglo XIX. La encontró, claro que la encontró, exactamente un siglo después y en el mismo ambiente. Ponía brío en los bailes españoles, se nos agitanaba y era mucho más hermosa que Carmen. Sólo que se llamaba Ava Gardner y a Escamillo le apodaban Luis Miguel *Dominguín*. El resto, casi igual.

Cuando se hable de mujeres en la vida de Juan Antonio sería injusto silenciar tan fogoso arquetipo hiperfemenino. ¿Cómo no iba a topárselo aquí y allá? En las primeras fiestas de sociedad aprendió a lidiar adolescentes impetuosas. A lo largo de la vida habrá visto, estremecido como varón, la mirada felina de alguna ministra del arquetipo Eva sobre el tejado de cinc. Sin embargo, en el lenguaje de su amigo Luis Miguel *Dominguín,* seleccionó siempre nobleza y suavidad, a expensas de quedarse sin saber en qué terminan fiereza y bravura. Su hermano Alejandro podría comentar que, de ese modo, uno se pierde las únicas experiencias de la vida que valen la pena. Puede ser. Pero el joven psiquiatra renunció, si alguna vez lo tuvo, al espíritu de aventura. Tenía clara y recta visión del futuro que deseaba para sí mismo. Una carrera profesional como es debido, familia estable, cultivo esmerado de las virtudes tradicionales: prudencia, justicia, fortaleza y templanza. El arquetipo de los conflictos lo verá, con gusto, sólo en la pantalla: Ivonne de Carlo, Marilyn Monroe, Ava Gardner o Rita Hayworth.

No todas ellas son imágenes de celuloide. Algunas las ha tenido muy cerca. Con María Callas coincide en Sotogrande en 1973. Cincuentona, pelo mate con raíces grises sin teñir, y tobillos hinchados. Atuendo insípido y desganado, grandes gafas negras, abatida y cansada. Así la describe, con su característico realismo cervantino, implacable, justo, fiel a la verdad. Ha podido comprobar que pasados unos años, no muchos, la hermosura mítica se destruye. La voz de María Callas se quiebra; Onassis la humilla y ofende llamándola «pito que ya no chifla». Identificada con la desgracia de las heroínas de sus óperas, muere en París el 16 de septiembre de 1977.

Juan Antonio conoció hacia 1949 a Ava Gardner, rodeada de toreros y hombres jóvenes locos por ella. Estaba en la plenitud de belleza y fama. Años de *Venus era mujer, Singapore, El gran pecado* y *Mundos opuestos.* A punto de ser protagonista de *Pandora y el holandés errante, Magnolia, Las nieves del Kilimanjaro, Mogambo* y *Fiesta.* En la década siguiente interpreta *La maja desnuda, La hora final* y *55 días en Pekín.* En 1970, muy sola y algo obesa, pasea su perro por las calles de Londres a primera hora de la mañana. Se le moría uno y compraba otro. *Rag* fue sustituido por *Corgi* y luego por *Morgan.* Como los tres maridos, Mickey Rooney, Artie Shaw y Frank Sinatra. O como sus enamorados Howard Hughes, George C. Scott, Luis Miguel *Dominguín* y los miles de adoradores y adorados. En los años ochenta, la inolvidable y ya legendaria belleza se desmorona del todo.

No es menos dramática la desintegración de Rita Hayworth. Había sido durante años el reflejo más fuerte y hondo del deseo masculino. Su cuerpo, inquieto desde la infancia, estimulado por experiencias incestuosas, excitado y excitante, era una invitación al pecado. Ya se encargaban de subrayarlo curas de la época que, sin darse cuenta, tarareaban la pegadiza música de *Amado mío* y de *Put the Blame on Mame.*

A Rita y Ava, símbolos de la hermosura pasajera, Juan Antonio las considera diosas absolutas de belleza para todos los hombres de su generación. No sería imposible hallar algún clérigo de la época que las propusiera como experiencia religiosa profunda para no poner excesiva pasión en encantamiento tan perecedero. Algo que el pintor Moreno Carbonero enseña en el cuadro, tan español, en que el marqués de Lombay se convierte en San Francisco de Borja. Corría el año de 1539 cuando el cortesano que tanto amó la delicada belleza de su reina, ve, al descubrir el féretro, facciones roídas, agusanadas, hediondas.

La destrucción de Rita Hayworth es más mental que física. Había solicitado su quinto y último divorcio en septiembre de 1961, entre irritaciones repentinas y fugaces de las que no se acuerda en absoluto. Su madre padeció amnesia y, como ella, bebió más de lo que a su razón convenía, pero el alcohol no explica tan grave deterioro. Todavía interpretó siete películas entre 1963 y 1971, aunque le costaba memorizar los diálogos. Algunas escenas se filmaban párrafo a párrafo. En 1976, las fotos pregonan el hundimiento de Rita. Desde 1980 pasa cada vez más tiempo sentada, con la mirada fija, sin expresión. Fallece el 14 de mayo de 1987, siete años después, aproximadamente, de ser diagnosticada de enfermedad de Alzheimer.

No hubiera precisado experiencias de esta naturaleza el arquetipo Sophia, la mujer como *ánima,* intermediaria entre el alma del mundo y la plenitud de los eones, para abrirse paso silenciosamente en la vida de Juan Antonio, desde antes de lo habitual. Hay quien no lo sabe ver nunca dentro de sí mismo, pero él lo tuvo cerca durante la mayor parte de su existencia. En el lado femenino normal del alma del hombre normal late la pasividad heroica y santa, la única que, llevada a su armónico y pleno desarrollo, permite comprender la difícil serenidad a lo largo de la vida. Sobre todo, desde que uno se sabe sentenciado a morir en el corto plazo de tres meses escasos.

4

crecer en España (1926-1950)

Nacer bien

EL primer hijo de don Antonio Vallejo-Nágera y doña Dolores Botas, que sería bautizado como Juan Antonio, nace en Oviedo el 14 de noviembre de 1926. Dado su carácter, le gustaría contar que nació riéndose; la verdad es que debió llorar inmediatamente para dilatar los pulmones y tomar contacto con el mundo exterior, como la mayoría de los bebés. De tardar en hacerlo, médico y comadrona temen alguna complicación. Es bueno, por tanto, llorar. En su caso, tendría valor profético, en relación con la profesión del padre y la suya, si creemos a Shakespeare en el acto IV de *El rey Lear:* «Lloramos al nacer, por tener que entrar en este mundo de locos.»

Al conjeturar las primeras sensaciones de la vida, unos recuerdan la voz de la madre, otros el color de sus vestidos, los olores, el tacto de la niñera, el papel que reviste las paredes, envuelto todo en nubes de imaginación, más que de memorias precisas. Embellecemos la primera infancia con recuerdos que nos han contado. Juan Antonio refiere verse a sí mismo, con un año de edad, junto a su madre y su tía Aurora; ellas le mecen en el colchón, en la cama de un hotel de Alicante, riendo todos.

Ha contado también que a los tres años rió con los payasos de un circo, en Avilés, con tanta intensidad que, a su vez, contagió a los payasos. Vivencias tan remotas de risa contagiosa, real o fantaseada, impregnan el resto de su vida. Tanto como la cara oculta que pretende olvidar.

Nace, realmente, de lo que él llama un parto traumático. Dispuesta para dar a luz en Madrid, doña Dolores tuvo que viajar a Oviedo con motivo del fallecimiento de su padre. El urgente traslado para estar presente el día del entierro pudo precipitar el parto. Juan Antonio, que pretende haber sido jovial desde el primer momento, ridiculiza las supersticiones de los que creen en el paso de las penas de la madre a la mente intrauterina del bebé. Algunos libros describen conflictos psicológicos dentro de la matriz y emociones traumáticas al nacer; Salvador Dalí ha contado sus recuerdos al atravesar el canal del parto. Todo ello le provocaba hilaridad: «Yo he nacido feliz, contento, soy alegre, sin trauma ninguno.» Lo afirma en las últimas semanas de su vida. ¿Quién puede asegurar que no hay traumas en su cara oculta? ¿Por qué esa necesidad de autoafirmarse como un veterano gozoso, siempre risueño? Las garantías derivadas del buen humor son frágiles. El doctor Hemingway, padre del premio Nobel de Literatura, pertenecía a un club de optimistas de Chicago y se disparó un tiro en la cabeza; como más tarde su hijo Ernest, después de haberse divertido de lo lindo y bebido muchos años alegremente entre amigos, amigas, esposas —en plural— y admiradoras sin fin.

Inicialmente, y más bien por cortesía, aceptemos, basados en la autoridad de quien lo dijo y no en datos comprobables, que nace sin traumas psicológicos. En los primeros tiempos de la vida hay motivos muy fundados para creer que fue un niño deseado, un bebé feliz, muy querido por sus padres y familiares. Podemos imaginar los adornos de su cuna; nacer en cuna patricia, en el seno de una familia estable, que comparte valores tradicionales en armonía con el entorno sociocultural, es un privilegio muy considerable en la España de 1926. Disfrutará, sin excesos, desde la niñez, privilegios muy atemperados.

A una madre que acepta, suavizado por ella, el ideal de austeridad del padre, le resulta normal criar al niño con vasos de leche y galletas *María*. La madre y la *fraülein,* esta última sin suavidad, le acostumbran al ideal paterno de sobriedad hispanoespar tana.

Desde los tres años y medio asiste en Madrid a un colegio de monjas, en la calle de Goya, rodeado de niños mayores, que le asustan. Las monjas piensan que es poco inteligente, negado para la lectura. El padre se encoleriza —era lo suyo— y lo lleva al Instituto Montessori, donde la profesora Angelines Valderrama le enseña a leer en quince días. Se trata de un recuerdo infantil, evocado gustosamente en múltiples entrevistas.

Estudiar, estudiar

En vísperas de la guerra civil asiste al colegio Cultura y Educación, en la calle de Juan de Mena, regentado por marianistas, entre tolerados y perseguidos. Allí coincide con Ricardo de la Cierva. Posteriormente, pasa a los jesuitas para estudiar el bachillerato. Al cabo de muchos años, sigue encontrando injustos los tópicos negativos hacia la formación jesuítica. Su experiencia, en conjunto, es grata y favorable.

No todos los recuerdos son felices. A los ocho años presencia, en la madrileña calle de Alcalá, el intento de suicidio de un obrero que se arroja al tranvía. En la primavera de 1936, una tarde, se aburre soberanamente en el Retiro con la *fraülein,* después de haber tomado la Primera Comunión por la mañana. Sigue impecable de blanco y no se puede manchar de tierra. Mira con ceño fruncido a los demás niños, que visten cómodamente y juegan a lo que les viene en gana.

El 18 de julio del mismo año veranea en Castrillo de Polvazares, en casa de la abuela materna. Le acompañan la madre y su hermano Alejandro. Al pueblo maragato llega la noticia de que al padre lo han fusilado en Madrid. Luego se enteran de que vive y lo verán en breve. Juan Antonio se sintió feliz pasados los primeros tiempos de preocupación. Del verano de 1936 guarda una intensa vivencia personal, rememorada en *La puerta de la esperanza:* la columna militar, camino de Oviedo, al frente de la cual figura al general Millán Astray, hace alto en Astorga. El legendario soldado pronuncia una arenga, manda sacar del calabozo a una mujer tildada de comunista y en presencia de todos le concede, enfáticamente, el perdón. Por razón de edad, el laureado general no es probable que ejerciese el mando de unidades durante la guerra civil, aunque estuvo encargado de misiones de propaganda, elevando la moral de combatientes y población civil. Su prestigio procedía no sólo de las campañas de África con la Legión, sino de las heroicas acciones de guerra en Filipinas, donde acudió como voluntario recién salido de cursos de formación militar acelerada. Allí ganó sus primeras condecoraciones.

Intento contrastar el dato con Alejandro Vallejo-Nágera Botas:

> Esa anécdota no figura entre mis recuerdos. Sí, en cambio, el día en que un teniente coronel nos comunicó que mi padre vivía y se reuniría con nosotros. En lo de Millán Astray yo no estaba. Me habría ido en bicicleta a la guerra, que era mi deseo. Me fui pedaleando a Astorga. Franco se enteró y me dio un gorro de capitán. He sabido, por varias personas, que por entonces al Caudillo le hacían bastante gracias mis cosas.
>
> Tengo bien grabados, de nuestra época en Burgos, los ratos en que jugaba con Carmencita Franco; yo la llamaba Nenuca o Cuca. Siempre he sido algo poeta y la recuerdo con mucha ternura y con todo respeto. Creo que ella también me recordará así. Conforme me hice mayor, fui teniendo mi propia leyenda negra, pero es que me la fabricaba yo porque quería; no es para tanto. De niño, en Burgos, en plena guerra civil, iba a ver a mi amiga Carmencita Franco con mi gorro militar puesto. Los oficiales, en el paseo del Espolón, se cuadraban para saludarme.
>
> Era un crío que caía bien en todos los sitios. Se me debió torcer el carácter, por celos, al nacer mi hermana Paloma, cuando yo tenía catorce años. Pero antes era un encanto. En Burgos, nos reunimos en una fiesta infantil, para saludar al Generalísimo, alrededor de cincuenta niños. Al terminar, todos besaron a Franco, menos yo, que me cuadré y le hice el saludo militar. En fiestas sucesivas se redujo el número y quedamos sólo dos: una niña canaria, que se llamaba Angelines, y yo. Íbamos juntos al campo de tenis, con toda la guardia personal alrededor. Con nosotros venía *Bochito,* un cachorro de león, regalo del Jalifa. Carmencita Franco tenía un *Fiat* en miniatura, obsequio del conde Ciano. Yo viajé además en el *Mercedes* que Hitler le regaló a Franco. Dimos varias vueltas, en ese coche blindado, al campo de tenis, con Carmencita. Existía allí un palacete llamado «La Isla», propiedad de los señores de Carranza.

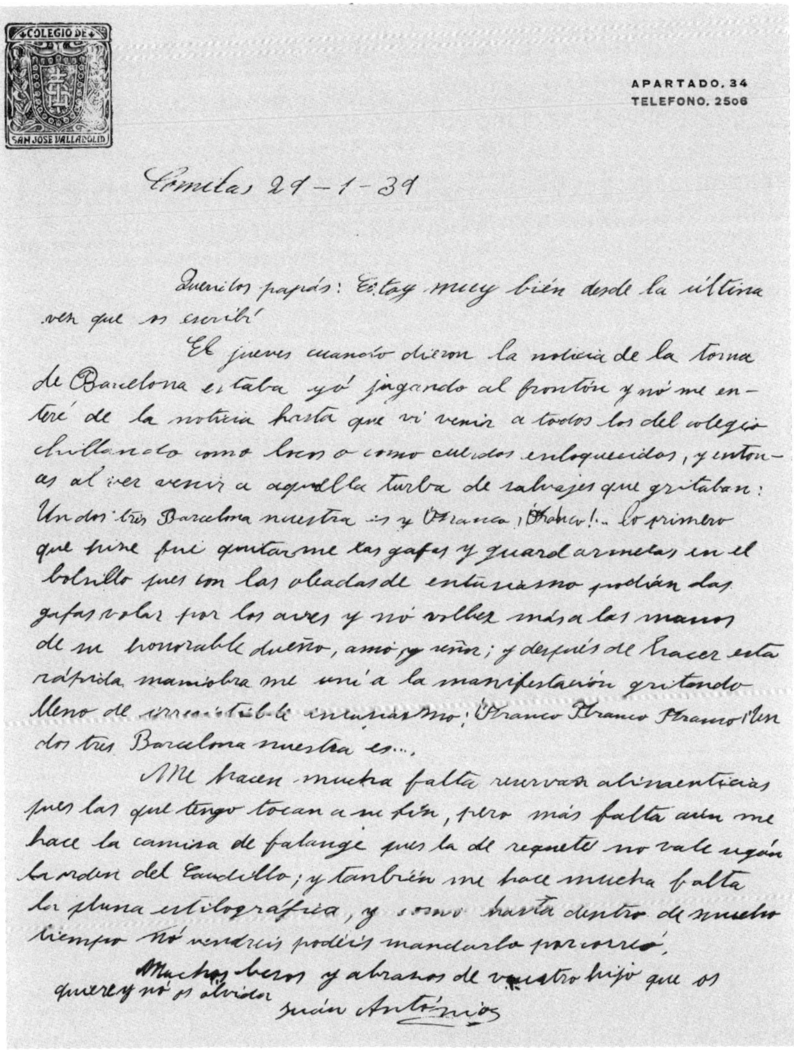

COLEGIO DE SAN JOSE VALLADOLID

APARTADO. 34
TELEFONO. 2506

Comillas 29-1-39

Queridos papás: Estoy muy bién desde la última vez que os escribí.

El jueves cuando dieron la noticia de la toma de Barcelona estaba yó jugando al frontón y nó me enteré de la noticia hasta que vi venir a todos los del colegio chillando como locos o como culidos enloquecidos, y entonces al ver venir a aquella turba de salvajes que gritaban: Un dos tres Barcelona nuestra es y Franco ¡Franco!.. lo primero que hice fué quitarme las gafas y guardarmelas en el bolsillo pues con las oleadas de entusiasmo podián las gafas volar por los aires y nó volber más a las manos de su honorable dueño, amó y señor; y después de hacer esta rápida maniobra me uní a la manifestación gritando lleno de irresistible entusiasmo: ¡Franco Franco Franco! Un dos tres Barcelona nuestra es....

Me hacen mucha falta reservas alimenticias pues las que tengo tocan a su fin, pero más falta aun me hace la camisa de falange pues la de requeté no vale según la orden del Caudillo; y también me hace mucha falta la pluma estilográfica, y como hasta dentro de mucho tiempo nó vendreis podéis mandarlo por correó.

Muchos besos y abrazos de vuestro hijo que os quiere y nó os olvida

Juán Antonio

Prudente carta de Juan Antonio a sus padres, desde Comillas, el 29 de enero de 1939

> En el hotel Ávila conocí a los oficiales de la Legión Cóndor. Me hice amigo de los pilotos y me regalaban recuerdos suyos. Noté que algunos no volvían al hotel y supe que los derribaban de vez en cuando en acciones de guerra.

* * *

¿Cómo era la vida de Juan Antonio en esos años? Menos extravertido que Alejandro y algo más estudioso. Lo confirma José Carlos Oliveros Pérez, prestigioso electroencefalografista, condiscípulo de Juan Antonio desde muy joven:

> Nuestra amistad íntima data de 1936, en el colegio de Burgos de los Hermanos Maristas. Él llevaba allí quince días cuando yo llegué, procedente de la zona republicana, de la cual nos evadimos gracias al pasaporte cubano de mi madre; mi padre era español. El barco que debía llevarnos a Cuba se desvió a Cartagena y allí fusilaron los rojos a todos los pasajeros españoles. Nos libramos de milagro, por extranjeros. Un destructor inglés nos trasladó a Marsella. La marejada del Mediterráneo se llevó el equipaje, que iba en cubierta. Cruzamos Francia y, por Dancharinea, llegamos a Pamplona y Burgos.
>
> Lo conocí de un modo curioso. En el patio del colegio había una pelea, durante el recreo, un desafío a escupitajos entre él y un burgalés. Al saberse que yo era de Madrid, me correspondió el bando de Juan Antonio. Y empecé a escupir. Pero que conste que, educado en el Colegio Alemán con toda disciplina, aquello me parecía inconcebible.
>
> Mis padres coincidieron el día antes con los suyos, en el hotel Ávila, de Burgos. Su familia siguió un año en aquel hotel, antes de irse a la calle Vitoria. La mía se fue a la calle de San Juan. Pasamos juntos los tres años de la guerra civil. Cuando a él se lo llevaron a los jesuitas de Valladolid, seguimos viéndonos durante las vacaciones, a diario. Más tarde, pasó a Comillas, en calidad de interno. Entonces su amigo principal fue Josechu Sanz de Diego, hombre de memoria prodigiosa, con quien todavía pasamos ratos extraordinarios. Al terminar el bachiller pensó en estudiar Derecho y creo que en ser sacerdote.

Josechu, el de la espléndida memoria, es hombre para la tertulia en voz baja, en profundidad. Ponderado, de un fino espíritu que no abunda en este mundo:

Te completaré los datos de José Carlos con mucho gusto. Fuimos compañeros de colegio desde 1938, internos ambos en los jesuitas de San José en Valladolid. En 1939 se requisó el edificio para Hospital de Sangre. Algunos cursos, por ese motivo, los hicimos en Comillas, en el Seminario, al término de la guerra. El final del bachiller, lo estudiamos juntos en Madrid, en Areneros. La brillantez era su cualidad principal, en cualquier tema que se le encargase. Disertaba con desparpajo sobre lo que fuera; era capaz de improvisar a toda velocidad, desde muy pequeño. No le daban premios ni dignidades de esas que a los jesuitas les gustan tanto, porque, quede claro, no era de los cinco primeros, aunque iba siempre en el pelotón de cabeza.

Éramos unos treinta por clase; él siempre estaba en lugar destacado, sin esforzarse. Lo más extraordinario, su capacidad de hilvanar historias rapidísimas con muy pocos datos. Manejaba muy bien la información que se le daba. En eso era buenísimo. En el dibujo, nada; en música, peor. No es que tuviera mal oído, lo tenía fatal. No malo, muy malo. Por suerte, no teníamos clase de canto. En deportes no llegamos a gran cosa; éramos exploradores con cuerda y hacíamos acampadas y rápel, sin dormir en el campo. En Comillas, pasamos alguna noche al aire libre, en tiendas, de acampadas de fin de semana. Con misa de campaña, claro.

Como compañero, ideal; muy popular entre los amigos. No había gran diferencia de clase social en el colegio. Todos, hijos de profesionales de clase media; no había millonarios ni pobretones. Si los hubo necesitados de beca, no lo recuerdo. Sin discriminación social. Los había simpáticos o antipáticos, pero nada más.

Te contaré una cosa, pero no sé si debes recogerla. Cuando teníamos unos catorce años, venía con nosotros para jugar en el Retiro el hijo de un grande de España. A este amigo le tomábamos un poco el pelo, porque llevaba una corona en la chaqueta y presumía de antepasados. Juan Antonio le dijo: «Para grande, mi padre, que mide casi dos metros y es más alto que los padres de todos vosotros.»

Vallejo caía bien; no era líder ni seguidor pasivo. Junto a su brillantez proverbial, tenía despistes tremendos. De repente, murió un alumno, hijo del general Dávila. Vino el general a recoger el cadáver. Quizá por costumbre de besar la mano a todos los sacerdotes, se la besó también. Le molestaba mucho que le recordasen aquello. José Carlos Oliveros

> recuerda otra anécdota similar, con ligeras variantes, referida a una época posterior.
>
> Era impaciente, inquieto, listo. Y, efectivamente, despistado. Te hablo de los años de la guerra civil. ¿Travesuras? No. Nunca llamó la atención por revoltoso. En el parque del Retiro madrileño sí que las hicimos todos un poco gordas. A la hora de cerrar, nos quedábamos dentro, furtivamente, a fin de apilar hojas secas para encender hogueras en las plazoletas. Cuando llegaban los guardas, había que huir en todas las direcciones para desorientarlos. Salíamos por los huecos de la verja, gracias a un perfecto conocimiento de los sitios donde faltaba algún barrote. Saltar era más difícil y peligroso, pero alguno lo hizo.
>
> Las hogueras eran nuestro deporte favorito. Resultaba emocionante correr delante de los guardas. Alguna vez nos alcanzaron; recibimos pescozones y tirones de orejas. De ahí no pasó la cosa. José Carlos Oliveros y Ricardo de la Cierva formaban parte del grupo.

Sobre las hogueras furtivas, es preciso recordar la opinión del coronel de Caballería retirado don Félix Vallejo Ruiz, primo de Juan Antonio:

> Es una anécdota increíble si se refiere al tiempo en que se hallaba bajo la tutela de la *fraülein.* Con aquella terrible disciplina no se hubiera atrevido nadie a encender ni una cerilla. Era tremenda a la hora de dar órdenes. Pretendía mandar en los primos y en los amigos de Juan Antonio. En él y sus hermanos, no digamos. Buena persona, pero cuadradísima. Si lo de las hogueras fue después de la *fraülein,* me parece más admisible.

Josechu quiere añadir algo:

> Los años de guerra civil nos marcaron. Las victorias se celebraban de muchas maneras. Una de ellas consistía en no tener clase. Cada vez que se tomaba una ciudad importante, saltábamos de gozo y de ardor patriótico. Mi padre era coronel de Estado Mayor. Los niños heredamos el espíritu militar en el que nos habíamos formado. José Carlos Oliveros hizo la instrucción premilitar superior y estaba orgulloso, como los estudiantes de la época, de ser alférez de Infantería. Yo llegué a teniente. Juan Antonio, pese a ser hijo de co-

> ronel médico, hizo, en Sanidad, un servicio militar muy poco militar, sin nuestro espíritu. No quiso pasar por los campamentos de milicias universitarias. Aprovechó influencias paternas para librarse en cuanto pudo.
>
> Por ese distanciamiento transitorio de nuestras vidas, no de nuestro afecto, no te puedo contestar a la supuesta vocación religiosa que menciona José Carlos. No recuerdo que él me hablase del asunto. Es cierto que la presión en los colegios era muy grande para despertar inclinaciones hacia el seminario, las misiones o alguna forma de vida dentro de la religión. Con un hermano mío, lo lograron. Con Ricardo de la Cierva, también.

El tema de la posible vocación religiosa no lo confirman ni lo niegan otros amigos. A Ymelda Navajo, editora de Temas de Hoy, no le parece imposible. Después de una pausa, con la mirada fija y expresión entre grave y divertida, Ymelda comenta que, efectivamente, pudo ser un excelente abad. Pondría toda la comunidad a trabajar en la huerta y en los talleres, sobre todo en talleres de encuadernación y en trabajos de biblioteca. Conseguiría para su abadía los mejores organistas y cantores. Tal vez organizase una red de conventos que fuesen a la vez centros para conservar y difundir cultura. Sí, podría haber sido un buen abad. Pero... Ymelda resalta, a continuación, que la mirada de Juan Antonio no dejaba pasar beldad femenina sin tomar buena nota: «De su coquetería nos dábamos cuenta en seguida las mujeres».

José Ignacio, el hermano menor, no cree que la vocación religiosa fuera firme. La presión ambiental era muy grande en los colegios de la época. Convivieron estrechamente durante muchos años, incluso compartían habitación, y nunca le oyó que quisiera ser sacerdote.

Es preciso dejar la palabra a Josechu:

> De sus primeros amores no podría yo decir gran cosa. Sé que tuvo un primer noviazgo que acabó en determinado día y hora en el Club Puerta de Hierro, digamos que de mutuo acuerdo. Yo, desde los diecisiete a los veintiocho años, apenas lo vi. No iba con él de guateques. Quizá fuésemos juntos a los primeros. Me decía que, acostumbrado a su vaso de leche con galletes *María,* no entendía de meriendas con tanto perifollo como las de la vida social de nuestra juventud.

> ¿Grandes pasiones en esa época? No lo creo. Era muy cerebral, muy sentado, nada impulsivo, aunque luego tomase con vehemencia lo que le interesara. A finales de los años cincuenta, con motivo de los conciertos, nos veíamos dos veces por semana. Después nos reuníamos en mi casa. En las tertulias caseras le encantaba hablar, lo de menos era el tema. Lo llenaba de anécdotas. Como en sus charlas, que adornaba con un talento fuera de lo común.

En los primeros años de la década de los cincuenta, Juan Antonio queda deslumbrado por el éxito y la personalidad de Luis Miguel *Dominguín*. El sueño de su vida es acompañarle al festival de Cannes. Me lo confirma Alejandro:

> Nada le podía hacer más ilusión. Yo hacía mi vida desde los dieciocho años, en que mi padre me dejó por imposible. O por ser muy buen padre y buen aficionado a los toros, sabedor de que cada toro tiene una lidia distinta. Pero mi hermano mayor era muy obediente y sumamente conservador. Aquello de verse en Cannes con todos los peliculeros no se lo acababa de creer. Luis Miguel y Gary Cooper fueron las estrellas. Ava Gardner no andaba lejos. Aquello no cayó muy bien, ni a nuestra familia ni a la del Caudillo. Doña Carmen Polo y mi madre debieron comentar que era preciso atar corto a mi hermano. Creo que es la única vez que echó una cana al aire.

En la orla de fin de carrera figuran juntas las fotografías de Juan Antonio y de José Carlos Oliveros. Desde aquella época su modelo era el doctor don Gregorio Marañón. Dice José Carlos:

> El espíritu señorial y el talante que da el ejercicio de la medicina a la manera marañoniana; el cultivo, un poco diletante, de la historia y de la literatura, el gusto renacentista, el humanismo y, sobre todo, no olvides contarlo, la vida en la alta sociedad.

El retrato físico

Las caras aniñadas de esa orla de 1949 nos llevan al retrato físico, al aspecto corporal de Juan Antonio. Talla, 1,82 metros; peso, 80 kilos, y si se descuida, 82, nunca más. Ojos castaños, pelo castaño, no muy abundante. Hasta muy entrada la madurez conservó rasgos del niño feliz que fue. Hay en Paredes de Nava, en el museo de Santa Eulalia, una talla en madera policromada de Alonso de Berruguete que representa a la Virgen con el Niño Jesús en brazos. Se respira realismo castellano. ¿Pudo el artista inspirarse en modelos reales, paisanos suyos, con genes muy semejantes a la familia Vallejo? No es frecuente esa mandíbula tan sólida y el armazón corporal macizo, supermasculino, rozando lo acromegálico, que también tenía el catedrático Vallejo-Nágera. El niño tallado por Berruguete no es Juan Antonio, cuyo maxilar inferior, por influencia materna, es mucho más suave, casi femenino, en el mejor sentido de la palabra. Pero podría ser cualquiera de los dos hermanos, Alejandro o José Ignacio; incluso tiene algo del aspecto decidido y emprendedor de la hermana menor, Paloma, la del horno de asar. Al mostrar a un experto en biotipología la imagen de Paredes de Nava, me responde: «Esta Virgen es más robusta de lo corriente. Y no tiene en brazos al Niñito Jesús, sino a Mussolini de pequeño.»

Algunas personas cambian de cara más que otras durante la vida. En la primera infancia juanantoniana predomina la influencia de la madre, todo a lo largo de la travesía de un «triángulo edípico» bien llevado. En la edad escolar, el rostro se torna preocupado, incluso serio y formal, a medida que absorbe la severa disciplina del entorno dominado por valores autoritarios. En el umbral de la adolescencia, las fiestas de disfraces, a las que tan aficionado fue, reintroducen dulzuras femeninas, fantasías de poder ser de otra manera y escapar a la presión férrea de una realidad austera y sin matices. Tiene oportunidades de ataviarse con casaca, peluca y tricornio. Hubiera sido un buen cortesano en alguna capital europea del siglo XVIII.

La cara de niño, que aún persiste en la orla de fin de carrera, se transforma en la de un joven adulto de amplia frente, alguna arruga, ceño preocupado, ojos inquietos y labios apretados. Las expectativas del padre le obligan a estudiar demasiadas horas, de día y de noche. Como también hace deporte y le atrae la vida social, los párpados inferiores se ajan; su expresión resulta a veces cansada y hasta insegura. En conjunto, las mejillas tersas, la mirada inteligente, el porte distinguido, le hacen verse a sí mismo como «bien parecido», de lo cual no le importa presumir el resto de su vida.

Es un chico estudioso, en camino de convertirse en intelectual. Pero quisiera ser tan «normal» como sus amigos, jugar al tenis, bailar en guateques, veranear en Salinas, despreocupado, beber la sidra con la pandilla y volver en septiembre a Madrid, sin prisas por empezar el curso. Pero, en la puerta de su cuarto, el padre le recuerda responsabilidades y obligaciones. En cierta ocasión regresó a casa a las siete de la mañana, tras una feliz y algo mojigata noche, con motivo de una puesta de largo. Creyó pasar inadvertido, pero su padre golpeó inmediatamente la puerta de su dormitorio. Ronco y campanudo hizo saber: «Si alguien tiene energía para bailar hasta la salida del sol, también la tendrá para sentarse a estudiar antes de las ocho.» Juan Antonio se estaba poniendo el pijama, muerto de sueño, y rezongó: «A las ocho, ¡leñe!, pero de otro día.» Por suerte, solamente le oyó su hermano José Ignacio, que compartía la habitación. En pocos minutos, duchado y mártir, estudiaba en el pupitre antes de sonar las ocho.

Hasta el día en que se casó, compartió habitación y disciplina con este hermano. Por su parte, Alejandro, hombre para la simpatía y la desenvoltura, sólo recibió una reprimenda paterna, la primera y única, porque reaccionó marchándose a la Legión para no volver.

Juan Antonio, en la década de 1950, tan densa en la vida española, prepara oposiciones, acumula cargos y atiende demasiados pacientes. Da conferencias brillantes y procura mantener una intensa vida social, asomándose cada vez más al «gran mundo». Su retrato físico evoluciona un poco hasta cristalizar en la forma definitiva. Con la edad, la frente, con siete arrugas horizontales y rectas, propias de lealtad y de inteligencia netamente superior, se torna despejada y olímpica; el nacimiento del pelo por arriba y por las sienes, se desplaza hacia atrás. Nunca tuvo mucho pelo de barba; las mejillas, que pudieron lucir largo tiempo tersuras infantiles, ya no las conservan en la década de los setenta. Han llegado los años de cólera estudiantil; ya nadie se permite tener cara de niño. Las irónicas y algo melancólicas cejas, más pobladas y anchas hacia la línea media, se arquean por la cola hacia abajo; hacen juego con el maduro pliegue que baja del ala de una nariz armoniosa hacia la comisura externa de los labios.

El normal ahondamiento del surco nasogeniano y las inevitables «patas de gallo», acompañan a los sinsabores asumidos. La boca, apretada en la madurez, sonríe lo más posible. Sobresale, bondadoso, el labio superior, de manera regular, tendiendo a la franqueza. Raramente, al adelantar el labio inferior muestra desdén hacia los demás, aunque no por falta de motivos. De ser un punto más delgada y pequeña, la boca denotaría gustos frívolos. Al apretarse con moderación y estirar las comisuras, tiene la intención de ser amable, receptivo, con el interlocutor. Esto es ya muy distinto de aquella risa contagiosa, cuando saltaba con un año de edad en el colchón junto a la madre y tía Aurora, o cuando hizo reír a los payasos en el circo de Avilés.

En la portada de *Vallejo y yo,* el retrato del pintor y la fotografía que lo acompaña reflejan idéntico deseo de sonreír, sin sonrisa. La ideal «neutralidad benévola» es la expresión facial que los psicoterapeutas desean adoptar ante el paciente nuevo. En las conferencias va más allá; la mímica mueve los músculos oportunos para transmitir una jovialidad conveniente. Crea, de este modo, una atmósfera en la que prosperará el tono cálido, apto para ejercer el poder de una fascinación irresistible, de la cual es ministro con plenos poderes. A favor de la jovialidad contagiada se eleva la inventiva propia, y crea, sobre la marcha, nuevas improvisaciones oratorias sobre temas que, en general, conoce bien. Si en algún coloquio no domina lo que allí se discute, la mímica le ayuda a conservar el control. Lamentablemente, la sonrisa espontánea es, para todo el mundo, cada vez menos fecuente por efecto de los embates de la vida. Algún colega me asegura, convencido, que a menudo se trataba de una especie de tic nervioso, como el del torero Antonio *Bienvenida* de enseñar los dientes al salir al ruedo, pendiente del público. Sea como sea, la gente recibe una sensación de buena voluntad y simpatía, a la cual responde.

El análisis del rostro ha sido más útil a los artistas que a los científicos. No permite predecir el destino, como pretenden ciertos fisonomistas, ni extraer conclusiones sólidas sobre la personalidad. Pero la tentación de hacerlo es enorme. Sucumbieron a ella Teofrasto, Cervantes, Shakespeare, Goethe y casi todos los novelistas importantes. Una tradición remota relaciona los caracteres humanos con la cabeza de animales a los que se parecen. Darwin escribió sobre el asunto. Los que tienen cara de mico, de oveja o de asno, suelen serlo, fatalmente. Juan Antonio tenía elegantes rasgos de gato e incluso de lince. Cuando pinta felinos, le salen autorretratos. De las aves, la suya era el águila, de real estirpe, capaz no sólo de mirar de frente al sol, sino de renovarse con facilidad y mantenerse siempre joven. Desde las alturas majestuosas en que vive, contempla el pulular, allá abajo, de pequeñas y miserables criaturas, que, si quisiera, podría suprimir de un picotazo. No piensa en tal cosa, porque se lo impiden responsabilidades ligadas a su elevado prestigio. Lo que sí hacen todas las águilas con el pico es renovarlo periódicamente, frotándolo contra las piedras. Así lo afirman los bestiarios medievales, dando a entender que, con un pico como es debido, la brillantez oratoria queda garantizada.

Otras aves tienen que ver con su personalidad: las de la sabiduría, representadas por la lechuza y el búho. Del último, estudioso, ejemplo de curiosidad y dignidad, sobraría la pompa. Queda confirmado por una anécdota que refiere el doctor Conde, hoy catedrático de Valladolid. Llegó a Leganés, como médico ayudante por oposición, con una carta de presentación del profesor Villacián. Le miró Juan Antonio con ojos redondos, brillantes, de águila y búho en una pieza: «Si eres alumno del profesor Villacián, yo no podré ser tu maestro. Seré, todo lo más, tu maestrillo.» Ha sido el único búho no pomposo de su época. Dejémoslo atesorar las cualidades de la lechuza y las del autillo, gracioso pariente cuya voz se oye cada noche en el solar hispanogodo de sus antepasados.

Un mustélido, familiar en Castilla, viene a cuento en el retrato: la comadreja, famosa desde la antigüedad por su inteligencia, por su interés en estudiar el cerebro de otros seres y por la peculiaridad, mencionada por cierto papa Clemente y por el dominico Thomas de Cantimpré en el siglo XIII, de concebir por la oreja y tener hijos por la boca. De la mustela, emblema de buenos predicadores de la rectitud y la castidad, destaquemos sobre todo esta juanantoniana propiedad de difundir, con elocuencia y muy buena elaboración personal, aquello que le entró por el oído. Quien ponga en duda la importancia del mustélido en cuestión, para el retrato, hará bien en consultar la enciclopedia Espasa en su volumen 14 y observar en la ilustración en color de la página 512, su aire inteligente, de frente y de perfil, con la típica mirada de agudo conferenciante que tantas veces vimos en el sutil y querido amigo.

«*¡Enséñeme el currículum!*»

El currículum profesional es una obsesión en los años cincuenta y sesenta. Todo el que aspire a algo importante sabe que primero ha de enseñar el currículum. Apilar hojas de méritos hasta encua-

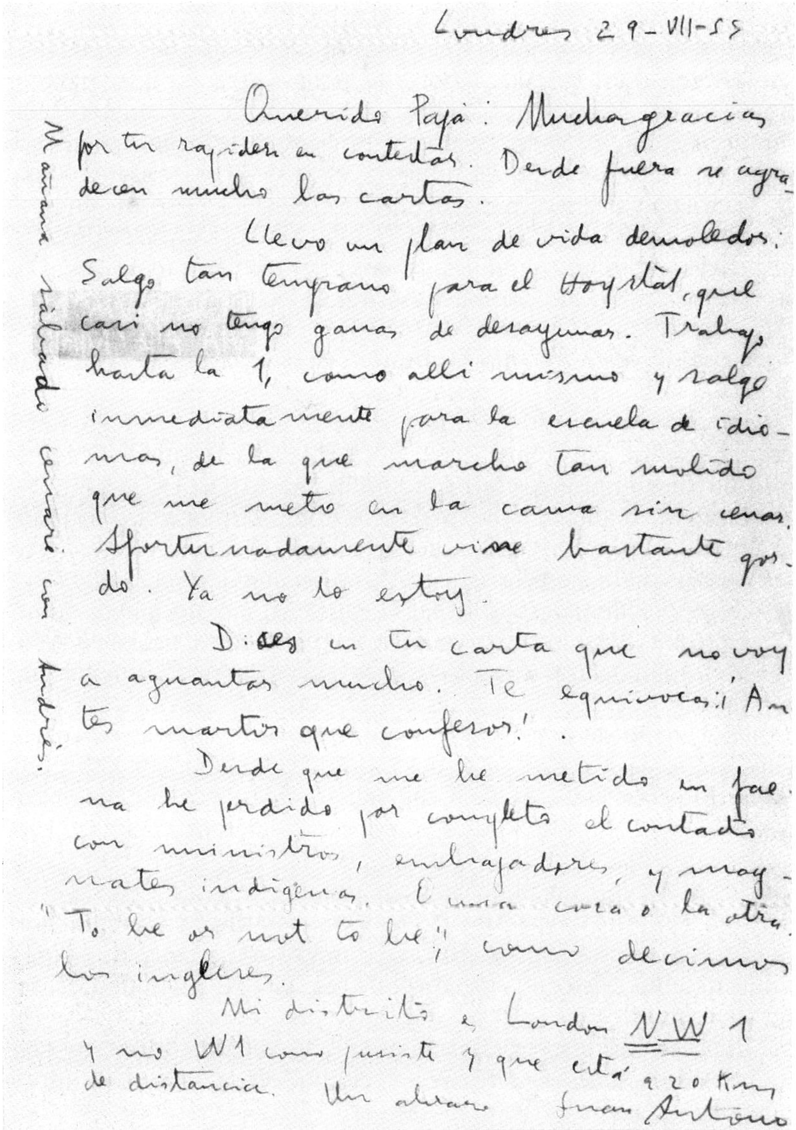

Londres 29-VII-55

Querido Papá: Muchas gracias por tu rapidez en contestar. Desde fuera se agradecen mucho las cartas.

Llevo un plan de vida demoledor: Salgo tan temprano para el Hospital, que casi no tengo ganas de desayunar. Trabajo hasta la 1, como allí mismo y salgo inmediatamente para la escuela de idiomas, de la que marcho tan molido que me meto en la cama sin cenar. Afortunadamente vine bastante gordo. Ya no lo estoy.

Dices en tu carta que no voy a aguantar mucho. Te equivocas: ¡Antes mártir que confesor!

Desde que me he metido en faena he perdido por completo el contacto con ministros, embajadores, y magnates indígenas. O una cosa o la otra. "To be or not to be", como decimos los ingleses.

Mi distrito es London NW 1 y no W1 como pusiste y que está a 20 Km de distancia. Un abrazo Juan Antonio

Mañana sábado cenaré con Andrés.

Carta de Juan Antonio desde Londres, ilustrativa del respetuoso reto a su padre dernar un grueso mamotreto, constituye la dicha suprema, promesa de felicidad, una vez dentro de la burocracia del Estado. El catedrático don Antonio Vallejo-Nágera espera ese bien para su hijo y sueña, como San Cipriano en el siglo III, con un abultado *mametractus* o *mammothreptus*. Desde antes de los años cincuenta, Juan Antonio acumula títulos y engrosa su cartapacio. Tiene el expediente más rico en matrículas de honor que cabe imaginar.

Entre otros documentos, destinados a tribunales de oposiciones, figuran diferentes diplomas: de cursillo de Medicina Legal en 1948; de cursillo de Psiquiatría Forense en 1951; de cursillos de Higiene Mental en los años 1950, 1951 y 1952, en algunos de los cuales actúa además como profesor. Tiene numerosos testimonios de haber pronunciado conferencias sobre temas neuropsiquiátricos; doce trabajos publicados, varios de ellos galardonados con premios, sobre Medicina General, Neurología y Psiquiatría, y Premio Extraordinario Maestre, de Medicina Legal, en 1950.

La Real Academia Nacional de Medicina le concede, en 1955, el Premio A. García Tapia, que lleva anejo el título de académico corresponsal y la medalla de plata de la Academia. Premio del Consejo Superior de Investigaciones Científicas, departamento de Investigaciones Psiquiátricas, también en 1955. El 16 de abril de 1950, el catedrático doctor Antonio Vallejo-Nágera certifica que ha sido nombrado jefe del Servicio de Mujeres de la Cátedra de Psiquiatría, en virtud de concurso. En el mismo año, el 10 de octubre, fray Baldomero Rubio Martínez, subdirector administrativo del Sanatorio San José de Ciempozuelos, certifica que don Juan Antonio Vallejo-Nágera Botas ejerce como médico psiquiatra del establecimiento. El doctor Bartolomé Lartigau Batlles, vicepresidente y director gerente del Sanatorio Villablanca, S. A., de Tarragona, certifica, el 9 de enero de 1956, que se acuerda por unanimidad nombrar al doctor Vallejo-Nágera Botas asesor técnico de este establecimiento, vistos los méritos que reúne la personalidad del referido doctor.

En 1956 recibe el Premio Noguer y Molins de la Real Academia de Medicina. En 1957, con fecha 24 de abril, se le nombra médico tercero de la Inspección Médica de Correos, con el haber anual de 15.720 pesetas. El 13 de junio de 1957, profesor adjunto de la Facultad de Medicina, con gratificación de 18.600 pesetas anuales. El 31 de octubre de 1958 se le nombra para el desempeño de la cátedra vacante de psiquiatría en la Facultad de Medicina, con la gratificación anual de 25.546,66(2/3) pesetas. El 9 de octubre de 1958, el señor decano había dispuesto que, siendo el profesor adjunto más antiguo, se encargase de explicar la asignatura de Psiquiatría, vacante por jubilación de su titular. El ministro señor Villar Palasí le nombra profesor adjunto en expectación de destino en virtud de concurso restringido, con fecha 6 de junio de 1973.

Fue secretario de la *Revista de Psiquiatría y Psicología Médica,* fundada por el profesor Sarró; se le nombra vocal de la Junta de la Asociación Española de Neuropsiquiatría; actúa como ponente en el Congreso de la Asociación Española de Neuropsiquiatría, en 1954, y ejerce de médico jefe de clínica de la Sala de Psiquiatría del Hospital de San Carlos y ayudante de clases prácticas de la cátedra de Psiquiatría de la Facultad de Medicina de Madrid, «con carácter honorario», durante varios años sucesivos, desde 1950.

En el curso 1968-1969, según acredita el catedrático López-Ibor, actúa como encargado de curso de un grupo de alumnos. Desde el 4 de abril de 1970 es adjunto honorario, tras desempeñar el cargo por oposición desde 1958, sin interrupción, con las renovaciones correspondientes. Se subraya que son muchos años de gran labor docente y excepcionales méritos; se trata de un acuerdo unánime de la Junta de Profesores de la Universidad, a propuesta del catedrático López-Ibor. El rector doctor Botella Llusiá se lo comunica el 6 de abril de 1970, llamándole «querido Juan Antonio», y termina con «un abrazo» su carta de dos líneas. El interesado responde a vuelta de correo, con tres renglones, encabezados por un «Querido don José», y finaliza con «muchas gracias y un fuerte abrazo de su buen amigo».

El 15 de mayo de 1956 consigue la plaza de director médico de la Escuela Nacional de Anormales, en virtud de concurso-oposición, con el sueldo o gratificación anual de ocho mil cuatrocientas pesetas, más dos mensualidades extraordinarias, «siempre que en la certificación de la toma de posesión opte por percibir sus haberes en concepto de sueldo».

Médico jefe, por oposición, de los Servicios Provinciales de Higiene Mental y Toxicomanías de Cuenca; médico de la Beneficencia Municipal de Madrid. Pasó algún tiempo una consulta en la calle de Méndez Álvaro, vinculado a servicios psiquiátricos de la Renfe, y otra en el Palacio de Comunicaciones, en Cibeles, como psiquiatra de los servicios de Correos. Una mañana quedamos citados allí.

En su despacho, un paciente se refería a otro en términos elogiosos: «Es muy postal.» Desde entonces, Juan Antonio y yo, cuando nos reuníamos, si algo era bueno, decíamos que era muy postal.

A partir del 1 de septiembre de 1958 es director del Hospital Psiquiátrico de Leganés. La Universidad Complutense le contrata como profesor de Psicopatología en la Escuela de Psicología y Psicotecnia, desde el 1 de octubre de 1973 al 30 de septiembre de 1974. Su permanencia efectiva en dicha escuela fue escasa y pronto buscó ser sustituido por otros colegas.

El 8 de noviembre de 1962 le escribe el señor subdirector de Enseñanza Primaria, por encargo del señor director general, que había salido la noche anterior para París, para comunicarle su designación como vocal para el Patronato del Colegio Nacional de Sordomudos. El señor subdirector le agradecería que contestase, para que vea así el señor director general que ha sido cumplido diligentemente su encargo.

Autorrealización y desistimiento

¿Cuándo empieza a renunciar? Los burócratas de varias décadas recogen sus solicitudes para el paso a la excedencia voluntaria de numerosos cargos. Así, por ejemplo, el 9 de junio de 1965, el Ayuntamiento madrileño accede a concedérsela en su calidad de jefe de la sección de Psiquiatría del Instituto Municipal de Educación. Según otros oficios de la Beneficencia, estaba encargado provisionalmente de la consulta de Neurología del susodicho Instituto Municipal, desde el 21 de junio de 1961, y era jefe de la sección Psiquiátrica del mencionado Instituto, desde el 20 de mayo de 1960, con la gratificación anual de 22.000 pesetas.

En la Beneficencia Municipal obtuvo el cargo de médico numerario desde el 5 de junio de 1952, según consta en un hermoso título, en grueso papel de grandes dimensiones, orlado de pólizas de color granate y gris perla, iniciado con caligrafía gótica. Pues bien, el pase a la situación de excedencia voluntaria se comunica en cuartilla, sin colores ni pólizas bonitas, a máquina, escuetamente, con fecha 28 de enero de 1971. El interesado la había pedido el 23 de diciembre de 1970 «debido a la falta material de tiempo para poder atender debidamente el Servicio de Guardia que le fue asignado en el Matadero Municipal —paseo de la Chopera, 2—. Como médico de guardia le sustituía, de vez en cuando, como favor entre amigos, el muy competente internista Antonio Fernández Hontanilla, gran cazador, fallecido muy joven en accidente de carretera, hidalgo manchego de Navalpino, que por esta y otras razones, entre ellas haber sido médico de guardia en El Rosalar, debe figurar en la biografía de Juan Antonio.

El director general de Correos le concede noventa días sin sueldo, cesando en el servicio a partir del 16 de diciembre de 1968. Este seco documento no tiene la grandeza ni los primores administrativos del título de médico segundo de la Inspección Médica de Correos que, en nombre del ministro de la Gobernación, firma el director general y ratifica el jefe superior de Administración Civil del Cuerpo Técnico de Correos y de la sección de Personal de este ramo, siete años antes de la renuncia.

El 22 de enero de 1971 pide por escrito al doctor Serigó, secretario general del PANAP, tres meses de licencia sin sueldo, porque:

> ... me es imposible en el momento actual acudir las cuarenta y ocho horas semanales preceptivas al hospital, y creo que la marcha de este no puede ser normal si el director está ausente durante una parte de la jornada laboral obligatoria para todos los médicos. Durante este período de licencia continuaré acudiendo al hospital los jueves para dar clases en los cursos que allí estamos celebrando, a posgraduados y alumnos de la Escuela de Psicología. Durante estas visitas procuraré asesorar y ayudar al director interino en la realización de sus funciones, si él lo desea.

El 27 de abril del mismo año, días antes de terminar el permiso, solicita el reingreso al doctor Serigó «hasta que hable contigo y veamos la forma de dar una solución satisfactoria a este problema. Muchas gracias por tus muchas amabilidades y recibe un cordial abrazo de tu amigo y compañero».

El 5 de octubre de 1971 envía instancia al PANAP y expone que, siéndole imposible atender debidamente al servicio por razones de índole particular y de salud, que le impiden el desplazamiento diario a Leganés, suplica, en comisión, una de las primeras vacantes que se produzcan de directores de dispensarios centrales. A lo cual accede el director general de Sanidad y vicepresidente del PANAP con fecha 1 de noviembre de 1971.

El doctor don Ramón Navarro García, jefe del servicio de Acción Sanitaria Asistencial de la Administración Institucional de la Sanidad Nacional, certifica, con fecha 16 de septiembre de 1977, el cese de director de Leganés en virtud de concurso de traslado, como médico director del Centro de Salud Mental A, de Madrid, del cual toma posesión con carácter definitivo el 16 de diciembre de 1977.

El 26 de abril de 1983 solicita tres meses de licencia por asuntos propios. El ministro de Sanidad recibe una instancia el 26 de septiembre de 1984, en la que expone que, por circunstancias de carácter particular, no le es posible seguir prestando servicios como funcionario de la escala expresada y suplica excedencia voluntaria, que se le concede por un tiempo no inferior a dos años ni superior a diez, a partir del 30 de septiembre de 1984.

En la consulta privada, según testimonio de sus directos colaboradores, deja en manos de ellos, progresivamente, las tareas clínicas. Desde 1985 supervisa las pautas de tratamiento y matiza criterios diagnósticos. Aunque pasa cada vez más tiempo en el piso de arriba, les sorprende con su prodigiosa memoria para las historias de cada paciente.

* * *

El paso de la juventud a la madurez tiene lugar durante la década de 1950. Se casa en 1957, tiene un matrimonio estable, del que nacen tres hijos Alejandra, Íñigo y María, y trabaja intensamente en las consultas públicas y en la privada. Despliega gran actividad en la enseñanza, en conferencias y en publicaciones. Los congresos nacionales o internacionales de la especialidad le atraen muy poco. Dedica el tiempo libre a la encuadernación, primera de sus grandes aficiones.

En los años sesenta consolida la personalidad en los planos familiar, profesional y social. Es, en el buen sentido de la palabra, feliz. Vive con holgura en un piso amplio, en la zona en que Madrid se extiende hacia el Norte. La calle tiene el nombre del promotor del estadio de fútbol del Real Madrid, a pocos metros de su casa, junto a la avenida del Generalísimo. El cambio político convertirá la espaciosa avenida en paseo de la Castellana. Muchos nombres cambian. Desaparecen algunas estatuas y surgen otras, como las de Largo Caballero e Indalecio Prieto y hasta una de Juan Jacobo Rousseau. Pero el rótulo de don Santiago Bernabéu es respetado antes y después.

Hacia 1970, Juan Antonio tiene un gran prestigio como médico especialista, que va en aumento. En la vida social, su presencia es tan indispensable como la de los magnates, los políticos y los artistas en boga. Los encuadernadores más exquisitos le llaman colega. Pero decide pintar, dejando en segundo plano la encuadernación. Entre tanto, ha practicado deportes elitistas. Las monterías en las serranías andaluzas y la pesca en el Caribe llenan de trofeos su residencia de Sotogrande, en el área más selecta y lujosa entre la Costa del Sol y el Peñón de Gibraltar.

La búsqueda inteligente de ocio coincide con la evolución de su quehacer profesional. La vida española ha cambiado. En el río revuelto de la transición democrática prosperan los trepadores. Algunos profesionales de corte tradicional acusan el «síndrome del cambio». Hay quien, sin perder su escala de valores, se adapta. Juan Antonio decide escribir y dar conferencias a su público; cuenta con una audiencia devota que sigue sus intervenciones de prensa, radio y televisión.

Un reportaje de 1971 se muestra ambivalente hacia el psiquiatra de moda: «La primera vez que le vi me cayó fatal. Es cierto que venía precedido de muy mala prensa, y yo era la menos indicada para juzgar sin conocer. Era en la Universidad Central de San Bernardo, y entonces estudiaba yo segundo curso de Psicología Clínica; el doctor Vallejo-Nágera era uno de mis profesores. Cuando entró en clase, pensé: ''Un niño de papá''.» Lo dice Eva Jardiel Poncela, con rara sinceridad; encadena cuestiones que rozan lo incómodo, resueltas con elegancia. El psiquiatra reconoce, ante su alumna, actitudes defensivas basadas en la distancia. Con ironía, admite, a algunos estudiantes les caía bien, ya que a todos no puede ser. Los enfermos de Leganés le quieren mucho. Las antipatías, sugiere, pueden justificarse en quienes han pasado la juventud sin libros, carentes de la estimulante vida intelectual que él tuvo siempre.

Habría que concluir que crecer en España no es cualquier cosa. «Para llegar a mi altura tienes que crecer mucho» es un dicho popular que se lanzan por ahí unos a otros. Debe ser cuestión de crecer mucho y crecer bien.

Tierra de Campos

Linajes de los Vallejo y de los Nágera

Torres góticas en Tierra de Campos. Castillo de Valencia de Don Juan

Procesión en Palencia. Grabado del siglo XIX

Iglesia de Santa Eulalia en Paredes de Nava

Solidez en las figuras de Alonso Berruguete. Virgen con niño. Iglesia de Santa Eulalia en Paredes de Nava

El doctor don Antonio Vallejo-Nágera, coronel del cuerpo de Sanidad Militar

El doctor don Antonio Vallejo-Nágera en campaña. Alcazarquivir, Marruecos, 1912

En Munich, 1917, durante la primera guerra mundial

La mesa de don Antonio, hacia 1950

Interpretación humorística de Freud

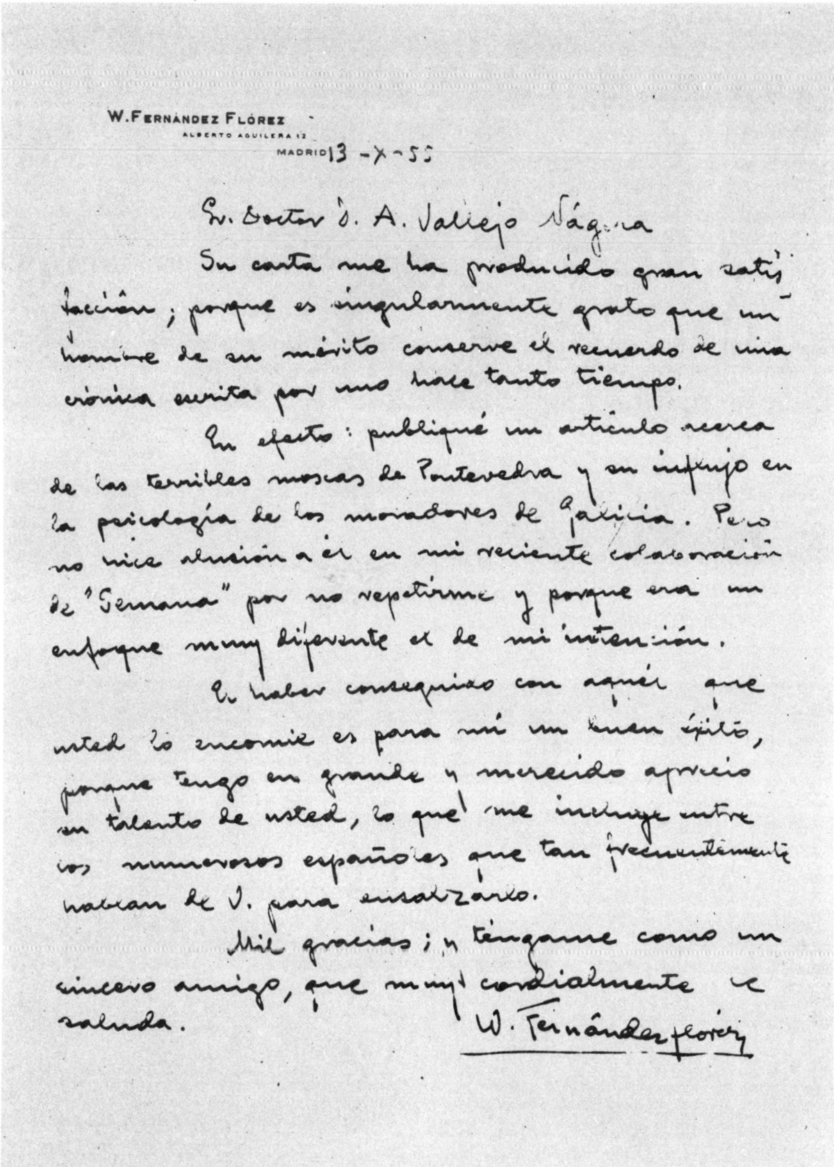

W. FERNÁNDEZ FLÓREZ
ALBERTO AGUILERA 12
MADRID 13-X-55

Sr. Doctor D. A. Vallejo Nágera

Su carta me ha producido gran satisfacción; porque es singularmente grato que un hombre de su mérito conserve el recuerdo de una crónica escrita por mí hace tanto tiempo.

En efecto: publiqué un artículo acerca de las terribles moscas de Pontevedra y su influjo en la psicología de los moradores de Galicia. Pero no hice alusión a él en mi reciente colaboración de "Semana" por no repetirme y porque era un enfoque muy diferente el de mi intención.

El haber conseguido con aquél que usted lo encomie es para mí un buen éxito, porque tengo en grande y merecido aprecio el talento de usted, lo que me incluye entre los numerosos españoles que tan frecuentemente hablan de V. para ensalzarlo.

Mil gracias; y téngame como un sincero amigo, que muy cordialmente le saluda.

W. Fernández Flórez

Carta del ilustre escritor don Wenceslao Fernández Flórez, a propósito de las moscas de Pontevedra y su influjo en la psicología de los gallegos

Don Antonio y el conde de Arteche. Entre barreras, Rafael Ortega, quintaesencia de dinastías. Verano de 1953

Escena de Lohengrin

Wagner, *natürlich!*

Doña Dolores Botas y su hijo Juan Antonio, año de 1928

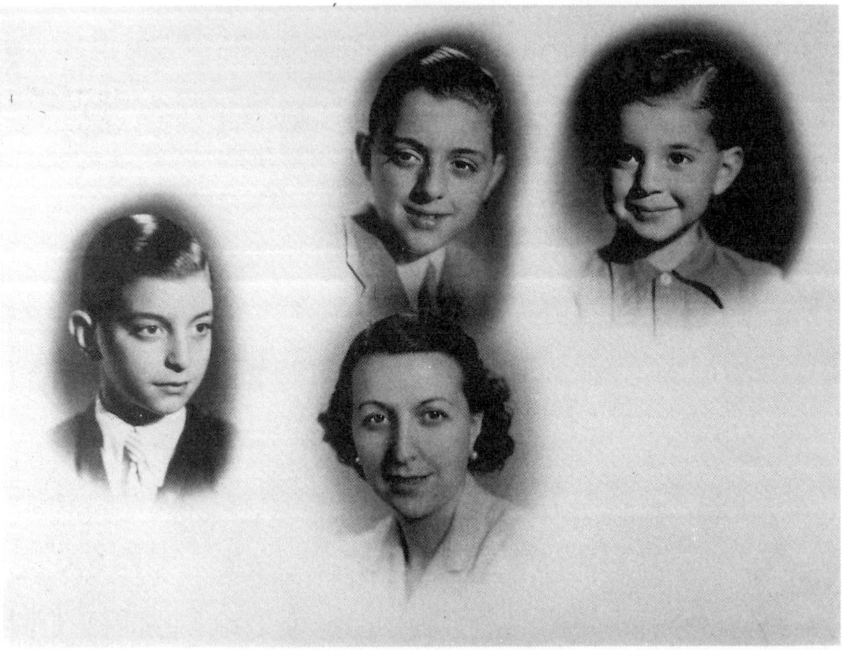

Doña Dolores Botas y sus hijos. De izquierda a derecha, Alejandro, Juan Antonio y José Ignacio

Playa de Salinas, lugar de veraneo de la familia Vallejo-Nágera

El mundo mítico de las manzanas de Asturias

Juan Antonio a los nueve años de edad. El gusto por los disfraces, llevados con buen humor, será una constante en su vida

De vacaciones en Salinas, años cuarenta

Facultad de Medicina de Madrid, curso de 1945-1946: los profesores Pallardo y Cañizo, entre cuyos alumnos figuran de izquierda a derecha, entre otros, los futuros doctores Víctor R. Lafora, F. Flórez Tascón, Juan Antonio Vallejo-Nágera, Carlos Daudén Sala y Diego Gutiérrez Gómez

Orla y detalle de la promoción 1943-1949 de la Facultad de Medicina de Madrid

Los profesores don Juan Antonio Vallejo-Nágera y don Juan José López-Ibor en el IV Congreso Nacional de Neuropsiquiatría. Madrid, 1954

Jubilación de don Antonio. De izquierda a derecha, sentados, doctores Fuertes, Vallejo-Nágera, Gallego Meré y Santos Madrigal. De pie, doctores Muñagorri, Ordeig, López Caño, Forcada, Oliveros, Paumard, Población, Claramunt, Pelaz, Vallejo-Nágera Botas, Guillermo Rico, García Barros y Álvarez Villar. Madrid, 17 de octubre de 1959

5

psiquiatras españoles entre posguerra y transición

Tiempo de régulos

EN los años de formación de Juan Antonio, mediados los cuarenta y primeros de la década siguiente, cada provincia tenía «su» psiquiatra. En Navarra, el doctor Soto Yarritu, de inteligencia rápida y alas en los pies, visita su Hospital de San Francisco Javier a la velocidad que parece requerir el inmenso establecimiento. Le siguen cinco ayudantes. La nube de batas blancas, a paso ligero, acelera hasta llegar a la carrera desenfrenada. Parece un entrenamiento para correr los sanfermines. Los esquizofrénicos asilares mueven la cabeza comprensivamente.

En Orense, el doctor Cabaleiro Goas, opositor a cátedras, publica libros enjundiosos. Sabe tanto que, como dice Marañón por aquellas fechas a propósito del neurofisiólogo Rodríguez Delgado, difícilmente podrá ser catedrático en España.

En Valencia existía un fermento procedente de algo que el doctor Poveda Ariño califica como «trinidad de sabios»: Juan José López-Ibor, Pedro Laín Entralgo y Francisco Marco Merenciano. Más tarde, se crea el reino viajero del profesor Román Alberca, con sede en Murcia y cátedra en Valencia. Alcanza, salvo el enclave alicantino, hasta Castellón de la Plana, por el Norte, y hasta Alcázar de San Juan, de donde era oriundo, la laguna de Quero y las vides de Madridejos, por el Este. No tenía apenas jurisdicción don Román en Ciudad Real, territorio del doctor Conrado Carretero, idolatrado por sus paisanos. Toledo, en su mayor parte, «pertenecía» a don Virgilio Sánchez y García-Mora. Hacia el Sur se hallaba el feudo del profesor Luis Rojas, asentado en Granada.

A su paso por Alicante, el profesor Alberca saludaba a don Pablo de la Vega, santanderino, régulo de la provincia por oposición. La mitad de su pintoresca clientela rural no hablaba castellano. En el Dispensario de Higiene Mental le confesaban: «Tinc un nerviós que me mencha perl's peus.» «Al meu fill li faré un colomet, a vore si le llevem la esquizofrenia eixa del cap.» Asentía con la cabeza, sin decir ni pío. Sospechaba que le habían contado primero una crisis de ansiedad somatizada y que, en segundo lugar, una madre esperaba curar la psicosis del hijo con caldo de pichón, remedio de la melancolía muy en boga en el siglo XV. Su incapacidad para aprender valenciano se unía a un aristocrático nihilismo que le especializó en el gruñido psicológico. ¿Está para ingresar? Hmmm... ¿Habrá que darle electrochoque? Grrrr... ¿La depresión dura mucho tiempo? Pschsss... ¿Tomando tranquilizantes se pueden comer tomates? Píifff... Don Pablo miraba con cara de Orson Welles; juntaba las cejas para ponerse serio, pero rebosaba ternura hacia la condición humana. Mire mis fotos de cuando estuve en Tubinga con Kretschmer. ¿Eh? Humm. De los que mangonean en Madrid no hay que fiarse. Cenaremos juntos. Un «soparet», como dicen aquí. Hummm.

El reino de Murcia lo compartían afectuosamente el profesor Alberca y el doctor Luis Valenciano Gaya, junto a los doctores Martínez Pardo, Muñoz Martínez y Muñoz Sánchez. Málaga se gobernó psiquiátricamente por los doctores Pedro Ortiz Ramos (de luto desde la muerte de su enfermera, que le salvó de un demente), Álamo de los Ríos y la dinastía Linares Maza y Linares Pezzi. Años después se instalaron en la Costa del Sol el discípulo de Juan Antonio, Vicente Gradillas Regodón y el alertado investigador de la nueva psiquiatría social Manuel Ruiz y Ruiz.

Los pacientes de Valladolid estaban en manos, expertas y comprensivas, del doctor Villacián. En años siguientes, pasaron a las de los doctores Benito Arranz, Emeterio Fernández Marcos, Cano Hevia y del catedrático Valentín Conde.

En Salamanca, en el viejísimo manicomio, impartía clase el profesor encargado don Ángel Domínguez Borreguero, maestro tan querido de sus alumnos como el doctor Villacián en Valladolid, que ya es decir. Don Ángel preparó durante años una comunicación destinada al Congreso Mundial de Zurich de 1957. En un resumen de su vida científica, pretendía demostrar lesiones histológicas en el diencéfalo de los esquizofrénicos. Su colección de diapositivas era una maravilla. Llegado el ansiado momento, pidió que proyectasen los correspondientes «slides». En la sala, totalmente a oscuras, escuchábamos la voz del profesor salmantino en perfecto alemán: «Bitte! Bitte!» Pero no funcionaba el proyector. Su «Bitte!», por tercera vez, sonó patético. Aún gritó, con más fuerza otra vez, ya la última. Don Ángel, digno, callado, volvió a España sin haber mostrado ni una sola de sus diapositivas. Juan Antonio estaba allí. Es posible que tan dura lección le haya inspirado, treinta y tres años después, un capítulo del libro *Hablar en público*.

Palencia tuvo al doctor José Luis Gutiérrez Herrero al frente de la provincia que más camas psiquiátricas cuenta en toda España. En Segovia, el director de «Quitapesares» fue don Felipe Martín Lomillos, después de don Eusebio Núñez y el doctor Molina. En Plasencia, don Celedonio dirigía un hospital psiquiátrico protegido por murallas romanas de inmenso valor histórico. En Badajoz, don Hipólito, y en Mérida, don Oswaldo. Sevilla era el reino del doctor Pablo Gotor. Jaén, tierra de santuarios, tenía uno más en el Sanatorio de los Prados, donde el doctor Gutiérrez Higueras y su hijo el doctor Gutiérrez Aguilera dictaban muy prácticos cursos de enfermería psiquiátrica.

En Cataluña, además del catedrático Ramón Sarró, sonaban mucho los nombres de Jerónimo de Moragas, Solé Sagarra, Bartolomé Lartigau, Pigem, Córdoba, padre e hijo; Abella Gisbert, Parellada Felíu, Santiago Montserrat Esteve, Ballús Pascual, Pons Bartrán, Otaola, Grañén Raso, Gallart Capdevila, Ferrer Hombravella, Folch Camarasa, Folch Mateu, Coderch, Cerdá y Martí Tusquets. El catedrático Juan Obiols, sucesor de Sarró, falleció repentinamente cuando visitaba a Salvador Dalí. Carlos Ruiz Ogara, tras muchos años en Cataluña, ganó la cátedra de Granada.

En Barcelona, años después, pasan a primer plano los nombres de Joan Corbella, de inmensa popularidad gracias a su acertada labor divulgadora en la radio; Alberto Solá, Vidal Teixidor, Tizón y Vallejo Ruiloba. El doctor Mariano de la Cruz alterna, durante décadas, tareas clínicas y crítica taurina con singular pulcritud.

Zaragoza es, a finales de los años cuarenta, un reino moro en manos del profesor Rey Ardid, clínico notable, autor de libros sobre ajedrez. Allí ejerció largos años don Agustín Serrate Torrente, investigador de tests psicológicos. El manicomio elogiado por Pinel y pintado, menos elogiosamente, por Goya, pasó a manos del doctor César Paumard, discípulo del profesor don Antonio Vallejo-Nágera. La cátedra universitaria la obtuvo Antonio Seva Díaz.

Por los años cincuenta todavía era preceptivo, para especializarse de verdad, salir al extranjero. Juan Antonio viajó, en su primera etapa, a Tubinga, reino del profesor Ernst Kretschmer, reverenciado en el mundo de habla hispana gracias a excelentes traducciones. El famoso alienista le parece despótico. Sus enfermos, firmes a los pies de la cama, le saludan militarmente; pueden agitarse, pero nunca en presencia del *Herr Professor*. La opinión más difundida lo presentaba como un bonachón, con ciclos depresivos, en los cuales daba clase un auxiliar; a temporadas contaba chistes e invitaba a cerveza a los alumnos. El profesor Kretschmer se incluyó a sí mismo en la categoría de los ciclotímicos extravertidos.

En todo caso, Juan Antonio volvió íntimamente convencido de lo que ya creía, que catedráticos y directores de manicomios no tenían por qué ser despóticos. En el dilema entre libertad y orden, se decidirá sin vacilar por el orden, como Goethe y todos los conservadores que en el mundo han sido, pero procurará, en la práctica, ser lo más moderado posible, dentro de su personalidad y de sus circunstancias.

La protesta

Una revolución psiquiátrica con fundamento químico, no ideológico, sucede hacia 1950, cuando, en París, el equipo de Jean Delay, Deniker y colaboradores aplica los nuevos neurolépticos a las psicosis. Por vez primera, sin riesgo para el enfermo, se suprimen delirios y alucinaciones, cede el comportamiento autista, los esquizofrénicos ya no se cronifican indefectiblemente. El mundo asilar deja de ser un pozo de desesperanza.

El doctor Carlos Castilla del Pino, psiquiatra y ensayista cuyos libros adquieren singular relieve en los años de la protesta universitaria. Entre el doctor Castilla del Pino y Juan Antonio siempre existió recíproca estimación personal

Los psicofármacos facilitan la rehabilitación y la psicoterapia de grupo en los manicomios progresistas. El «loco» está más cerca, la comunicación es posible, aunque no sencilla.

Al ser los pacientes más manejables, se prestan, cuando llega la ocasión, a ser utilizados con fines no terapéuticos. Así ocurre al politizarse la psiquiatría y otras especialidades. En España, los ginecólogos se topan con la politización del útero, de los ovarios y de las trompas. Los responsables del orden se alarman hasta la histeria. Un otorrinolaringólogo me cuenta que para autorizar un congreso en provincias, el gobernador pidió informes muy detallados. Sospechaba otra organización subversiva y quería saber quiénes eran esos de la ORL que pretendían reunirse para hablar de no sé qué tipo de operación.

La verdad es que años antes de la protesta ya estaban en marcha importantes reformas de la asistencia psiquiátrica. El progresivo aumento de médicos y auxiliares en las plantillas humanizó la situación de los pacientes internados. La OMS recomendó en 1945 una asistente social especializada por cada cien enfermos, como mínimo. La American Psychiatric Association, un terapeuta ocupacional por cada treinta pacientes y un terapeuta recreativo por cada cien.

En 1955 se crea en España el Patronato Nacional de Asistencia Psiquiátrica. Para cumplir las recomendaciones internacionales en materia de salud mental, los doctores Fernández Turégano, Serigó Segarra y Navarro desarrollaron una labor tenaz, no siempre bien comprendida. No es verdad que sólo se preocuparan de teorizar sobre asistencia y epidemiología psiquiátrica. Gracias a todo aquello, los ATS y los auxiliares tuvieron formación actualizada. Surgió la Escuela de Terapia Ocupacional, que dirigió atinadamente el doctor Heliodoro Ruiz. Pero persistían vestigios pintorescos. El programa oficial de Ayudantes Técnicos Sanitarios, según decreto del 8 de septiembre de 1955, vigente al menos hasta 1962, únicamente contiene, entre sus numerosos temas, dos relacionados con las enfermedades mentales; se insiste en los estragos que causan. En cambio, la extensión dedicada a lecciones de religión es enorme en proporción al resto; sorprendería hoy el tema 2, ue trata de «los ángeles malos y la tentación diabólica», tanto como el tema 16, que considera con detalle la castidad, su excelencia, posibilidad y medios de conservarla.

Quedaban algunas excepciones penosas. Como la de un director que sólo acudía para firmar papeles oficiales y salía a toda prisa, quince minutos después. Una mirada al patio del manicomio y un comentario cínico y desolador, de tan cierto: «En cuanto llega un enfermo nuevo se le pone la misma cara de los otros, con idénticos síntomas.» O aquel otro, tan a gusto en su severo despacho que lucía una siniestra cerebroteca alrededor. El recién llegado, al ver las vitrinas de formol, con los cerebros de antiguos residentes, creía encontrar al verdadero doctor Frankenstein.

Mediados los años cincuenta, paulatinamente, los príncipes de provincias pierden divismo y se aumentan las dotaciones para las cátedras. Es un proceso lento, desesperante, muy calculado y, para algunos, muy dinástico. Jubilado el profesor Vallejo-Nágera, ocupa la vacante el catedrático López-Ibor, que mantiene a su lado a Juan Antonio. Cuando, a su vez, se jubila don Juan José, la Universidad y los hospitales psiquiátricos han iniciado el período de protestas y conflictos, cada vez más graves.

Los alumnos no guardan el respeto tradicional. Emprenden una carrera en pos de la ordinariez y de la mala educación, que, efectivamente, algunos alcanzan en breve, muy cumplidamente. Cuenta Juan Antonio que deja la Universidad porque, entre otras cosas, los estudiantes ya no se levantan cuando entra el profesor. ¿Qué era eso, comparado con lo que vino luego? No quiso verlo ni saber más de ello. El psiquiatra y psicólogo Florentino Santos Madrigal me habla, mientras redacto el libro, de aquella foto aparecida en el diario *El País* en que los estudiantes queman la bandera española y el crucifijo. La capilla de alguna Facultad dejó de serlo. Funcionó algún tiempo un lugar de encuentro de fumadores de marihuana. Posteriormente se «remodeló» con mobiliario adecuado para lecturas de tesis de fin de carrera. Ahora se niega. Tal vez sólo estuviera cerrada la capilla por reformas o algo similar. Lo de la marihuana no es seguro. Ni que algunos alumnos y «penenes» celebrasen en el bar asesinatos de policías y militares a manos de terroristas. El doctor Diego Gutiérrez Gómez insiste: «Di al menos que en mi aula de San Bernardo yo no pude dar clase de Psicología Pedagógica porque la habían quemado. Eso no me lo puede negar nadie.»

Peligro en las aulas, del profesor López-Ibor, rememora experiencias vividas en el campus de la Universidad de Filadelfia, coincidiendo con los disturbios de Berkeley. Cita la marcha encabezada en Berlín por Rudi Dutschke; las pancartas llevan grandes retratos de Hô Chi Minh, *Ché* Guevara, Mao Tse-tung, Fidel Castro y Lenin. El profesor español está en París en el turbulento mayo de 1968; en Washington, por mayo de 1971, presencia una manifestación juvenil, que califica de monstruosa. Menciona López-Ibor la agresión sufrida por el profesor Eysenck en la London School of Economics. Durante una conferencia, el famoso psicólogo conductista del Hospital Maudsley fue atacado por los estudiantes; le arrancaron las gafas y le ensangrentaron el rostro a puñetazos. A este centroeuropeo, establecido en Londres desde 1934 para huir del nazismo, le acusaban ahora de fascista y de cosas peores.

El peligro, según López-Ibor, no es la masa, sino la emergencia de lo que en cada hombre hay de masa. Antes o después, el poder termina en las manos de unos cuantos. Entre tanto, los jóvenes se dirigen hacia el vegetar nihilista y degradado. Se empobrece la capacidad de expresión, la fantasía, la redacción literaria, aunque aumente la facilidad para el trabajo manual y el manejo de máquinas. ¿Se puede ser buen profesor en una universidad dilemática? La juventud de los sesenta llevaba sordina comparada con la de los setenta, más vociferante. Los profesores no pueden responder a la epidemia de «rinoceritis». El *rinoceros* interior, *El rinoceronte,* de Ionesco, apunta a un paraíso animal, no humano. Del «teatro del absurdo» a la «Universidad del absurdo». En las aguas cenagosas del instinto, la libertad no florece. Así lo ve don Juan José. Juan Antonio Vallejo-Nágera lo suscribiría.

Por los mismos años, como contrapartida, el catedrático Aranguren se congratula de la nueva relación entre profesores y alumnos, con claro predominio del papel de estos últimos. Alaba en los jóvenes su conciencia mesiánica colectiva. Le parece bien que, de ahora en adelante, a ningún rector universitario se le siga llamando, en serio, «Magnífico Señor». Se acabó el sabio, el maestro a la usanza clásica. Hay que tratar de aprender de los alumnos, dice Aranguren. Que lo diga, si quiere. Juan Antonio ya se ha ido de la Universidad, poblada ahora por estudiantes y profesores barbados. Con la bandera debieron quemar sus corbatas. Visten cazadora, pantalón vaquero y camisa con los faldones por fuera. No tarda en irse el profesor López-Ibor, que, al comienzo de la década de los setenta, todavía quería creer que los Pirineos eran barrera insobornable para nuestros valores y actitudes.

El doctor Santiago Kassen, entonces estudiante, recuerda el tono pausado, la exposición sutil, minoritaria y en voz algo baja, de don Juan José, apenas escuchada en las primeras filas. Los de atrás, desertaban. En contraste, cuando daba la clase Juan Antonio, era preciso llegar pronto para no quedarse de pie. La voz, el estilo chispeante, anecdótico y coloquial, llegaba a todo el mundo.

¿Qué pudo desencantar a Vallejo de la enseñanza? A mediados de los setenta, el revuelo era enorme. Cuenta su estrecho colaborador Santiago Kassen:

> Se confundían las ideas políticas con el asalto a normas elementales de la educación. Tenían que desencantarle, a la fuerza, los malos modales. A lo mejor, la gente que quiere una revolución no puede ser muy fina. El caso es que existía un clima desagradable, con policía patrullando por los pasillos del hospital. No se quemó en Medicina el crucifijo ni la bandera, pero entre huelgas y alborotos se perdía la mayor parte del curso. En las continuas asambleas se transformaba la protesta por motivos académicos en otra, totalmente política. Aún no había amenazas de bomba, eran los últimos tiempos de la dictadura. Eso vino luego.

La psiquiatra Edith Sintes, estudiante durante aquellos años, evoca el trote de la policía montada dentro de la Facultad de Medicina. Llegó a trepar la caballería por las gradas del anfiteatro, como en la famosa escena que Greta Garbo quiso protagonizar en una película sobre la revolución rusa. Tampoco faltó la persecución de estudiantes desde los helicópteros, sacada de *Apocalipsis now*.

Cada cual cuenta los cambios en la Universidad según su peculiar perspectiva. Los relatos de contestatarios deberían cotejarse con las versiones de corte conservador. Y, por si acaso, dejar pasar años para que historiadores «sine ira et cum studio» hagan lo que antes o después será preciso hacer.

* * *

No es seguro que en la psiquiatría española todo fuese malo antes de la transición. Las inquietudes científicas no eran tan inexistentes como pretenden los hipercríticos. Estos solían ser jóvenes psiquiatras con contratos laborales de «dedicación plena» y condición de asalariados. No habían entrado por oposición y tendían a ver la práctica privada como actividad mercantil, reaccionaria, propia de burgueses vendidos al capitalismo americano. Con el tiempo, procuraron tener clientela particular. Inicialmente provocaron conflictos en los hospitales psiquiátricos de Asturias; calle de Ibiza, en Madrid; Santa Cruz, en Barcelona; Salt, en Gerona, y Conxo, en Santiago de Compostela. El catedrático Obiols estimó que iban atizados por gentes que, sin haber estudiado medicina, pretendían que las enfermedades mentales fueran de origen social. En *El antiedipo,* de Deleuze y Guattari, traducido en 1973, les encantaba leer: «El esquizofrénico se mantiene en el límite del capitalismo; es su tendencia desarrollada, el excedente de producto, el proletario y el ángel exterminador.» Esto se aclara cuando los autores hablan de replantear en términos escatológicos el problema de la relación final entre la máquina analítica, la revolucionaria y las deseantes. Y si alguna duda subsistiera, nada como leer las tres primeras páginas del libro, imposibles de reproducir, destinadas a pasmar y despatarrar al burgués para siempre.

El psiquiatra fue blanco en España, como el sacerdote, el militar y el notario, de las iras renovadoras. El movimiento antipsiquiátrico medra en las facultades de Sociología y Psicología. Contradictoriamente, los psicólogos se entusiasman con la terapia conductista, tan criticada por médicos antipsiquiatras por su ideología netamente fascista. Son los mismos críticos que elogian con reservas las aportaciones de Castilla del Pino; trae, dicen un aire nuevo, dialéctico, no exento de limitaciones por su condición de psiquiatra privado. De todos modos, su obra sobre la depresión abre, desde 1966, un camino doctrinal estimulante para los jóvenes. *Vieja y nueva psiquiatría* es, en 1971, otro libro de cabecera.

Pido al doctor José Luis Montoya Rico, protagonista de importantes sucesos en la transición psiquiátrica, su opinión retrospectiva:

> Sí, pudo ser una guerra de jóvenes pragmáticos frente a los fósiles germanófilos, amodorrados en sus filosofías nihilistas. Pero se convirtió en otra cosa. En Inglaterra se hizo una revolución desde arriba y salió bien. Aquí todavía está por hacer. Nos pasó como en *El gatopardo,* se trastocó todo para que volviera a quedar como estaba. Muchos enfermos de manicomio siguen mal atendidos. Seguimos viviendo en una sociedad autoritaria. El favoritismo actual, el de los

socialistas del desencanto, se parece al del falangismo que nos cuentan de los años cuarenta. Debemos caerles bien a los de arriba. Ellos nos usan. El poder de las influencias sigue siendo tremendo.

Yo vine de Estados Unidos en 1963 para organizar el Hospital Psiquiátrico de Asturias. Implanté las reuniones de equipo, no la manía de reunionitis. De allí pasé a Conxo en 1971 hasta 1980, creo recordar. Sin dejar Conxo fui con contratos temporales a Albacete y Ciempozuelos. De 1980 a 1983 estuve en Murcia y, desde 1984, he dirigido en Alicante los servicios provinciales. El índice de personal terapéutico y administrativo ha mejorado con respecto a los años del régimen político anterior. Pero hay riesgo de pasarse. En algún centro hemos encontrado el doble de personal necesario. No ha mejorado el problema de los pacientes crónicos. Permanece en pie la temática de Goffman en *Asilos*. Volvemos a estimular la pasividad dentro de una psiquiatría «conventual», de espaldas a lo que pasa fuera. El personal se entretiene con rencillas internas y los enfermos también. Ha mejorado la *Kleine Psichiatrie,* la del paciente ambulatorio. Yo quise promocionar el papel de asistentes sociales y de enfermeros cualificados. Los psicólogos se han incorporado más tarde, sin encontrar su lugar. Muy teóricos y de muy distinto talante, tienden a realizarse en la práctica privada, con amplias oscilaciones entre lo eficaz y lo inútil, lo sensato y lo pintoresco. Es sólo una opinión.

Sigue faltándonos una psiquiatría de corte británico, administrativa y eficiente. Vallejo pareció que iba a impulsarla. Con los doctores Adolfo Serigó y Ramón Navarro tal vez lo hubiera logrado.

Mediados los sesenta, los psiquiatras vinculados al orden establecido viven los dorados esplendores de su otoño. Así lo recuerda el doctor Poveda:

En septiembre de 1966 se celebra el Congreso Mundial de Psiquiatría en Madrid. López-Ibor es presidente; Juan Antonio y yo, vicepresidentes; secretario científico, Juan Antonio Escudero. En la mesa ejecutiva están Lerma, Morales, Pelaz y otros. López-Ibor resultó elegido presidente de la Asociación Mundial de Psiquiatría. Seguí coincidiendo con Juan Antonio en todos los congresos de nuestra Sociedad de Psiquiatría; cuando uno no era presidente, figuraba como

> secretario. Él fue director de Leganés; yo, del Alonso Vega; Lerma, de la sección de mujeres en Ciempozuelos, y Javier Morales, de Alcohete.
>
> En los dispensarios de Higiene Mental, Juan Antonio había ganado la plaza de Cuenca; Aliño, Soria, y yo, Logroño. El general Palanca nos riñó porque con cuatro mil pesetas al año no entendía nuestras oposiciones, ni aunque fuese para ganar puntos y méritos. Nos llamaba «los cuñadísimos», confundiendo mi apellido con el segundo de López-Ibor.

En los últimos años del régimen de Franco soplan vientos del pueblo miguelhernandianos sobre la psiquiatría social tanto como sobre la Universidad. El doctor José María Poveda Ariño describe un intento de «contrarreforma»:

> Como contrapunto de ciertas reuniones intelectuales realizadas fuera de España contra el Régimen, con marcado cariz político (ya habían ocurrido incidentes en la Universidad, el tiro del estudiante que curó Sixto Obrador, las destituciones de Laín Entralgo, de Fernández-Cuesta y del ministro Ruiz-Giménez), hubo un proyecto intelectual aquí, alrededor del Ateneo, y en el monasterio del Paular. Los más jóvenes éramos Juan Antonio y yo. Participaron Sarró, López-Ibor, Millán Puelles y varios catedráticos de Filosofía. Nos movíamos entre la filosofía tradicional, de Aristóteles y Platón, y la fenomenología de Max Scheller. Entre la escolástica y la fenomenología, en busca de raíces de una antropología cristiana. Queríamos un concepto cristiano de la enfermedad. No deseábamos un psicologismo instintivista. Coincide aquello con el primer congreso de la Asociación de Psicología y Psicoterapia Católica, que tuvo lugar en Madrid en 1957 con el tema «Conducta religiosa y salud mental».
>
> ¿Comienzo de resquebrajamiento? Hubo un momento en que algunos miembros de la Asociación Española de Neuropsiquiatría nos tuvimos que olvidar de ella, a raíz de los incidentes en los congresos de Málaga y de Sevilla. En este último invadieron los enfermos el salón de sesiones. Blandían botes de coca cola y gritaban consignas del tipo: «¡Congreso, no; Asistencia, sí!» Las circunstancias politizaron todo aquello. En el de Málaga se crisparon las actitudes entre psiquiatras jóvenes y veteranos, incluso entre hijos y padres.

Entre 1957 y 1960 terminan los ejercicios de la nueva cátedra de Salamanca, en que sale profesor Francisco Llavero. Se presentaban Castilla, Martín-Santos, Rey Ardid, Cabaleiro Goas, Domínguez Borreguero, Ruiz Ogara y César Paumard. Es la España en que Luis Martín-Santos sale unas horas de la cárcel, esposado, para opositar en el viejo edificio de San Carlos. El autor de estas líneas se hallaba en ese momento en el vestíbulo del caserón de San Carlos y vio llegar la esperpéntica comitiva. Delante iba el general Martín Santos, padre del opositor, con uniforme militar. A los lados, los guardias. Faltaba, para una película de Buñuel o Saura, un cardenal, un coronel de la Guardia Civil, un torero vestido de luces, monjas, un coro de marquesas y otro de mendigos. Juan Benet lo ha contado a su manera en una novela.

A raíz del nombramiento del doctor Llavero como catedrático, se producen incidentes estudiantiles a favor de Castilla del Pino, convertido en el Marcuse español. Entre los cristales rotos, algunos lo fueron por proyectiles que lanzaban destacadas personalidades de la vida universitaria. «¡No se olviden que este ladrillo lo ha tirado Sixto Obrador!» El grito del ilustre neurocirujano, ensambló a la perfección la teoría y la práctica de la protesta.

El protagonismo de Carlos Castilla del Pino es progresivo desde sus primeros tiempos de médico residente en el Sanatorio Esquerdo. Lo rememora Luis Aliño Testor:

> Carlos era el discípulo preferido de don Juan José. Íbamos juntos él y yo desde Carabanchel Alto en el tranvía por el puente de Toledo y ronda de Atocha hasta el Hospital de San Carlos. Tardábamos una hora por lo menos. Ya apuntaba su talla intelectual de investigador y de pensador filosófico, junto a inquietudes literarias y musicales. Discutíamos sobre ópera. Canturreábamos romanzas, camino de la parada del tranvía. Carlos era reservado. Me sorprendió cuando se presentó en mi casa y me dijo que se iba a casar. No tenía traje oscuro y le presté uno mío, azul marino. Estábamos los dos delgaditos y teníamos las mismas medidas. Luego enrecié.

El doctor Castilla del Pino a la hora de comprobar la anécdota, la enmienda y enriquece. Tratábase de la boda de una cuñada. El traje azul era un «Tamburini» precioso. Su amigo Aliño le prestó además una corbata y zapatos, que por ser muy grandes llevó en chancleta. Continúa el doctor Aliño Testor:

El otro discípulo dilecto de López-Ibor era Luis Martín Santos, hijo del general don Leandro. Desde el curso 1947-1948 tuvimos amistad fraternal. Él trabajaba en el Provincial, en el servicio de mujeres. Vivía en una pensión en la plaza de Bilbao; salíamos muchas noches. Muy simpático, con clase y casta. Carlos nos acompañó alguna vez a cenar en tascas típicas el cocido madrileño. Martín Santos era alegre, efusivo, gran lector. En esa época escribía para sí mismo crónicas de sociedad en broma, en estilo acodornizado; se burlaba de las aristócratas que le invitaban a sus fiestas. Nos reuníamos él y yo en la Castellana con Álvaro Pombo Angulo, médico escritor, copropietario de *La Codorniz*. Nos acompañaba el psiquiatra Morillas, gran aficionado a la pintura, los toros y el flamenco. Tuvimos otra tertulia a la que acudían artistas del teatro, con el conde de Foxá y Marujita Díaz. Allí asomó alguna vez Martín Santos, pero ya estaba envuelto en sus problemas... digamos... políticos.

Martín Santos era un gran rebelde, en oposición tremenda hacia el padre, de familia muy burguesa. El general don Leandro, hombre de Marruecos, ultrafranquista, íntimo del Caudillo y del general Alonso Vega, compañero suyo de promoción, era muy autoritario. Parecía enloquecido por la conducta política del hijo. Luis estudió en casa, por libre, sin pisar apenas la Facultad, porque el padre no quería que fuese. Se hizo socialista, en mi opinión, por dar en la cabeza al padre. La Policía le detenía tontamente. Cargaba su coche en Marsella con propaganda subversiva y la traía sin disimular. En la frontera lo cazaban con la mano. A don Camilo se lo llevaban los demonios. Telefoneaba al padre: «¡Que no vuelva a hacerme esto tu hijo! ¡Yo tengo que cumplir con mi obligación y este... de hijo que tienes, no me deja otra alternativa!» Parecía mentira que un hombre tan inteligente realizara actos tan disparatados. Se descolgó por la ventana del cuarto de baño, para huir de la Policía, que cercaba la casa. Los guardias lo cogían en brazos según bajaba. Fui varias veces a verle en la cárcel de Carabanchel. Estaba encantado, rodeado de la plana mayor de los comunistas. Más bien socialista, no se recataba de presentarse como díscolo y antifranquista. Mi cuñado López-Ibor y él nunca se distanciaron entre sí.

De don Antonio, mis recuerdos son hoscos. Me recibió en su despacho, lóbrego, siniestro. Me tuteó, cosa, entonces, rara. ¿Qué miras? ¿Que no hay gente en mi sala de espera? ¡Pues no hay! ¡La casa de tu cuñado, repleta! ¡Eh, tú! ¿Qué miras ahora? ¿Los cuadros? ¡Son buenos! En cambio me pareció una persona totalmente distinta en la segunda ocasión. Fue durante el banquete de la boda de su hijo. Conversaba don Antonio con doña Carmen Polo de Franco en los jardines del hotel, muy ceremonioso. De pronto, me vio, detuvo las zalamerías y me gritó: «¡Aliño, quiero hablar contigo inmediatamente!» Me llevó a un rincón para proponerme una trapisonda de oposiciones, típica cacicada de la época. Sin rodeos, me proponía prebendas si yo accedía a su estrategia de puestos oficiales.

De eso sabían todos los de aquella época un montón. La trinca para la cátedra era un derroche de hostilidades y, a veces, de incienso. El doctor Borreguero citaba a López-Ibor con retintín, por el primer apellido: «Dice López», «Según opinión de López» y cosas así. Se desahogaba y, de paso, esperaba fastidiar a mi cuñado. Nunca consiguió ser catedrático. En 1947, cuando lo fue don Antonio, quedó tachado López-Ibor por simpatizar con la democracia y la monarquía. Sarró se dio cuenta, elogió sin tasa a Vallejo, que representaba la continuidad, lo puso por las nubes y logró ser profesor al año siguiente.

* * *

Juan Antonio conoce demasiado bien ese mundo de intrigas y decide desde muy temprano no ser opositor a cátedras. Con respecto a López-Ibor, a preguntas como dardos de algún periodista, declara que no siente ningún deseo de derribar ídolos, se confiesa sabedor de sus propias limitaciones y considera al profesor López-Ibor más inteligente, más formado y con un prestigio mundial inalcanzable.

Tras escribir *Abandono y desesperanza del enfermo de manicomio* y armar un enorme revuelo, que puso en marcha medidas de reforma de la asistencia psiquiátrica, después de haber colaborado en el PANAP con los doctores Adolfo Serigó y Navarro, con ideas muy claras, a pesar de ser consejero de Sanidad, quiere alejarse de la medicina social. No se puede ignorar que desde 1965 se exige seriamente la dedicación, al aplicarse la ley de funcionarios civiles, aprobada dos años antes. El doctor Navarro me sugiere que la interpretación del espíritu de esta ley es la consecuencia de la reforma administrativa iniciada por el ministro López Rodó desde mediados los años cincuenta. Al señalar, por mi parte, el posible papel del Mayo francés del 68, considera el doctor Navarro que se trata de una avalancha posterior de jóvenes profesionales que hizo tambalear todos los campos de la Administración.

Ayudantes muy allegados me cuentan que le hicieron la vida imposible algunos contestatarios a los que concedió asilo, expulsados por conflictivos de otros centros. Introdujeron la lucha de clases y los consabidos métodos para acabar con el orden y la jerarquía. «Mendigaron ser aceptados como colaboradores suyos y luego no pararon de organizar asambleas hasta que su director se fue.» Más o menos, coincide todo ello con el apartamiento del doctor Vallejo-Nágera Botas.

En Málaga, en 1971; en Valladolid, en 1973, y luego en Sevilla y Madrid se produce el relevo, algo traumático, de generaciones. La autoridad moral de dos hombres de larga tradición liberal, el doctor Valenciano Gayá, presidente de la Asociación de Neuropsiquiatría, y el doctor Gutiérrez Gómez, secretario, contrarresta, de momento, el aire belicoso de «congresos paralelos», «plataformas» y otras actividades iconoclastas que no descartan el insulto y la descalificación global. El propio Castilla del Pino fue rebasado por la izquierda antipsiquiátrica.

La antipsiquiatría como movimiento ideológico se guía por figuras de la misma edad de Juan Antonio: Laing, Cooper y Esterson, en Inglaterra; Franco Basaglia, en Italia, y Maud Mannoni y Roger Gentis, en Francia. La difusión de sus ideas tiene lugar entre 1960 y 1970. Existen precursores como M. A. Sechehaye, autora de *Diario de una esquizofrénica,* en 1947, llevada luego al cine. Los libros *Asilos,* del sociólogo Erwin Goffman; *El mito de la enfermedad mental,* del psiquiatra Thomas Sasz, y *Viaje a través de la locura,* publicada al alimón, en 1971, por el psiquiatra Berke y la esquizofrénica Mary Barnes, alcanzan enorme popularidad.

En síntesis, el nuevo movimiento propone una liberación de la asistencia y mayor atención a las necesidades psicológicas y derechos de los enfermos mentales. Viejas reivindicaciones, coloreadas ahora por soplos revolucionarios. Se producen excesos y extravíos utópicos.

La postura de Juan Antonio

Con grandes titulares, anunció *El País* que Laing venía a España para conceder la amnistía a los enfermos mentales. Juan Antonio deplora tanta corriente disparatada. Le parece un desatino que un médico diga a la familia que el enfermo tiene derecho a hacer lo que le venga en gana, incluido el suicidio. Algunos especialistas no están curados de un trastorno grave que arrastran desde los tiempos de estudiantes. Como su famoso líder, el doctor Cooper, cuya locura nadie pensó curar con utopismos de la antipsiquiatría, sino con electrochoque.

La mejora de la asistencia en el ámbito nacional, aspiración justa, la pidió Vallejo al comienzo de su práctica profesional. Pero no pudo comulgar con los excesos. Señaló algo que los políticos quieren ignorar: el aumento de la demanda de cuidados por falsos enfermos. Junto a los verdaderos están «los llorones». En una entrevista dice textualmente:

> En la actualidad, ciertos chicos universitarios, amparados en el seguro escolar, y para no pagarse el Colegio Mayor, dicen que están alienados y frustrados, que les hagas psicoterapia alojados durante todo el curso en un sanatorio, como hotel gratuito, con libertad total de salir, por supuesto. Ya comprenderá que no alabo la ética de los colegas que facilitan esta maniobra.

Abiertamente, ante los periodistas, se declara burgués y de derechas, detesta la demagogia que impregna la democracia, a la cual ve como un ideal utópico que, en la práctica, deja mucho que desear. No cree en ella, respetuosamente. Y se dedica a pintar. Le halaga mucho recibir en 1974 un premio internacional de pintura naïf en la galería «Pro Arte Kasper», de Lausana, Suiza, al que concurren ochenta y seis pintores europeos de la misma orientación.

En julio de 1975 participa en Sigüenza en la exposición de pintura naïf, junto a otros artistas. En el mismo verano da una lección sobre el ingenuismo en la pintura, en el Curso de Arte que organiza Camón Aznar en el Palacio de la Magdalena en Santander. Se pregunta la manera de emplear el tiempo juiciosamente en lo que le quede de vida. No por azar, acepta dar el discurso de bienvenida, el 3 de abril de 1975, en la Sociedad de Médicos Escritores, a su amigo Julio Mezquita Arróniz, que diserta sobre «Anatomía del tiempo».

* * *

En los años de intensa actividad como conferenciante habla sobre casi todos los temas de actualidad en su relación con la higiene mental. «Psicodinámica de la dirección de empresas», «Conquista y agonía del poder», «El enfrentamiento con la soledad», «Las asociaciones de psicofármacos», «Alienación, medicina y sociedad», «Trasplantes de órganos», «La llegada del hombre a la Luna», «Encrucijada social de la psiquiatría contemporánea», «La exploración psiquiátrica convencional y su papel en psiquiatría dinámica», «El uso de los tranquilizantes menores», «Problemas y necesidades terapéuticas del enfermo psiquiátrico ambulatorio», «Nuevas dimensiones de la relación médico-enfermo», «El ruido en las grandes urbes», «El hambre de afecto en la infancia», «La exploración del enfermo psíquico desde el punto de vista fenomenológico», «Sistemas asistenciales psiquiátricos actuales», «Ciudad 2000» y «El arte en la psicoterapia» son algunos de sus títulos.

El 8 de noviembre de 1973 pronuncia un discurso titulado «Pintores naïf españoles contemporáneos» para el ingreso en la Sociedad Española de Médicos Escritores. La contestación corre a cargo de Laín Entralgo.

Juan Antonio aparece en la prensa diaria durante varias décadas. Cada entrevista es una microconferencia, condensada y rica de datos, a veces más contundentes que si se incluyeran en el contexto de una extensa charla. Algunas son muy breves, otras constan de varios capítulos.

* * *

¿Cómo resumir la postura de Juan Antonio? Ha contado que retiró de la pared un gran retrato de su padre porque le miraba de frente y parecía recriminarle por no haber sido catedrático. ¿Era un intelectual? Un antiguo colaborador contesta lentamente, pensando lo que dice:

> Se ocupaba de lo que se ocupan los intelectuales. Con poca continuidad y hondura en los temas a los que se asomaba. Lo sabía y no le importaba. Por haberle tratado estrechamente, me encuentro como esos mayordomos, para los cuales su marqués va siempre en pijama. En mi caso, el marqués supera con creces la prueba de la intimidad. Eso no quita para que me parezca, en el buen sentido, un señorito. Culto, con refinamientos intelectuales, sin ser, del todo, uno de ellos. Ahora que se lleva tanto el estilo ligero, hubiera sido un brillantísimo catedrático.

El catedrático jubilado don Francisco Llavero Avilés desea precisar:

> Puedes asegurar que era un fuera de serie. Vivía de y para la comunicación amorosa en la docencia y en la práctica clínica. En ambas cosas, prodigio de generosidad y buen gusto. Tan listo e inquieto que tal vez le faltase tenacidad y constancia. Tan dotado para la comunicación humana que no hallaba la quietud y el reposo que requiere la investigación. Supo con enorme tacto establecer por encima de él un puente sobre las aguas, a veces turbias, de la pugna entre su padre y López-Ibor. Eso sólo lo podía hacer Juan Antonio. Como psiquiatra, pragmático del todo. No debes olvidar el eco tan grande de su *Introducción a la psiquiatría,* que amplió para reeditarla varias veces; se tradujo a otros idiomas y sirvió de texto en universidades extranjeras.

¿Qué le falta para ser un intelectual *comme il faut?* Muchos dirían que ser de izquierdas. Hasta López-Ibor dijo en tiempos de Franco: «Los intelectuales son siempre de izquierdas.» Un clamor de suspiros de señoras recorrió el salón de aquella conferencia. El profesor precisó a continuación lo que quería decir con la frase; la matizó tanto, que al final quedó muy acicalada y aceptable entre los censores. Para Carlos Castilla del Pino, el intelectual se caracteriza por adoptar como fundamento existencial propio la tarea interpretativa de la realidad, lo cual implica una dimensión ética y una consideración constante de la realidad como problema que es preciso interpretar.

Juan Antonio nunca deja de operar con la realidad, empeñado en diagnosticarla. Estudia y analiza la situación de la sociedad en que vive. Posee aguda conciencia crítica y denuncia cuanto le parece denunciable. Si desaprueba a contrapelo de la corriente general, es precisamente por su condición, en sentido exacto, egregia. A la vez, siente la tentación de la vida marginal. Marginados de la grey son los indigentes y los privilegiados por la fortuna. Y quienes, con sibaritismo, se evaden hacia la creación artística o el cultivo de aficiones refinadas. La posibilidad de quedarse reducido a esteta del intelecto no se puede descartar. Acarrea soledad hablar para sí, «desfasarse». Hay abismos a los que se asoma, pero Vallejo es intelectual «con modos». Por ser católico y de derechas no se quedó sin interlocutores válidos, diga lo que diga algún intelectual de izquierdas. Ejerció, como hombre de pensamiento, su misión pedagógica con lucidez. Al final a contrapelo, a redropelo, que diría Ortega, pero la ejerció. Nada de torre de marfil.

Era intelectual, no investigador ni hombre de ciencia a fondo, por exceso de diletantismo. Tiene razón Castilla del Pino en no dar sentido peyorativo al término en este caso. Ortega, modelo para lo que ahora nos ocupa, se define como intelectual gracias a su versatilidad y curiosidad. Piensa y opina como aficionado, en el buen sentido, sobre aquello que le llama la atención, aunque no domine el asunto. En Juan Antonio se da, bien cumplida, la condición que más caracteriza al intelectual, la de ser falible por abarcar demasiado. Por eso, en la brillante disertación teórica sobre el champaña con el que se dispone a brindar, no importa que en realidad la copa contenga, sin saberlo él, sidra. Lo que cuenta es el discurso y no por galanura, sino por voluntad y capacidad de magisterio.

6

Juan Antonio y los pacientes

Desamparados asilares

«LAGARTOS hilarantes en quinqués ecuestres. ¡Leganés triunfa!» Esto se dijo a raíz del dadaísmo, cubismo y otros movimientos entre los años veinte y treinta. El manicomio evoca todo un mundo de sinrazones españolas. El toponímico del pueblo inmediato a Madrid se convierte, por sus connotaciones, en imagen y protipo de desequilibrio mental. El famoso establecimiento se fundó con aires de modelo en su género. En el primitivo reglamento se decía que ningún enfermo saldría al patio sin permiso de la madre superiora.

Los pacientes asilares proyectan su sombra en el libro *Concierto para instrumentos desafinados*. La desarmonía burbujea dentro de aquellas cabezas. Las rapan para evitar los piojos del cuerpo y del alma. Las pulgas malas de la colectividad les chupaban la sangre y el juicio. Los individuos más frágiles, las víctimas propiciatorias, los corderos que debían sacrificarse, eran ellos. Convertido cada uno en el «enfermo oficial» de su respectiva familia, no por ser el más perturbado, sino el más indefenso. Desempeñan, desamparados, el conocido papel del payaso de las bofetadas. Para ellos son los golpes y las humillaciones. Durante unos años tienen un excepcional director médico que es, a la vez, cronista de su desesperanza.

En aquel pozo irrecuperable de desheredados logra bastantes «remisiones parciales», que no es poco. Los estados defectuales de la esquizofrenia no vuelven a una ideal normalidad, que difícilmente disfrutaron antes de recibir la etiqueta diagnóstica. La presencia de antecedentes personales y familiares no presagiaba nada bueno.

Hacia 1960 se aquilata la experiencia de la primera década de nuevos psicofármacos —fenotiazinas, butirofenonas— que suprimen, espectaculares, los principales síntomas. Los psiquiatras han aprendido a llamarles «síntomas diana». Los laboratorios crean eficaces medicamentos que apuntan a objetivos concretos. Se frenan las alucinaciones. Se corrigen las ideas delirantes. El autismo se quiebra, deja de ser una fortaleza inexpugnable; los pacientes salen de su extraviado aislamiento y se relacionan con otros internos. Se lavan, se peinan, responden atinadamente. Donde parecía no existir vida mental, brota, de las ruinas de la personalidad, una insospechada riqueza de recuerdos y una refinada sensibilidad. Los pabellones cambian de aspecto. Hasta entonces, la etiqueta de «agitado» le obligaba a uno a dar corcovos y trompadas sin parar. ¿Para qué dejarse enjabonar si a la entrada del pabellón un cartel consagraba la suciedad como institución? Muchos «crónicos» se habían convertido en mano de obra gratuita. Ahora cobra nuevo sentido la terapia ocupacional. Resocializados los esquizofrénicos, las reuniones de psicoterapia de grupo ya no son mero pretexto para mantenerlos entretenidos; cabe esperar que dejen de tirarse piedras unos a otros en el patio.

Para Juan Antonio, el enfermo mental por excelencia es el esquizofrénico. Es el arquetipo del loco. La mente extraviada constituye la razón de ser de toda una especialidad médica. Existe una afinidad contratransferencial que despierta en el médico cada tipo de paciente. Le pregunto sobre ella al doctor Santiago Kassen, íntimo colaborador en el equipo Vallejo-Nágera:

> Tenía una cualidad extraordinaria para comprender al psicótico, dentro de lo incomprensible que es la psicosis. Le gustaban estos enfermos y los trataba muy bien. Investigó tra-

tamientos nuevos, como el de la heparina, que aquí apenas se hacía. Mantuvo la insulinoterapia hasta una época en que parecía anacrónica. Pude comparar su eficacia con otros tratamientos y creo que no es inferior, aunque sí más costosa que los nuevos psicofármacos. Las remisiones eran en calidad y duración superior. Por otro lado, tenía muy claras pautas para aplicar el electrochoque cuando se hallaba indicado.

¿Hablaba poco con los psicóticos? Tampoco tendría mucho sentido. Por dos razones: a título de investigación, podríamos hablar horas y horas para analizar el tipo de pensamiento y sus contenidos; pero, para el diagnóstico y tratamiento, sobran unos minutos. Por otra parte, a él le llegaban muy estudiados por nosotros.

¿Psicoterapia de las psicosis? Psicoanalítica o existencial, en absoluto. En algún caso, recomendó remedios de corte conductista, pasada la fase aguda, para remotivar al psicótico y procurar sacarlo de su apatía.

¿Le parecían los depresivos algo quejicas? Sí, en cierto modo, pero comprendía de una manera exquisita el sufrimiento, tanto de los depresivos como de los neuróticos, sobre todo obsesivos. Todos sabemos que son personas que padecen enormemente. Escribió un libro para ayudar a los familiares de depresivos. Que no atormenten más al enfermo, no exigir que deje de quejarse, o que se cure por sí mismo, que colabore o se divierta, cuando no es capaz ni de mirarse al espejo. Él lo sabía muy bien. La presión de los familiares hunde más al deprimido. Quiso ayudarles y creo que lo ha logrado gracias a su libro.

¿Los neuróticos? Pues, acostumbrado a ver «patología pesada», la ligera le preocupaba menos. El tisiólogo que diagnostica tuberculosis terribles o cáncer de pulmón, si le llega una leve bronquitis, no es que no la tome en serio, pero la contempla de otra manera. Juan Antonio no minimizaba la importancia de las neurosis. Venían muchos desahuciados, hartos de tratamientos caros e inútiles. Querían acabar con su vieja historia de desengaños y frustraciones. Él les hacía ver, con habilidad, sin promesas de curación, que la vida puede ser soportable.

¿Los alcohólicos? No recuerdo que le gustasen especialmente. No trataba a muchos. No le despertaban especial interés. Los atendía bien, pero sus favoritos eran los psicóticos y los depresivos endógenos.

¿Los psicópatas? Hombre, tuvo que tratar a muchísimos. Con ellos, como todos nosotros, procuraba no perder la paciencia, a pesar de una contratransferencia realmente mala.

Como era muy equilibrado, la cosa no pasaba a mayores. Le iban mejor los bebedores de mediana gravedad, con base psicopática y algo divertida. Los que, además, llevan un ramalacillo histérico y simpaticón, le agradaban. Pero la variedad «malage» de psicópata le disgustaba. Sin embargo, usaba su habilidad de siempre para demostrar que había comprendido la situación. Conseguía que el cliente se fuese oyendo lo que deseaba oír. A veces, la trascendencia social, las alteraciones que provoca tener un psicópata en una familia o en una empresa es enorme, pero, en sí, se trataba de una patología mental menor que a él le inquietaba poco.

La amenaza de suicidio es otro asunto. Lo pasó muy mal. En varias ocasiones tuve que darle malas noticias y recuerdo que, en todos los casos, fue muy amargo. Una sobredosis, un ahorcamiento, un salto por el balcón, eran para él un mazazo del que tardaba en recuperarse. Al cabo de varios días me sacaba la conversación: Santiago, aquel hombre me ha dejado de piedra, no termino de encajar que se nos haya matado. En el chantaje de suicidio, su pauta era muy clara. Prefería ingresar de más que de menos. Quiero decir que optaba por internar a la menor duda. Se protege mejor al paciente que dejándole en la calle, a pesar de los inconvenientes de la hospitalización. En cuanto estimaba que el riesgo grande había pasado, daba el alta. Mientras existe un peligro razonable, ingreso. Hay varias escalas para evaluar el riesgo, más o menos orientativas, pero lo decisivo es la intuición del clínico. Las escalas, por muy baremadas que se pretendan, se prestan a errores. Él se equivocaba muy pocas veces en este asunto tan tremendo.

¿Los simuladores? Cambian algo de trucos, según las épocas. A su padre le preocupó el asunto en tiempos de guerra. A él le enfadaban los estudiantes que se aprovechaban del seguro escolar con autoingresos a cuerpo de rey, con gastos pagados, incluso hasta por dos años. Se ahorraban el alojamiento en colegio mayor o en pensión. Existía un componente típico de neurosis de renta. Salían y entraban a su antojo. Esa tomadura de pelo sucedió durante los años en que las circunstancias favorecían el rentismo y otros abusos. De todos modos, en toda época, entre los estudiantes universitarios, por razones de edad y de situación ambiental, estallan brotes psicóticos que se cronifican y son enfermos de verdad.

* * *

En la consulta privada, a diferencia de la práctica en centros oficiales, es más fácil que exista intimidad y recíproca estimación previa. Afinidad de nivel social, cultura, valores y personalidad; sintonía que precede a la primera entrevista.

Por nivel social afín debemos entender la común clase media, en los tres estratos: media-baja, media-media y media-alta. Juan Antonio describe, con humor y conocimiento de causa, las triquiñuelas de los potentados para no pagar y, además, evadir los «impuestos psicológicos» que suponen las reglas del contrato terapéutico. En efecto, procuran cenar con su médico, le invitan a un crucero, cancelan las citas y no se ajustan a las normas que presiden la relación eficaz en un tratamiento.

A los médicos enfermos, nunca les cobró, ni tampoco a familiares directos que dependieran de ellos. A veces, le llegaban a consulta privada pacientes desde lugares remotos, de cualquier provincia española, con evidente sacrificio económico. Ya habían gastado sus ahorros en el viaje. Él los enviaba al centro de Maudes y allí los atendían en equipo. Lo que no hacía era tratar gratis a sus conocidos. Tenía tantísimos que no hubiera dado abasto y aquello habría terminado muy mal.

A menudo lidió ese tipo de clientes que pretenden convertirse en amigos, no sólo para no pagar, sino también para manipular situaciones y crear conflictos. Supo tratarlos con habilidad, cada cual del lado de la mesa que le correspondía. La consulta estaba diseñada para ello. Nunca dejó su sillón para ponerse fuera del sitio habitual.

Su paciencia con los enfermos no tuvo límites. Con los acompañantes o familiares, no tanto. «Los puso en su sitio más de una vez», afirman las dos enfermeras, Laura e Isabel, que atendían la consulta en horas de mañana y de tarde, respectivamente.

* * *

Los sentimientos que le provocaban las distintas enfermedades, no los enfermos, se pueden rastrear desde las primeras a las últimas publicaciones juanantonianas. Marañón criticó el culto excesivo a la personalidad de cada paciente. La divulgación del psicoanálisis llevó el abuso del individualismo al límite. Don Gregorio afirmó que un enfermo de hígado se parece más a otro enfermo de hígado que a su propio hermano sano. No es elegante, pero parece muy cierto. Análogamente, los portadores de un diagnóstico en psiquiatría tienen bastantes rasgos comunes con los de su misma etiqueta clasificatoria.

La Medicina pasa de un extremo al otro. Síndromes, por un lado; maneras de ser, biografías, por otro. Los enfermos mentales propiamente dichos dejan percibir una disarmonía interna de la personalidad, de los afectos y de la voluntad. Juan Antonio, kraepeliniano como su padre, ve la enfermedad como expresión psíquica de una alteración orgánica, hoy por hoy, difícil de demostrar. Cualquier alejamiento de Kraepelin comporta imprecisión diagnóstica, si bien gana en comprensión del mundo del paciente. Sucedió eso con el psicoanálisis.

En la primavera de 1955, los catedráticos españoles celebran un simposio sobre la esquizofrenia. Contribuyen destacados especialistas españoles y europeos, con la excepción de Juan Antonio. El congreso Mundial de Zurich, en 1957, tiene el mismo tema monográfico. Como tantas veces sucede, las cosas siguieron como estaban antes.

A la hora de tratar los síntomas, todo valdría si se hace bajo la dirección de un especialista sensato. El electrochoque, la insulina y los psicofármacos logran resultados cada vez mejores, pero tropiezan con un techo, un límite. Los psicoterapeutas pretenden ir más allá. Juan Antonio es cauto en este punto. Cree que la ayuda puramente psicológica debe ser un añadido, pero no el tratamiento fundamental. Curar psicosis sólo con psicoterapia, le parece una equivocación que priva al paciente de técnicas más eficaces de tratamiento. En fases agudas puede ser contraproducente. Existe una anécdota reveladora de sus convicciones. Llegó al sanatorio privado un joven colega, que se autodefinía como psicoterapeuta de esquizofrénicos. Les dedicaba más tiempo que los demás especialistas; por vocación, ingenuidad o por no tener pacientes propios en aquel sanatorio. Juan Antonio le dejaba hacer; cuando el psicoterapeuta se ausentaba, ordenaba dar electrochoque a los enfermos en cuestión, a condición de guardarlo en secreto. «No conviene desilusionar al doctor X; será más feliz creyendo que los ha curado con sus charlas.»

La rehabilitación es otro complemento, más fácil de planificar que de llevar a la práctica. Familia, profesión y entorno, estimulan, cuando se lo proponen de veras, resortes de la personalidad del enfermo en vías de recuperación. En *Concierto para instrumentos desafinados* se palpa la dificultad de rehabilitar esquizofrénicos cronificados por años de vida asilar y de insolidaridad de su familia.

Depresión y neurosis

En el libro *Ante la depresión,* la portada reproduce un cuadro que despertó la curiosidad del autor tanto como de los pintores Fernando Zóbel y Gerardo Rueda. Mientras los artistas divagaban en torno a la técnica de la clara de huevo sobre la tela, el psiquiatra diagnosticó personalidad melancólica, falta de apetito, tristeza vital y probable insuficiencia hepática. El rostro de la joven retratada por Petrus Christus figura en el museo de Berlín. Esta joven apenada inspira enjundiosas páginas sobre las vivencias depresivas. Indefinibles, difíciles de comprender para quien no sea, a su vez, depresivo, diagnóstico que hoy se arroja a la cara de cualquiera por menos de nada. ¿Cuáles son los límites de la ciclotimia o de la clásica psicosis maníaco-depresiva? ¿Qué son las depresiones neuróticas? ¿Cómo se comportan las personalidades obsesivas? ¿Y las variantes histéricas? ¿Qué hacer con las melancolías de la edad involutiva? ¿Y las depresiones de los pacientes orgánicos?

Un abanico de penas y suspiros nos lleva desde la tristeza patológica hasta la tristeza normal. Otro, desde la ansiedad de los neuróticos a la de la vida cotidiana. Los «no enfermos» consultan con motivo de sentimientos de infortunio familiar o profesional. La inseguridad en el trabajo, en la vida sentimental y hasta en la ciudadana fomentan tristeza y pesimismo. La cola de las personas divorciadas y de «novias tristes» deja paso a otra, cada vez más numerosa, de gente angustiada por las maniobras de su empresa para ponerlos en la calle. Y al lado, forman fila empleados de carácter apocado que han tenido la experiencia de sentir en la sien la pistola de un atracador. Una España de atracadores y atracados, de estafadores y estafados, de contribuyentes desesperados e indefensos ante inesperadas formas de tiranía, crea nuevos modos de enfermar de la mente.

* * *

¿Qué sentido tendría hablar de una mutación de las neurosis a lo largo de las décadas que siguen a la guerra civil? Durante el período bélico se dijo que habría cuadros clínicos directamente determinados, tales como la simulación para evitar ir al frente y las «psicosis de guerra», defendidas por don Antonio Vallejo-Nágera y criticadas por otros autores. El genio nacional se expresaría negando su existencia. El profesor López-Ibor afirma que en el bando vencedor apenas hubo neurosis de guerra y que él nunca propuso inutilidad basada en el diagnóstico de neurosis. Los datos del ejército republicano, a partir de trabajos del profesor Emilio Mira, permiten suponer que hubo en su seno no pocos cuadros de trastornos psicosomáticos y organoneurosis. La verdad es que unos y otros estudios pudieron verse influidos por factores ideológicos.

La mentalidad democrática parece más abierta a la hora de aceptar reacciones histéricas y fenómenos debidos al miedo. El espíritu totalitario y la disciplina militar de corte prusiano, no sólo dan por supuesto el valor del soldado, sino que, implícitamente, prohíben la expresión de cualquier emoción susceptible de ser interpretada como cobardía. Se vio claramente durante la segunda guerra mundial; un combatiente alemán o japonés no puede permitirse la debilidad de tener síntomas neuróticos, blandenguería típica de las tropas aliadas. Los países democráticos se sonrojan menos por esas cosas. Durante el desembarco de Normandía, por ejemplo, las bajas debidas al pánico, entre los invasores, fueron elevadísimas, si bien recibieron diagnósticos eufemísticos.

El tradicional orgullo del varón ibérico pudo influir, hasta hace poco en la manera de enfermar. Durante las décadas en que los obreros españoles emigraron en masa a los países ricos de Europa, fueron poco diagnosticados de neurosis por los médicos de los países receptores. Resistían mejor las penalidades que los trabajadores italianos y africanos; estos parecían mucho más histéricos. En cambio, los españoles, más duros, a la hora de enfermar tenían síntomas psicóticos. Como si enloquecer del todo resultara más digno y viril que andar quejándose por ahí de dolorcillos imprecisos. Así me lo han contado, en reuniones internacionales, médicos alemanes, franceses, suizos y escandinavos, no sé si con la esperanza de halagarme o porque fuese verdad. Desde el punto de vista científico, resultan sospechosas de subjetividad la mayoría de las observaciones de esta naturaleza, pero algo hay. Juan Antonio ha escrito que, durante muchos años, los toreros no podían consultar al psiquiatra por temor a que sus reacciones de ansiedad se interpretaran como miedo al toro.

El pudor ibérico hizo impensables la mayor parte de manifestaciones neuróticas en los varones. Hasta que, hacia 1950, llegó la moda de la patología psicosomática desde los Estados Unidos. Desde entonces se pudo acudir al médico por motivos que, so capa de somatizaciones diversas, venían a ser el vino de siempre en odres nuevos. «Las cervicales», «las distonías neurovegetativas», «los trastornos funcionales» de distintos órganos, aparatos y sistemas permitieron que médicos de orientación psicosomática o psiquiatras disfrazados atendieran a españoles neuróticos. De todos modos, siguen acudiendo más pacientes del sexo femenino con trastornos producidos por la ansiedad.

A Juan Antonio, quizá por tradición paterna, le interesaron siempre como dignos de estudio los casos de simulación, fronterizos con los caracteres neuróticos. A las «neurosis de guerra» («fatiga de combate» y similares) siguen en tiempos de paz las «neurosis de renta», estrategias de indemnización y, entre los estudiantes, el asumir papeles de enfermo a cargo del seguro escolar. Tuvo buen cuidado de no fomentar su cronificación indebida.

Otra peculiaridad que pudo comprobar, en el ámbito de las «neurosis a la española», fue la disminución, incluso la caída vertical, de los casos de neurosis obsesiva al modificarse la actitud represora de la educación religiosa. Los escrúpulos del confesionario eran una verdadera pesadilla, no sólo para los escrupulosos y sus confesores, sino para los psiquiatras. De repente, con la apertura del papa Juan XXIII, todo cambió. Los reprimidos y los inhibidos se fueron a la playa para ver bikinis. No se curaron del todo, pero dieron menos lata. A Juan Antonio, «divino impaciente», le sacaban de quicio los enfermos cuyo síntoma primordial era la categoría de «pelmazos»; nunca lo disimuló en sus escritos, aunque en las consultas procurase que no se le notara.

Mayor simpatía debió tener a los hipocondríacos, por afinidad de su propio temperamento. Él era alegre, pero algo aprensivo, sobre todo en la última década de su vida. El paciente hipocondríaco acude con un carpetón de análisis, pruebas funcionales, radiografías y otros estudios complementarios de largos historiales. Le complace referir con minucia sus molestias. Muestra con orgullo la notable colección de prospectos de sus medicamentos y comenta con fruición las contraindicaciones y los efectos secundarios de cada uno de ellos. Puede hablarse de un «jardín de las delicias hipocondríacas». Si son inteligentes y de carácter bondadoso, se les puede perdonar que sean «cronófagos», comedores del tiempo ajeno, como les llamaría Ortega y Gasset.

En la vida española hemos asistido a un aumento de la hipocondría nacional. Algunos semanarios ilustrados incluyen páginas de divulgación médica, que no todos asimilan para su bien. Los medios de comunicación difunden preocupaciones, más que nociones claras, en torno a la salud. Numerosos sanadores, curanderos, magos y personajes de toda índole hacen su agosto; transforman el antes delicado jardín de las delicias hipocondríacas en salvaje jungla, repleta de amenazas, que ellos mismos se ocupan de manipular. Cuando Juan Antonio terminó su carrera no podía imaginar que los curanderos, perseguidos por los colegios de médicos en los años cuarenta, se convertirían en perseguidores, no de los colegios venidos a menos, sino del dulce rebaño de los hipocondríacos.

¿Coincide el auge de la hipocondría con el ocaso de la histeria? No es seguro. Los pacientes histéricos ya no se revuelcan teatralmente como en el siglo pasado. Se metamorfosean y acuden con la piel de cordero de una neurosis visceral, solapadamente. Poco a poco, sacan las garras invisibles y entorpecen a la perfección su propia terapia. En *Vallejo y yo* sale a relucir una vasta audiencia que constituye esa inmensa mayoría de los histéricos. Suelen obtener las esperadas ganancias por su papel de estar enfermos oficialmente:

> Gracias a sus aparatosos síntomas reciben la atención, curiosidad, lástima y a veces efecto de quienes antes no les hacían caso. Suelen ser unos hambrientos de la estimación ajena, y a veces unos pelmas que la dificultan. Es lógico que prefieran no desprenderse de los beneficios secundarios adquiridos a través de la dolencia. Reaccionan como todos nosotros de chiquillos, cuando maldecíamos la curación de una gripe o unas anginas, porque había que volver al colegio.

La creciente importancia social de la anorexia no ha escapado a la sagacidad crítica de Juan Antonio. Se trata de una dolencia típica de la clase media alta. Muy rara entre las familias de potentados y, mucho más aún, si no imposible, entre la gente pobre. Consiste en la negativa de la enferma —generalmente muchachas entre la pubertad y la adolescencia, una de cada doscientas— a comer. Suelen meterse los dedos en la garganta para provocarse vómitos. Abusan de laxantes y diuréticos. Desean considerarse normales y rechazan los tratamientos. Si los aceptan es para cumplir con la familia y trampear luego por todos los medios para no mo dificar sus peligrosas pautas de conducta, a veces mortales. En *Vallejo y yo* se describe el cambio de los cánones de belleza femenina desde los tiempos de las primeras películas de Rita Hayworth. Bien está la moda esbelta, pero no a cambio de los atractivos tradicionales de la mujer. Juan Antonio se pregunta si la sociedad contemporánea no camina hacia una aberración estético-fisiológica. Como era, además de un gran médico, un esteta refinado, podemos imaginarlo contemplando desde su balcón el desfile por el paseo de la Castellana de las anoréxicas de la actual burguesía española.

La soledad

En los últimos años de su ejercicio profesional es consciente de que, por teléfono y sin cesar, piden hora los que sufren de soledad. ¿Hay distinción entre soledad normal y patológica? La del propio psiquiatra puede participar, aunque no debiera, de una y otra. Si se hiciera agobiante y no pudiese pintar ni escribir, ¿quién la curaría?

Juan Antonio dio varias conferencias en torno al problema de la soledad, y también sobre la carencia de afecto en la infancia, que tal vez condicione experiencias similares años más tarde. No es lo mismo estar que sentirse solo. En la vida moderna, entre el afán de independencia y el de protección, se alza el espectro de la soledad. No se trata del caso raro de militares destacados en lugares remotos o de viajeros en vehículos por el espacio interplanetario. Aquí mismo, en las ciudades más populosas, rodeados de seres humanos, nos sentimos a veces tremendamente solos, sin verdaderos vínculos efectivos con la gente que hay alrededor. Hay un famoso libro que se titula *La muchedumbre solitaria.* La ciudad empaqueta, más que encaja, a quien en ella vive. Cada individuo reconstruye un mundo interno y en él se encapsula. Es paradójico pensar que la gente esté sola, cuando se comprueba el hacinamiento de las grandes urbes, sobre todo de las que funcionan como magnos dormitorios y escuelas de drogadictos. Por efecto de la soledad proliferan delitos, depresiones, neurosis, la angustia de cada día y el suicidio. Los integrantes de la muchedumbre solitaria llevan todos en el bolsillo la cartilla de la Seguridad Social y un montón de volantes para los especialistas; llevan además las recetas correspondientes. Lo que no sabemos es en qué laboratorios se fabrican los remedios eficaces contra la soledad y la masificación alienante.

Existe, en casos afortunados, la experiencia individual, inteligente y serena de la soledad, la que nos saca de la grey. Puede, en circunstancias favorables, acrecentar lo más humano que pueda encontrarse en el hombre: el sentimiento de la dignidad, la voluntad de vida subjetiva y el cultivo interior. De ahí a la disposición para conocerse a sí mismo y progresar en el camino de la ética interiorizada, hay un paso. La soledad puede servir para plantearnos a fondo la ética de la moderación, una vez que se ha comprendido que nuestra existencia tiene unos límites irrebasables. Pero no es una soledad al alcance de todo el mundo.

¿Por dónde va la soledad juanantoniana, en medio de tanta vida social? Séneca, San Agustín, Montaigne y Descartes fueron solitarios convencidos y, a la vez, hombres de mundo. Sentirse solo, cultivar la soledad es un recurso de vida. El camino de la sabiduría, no el de la ciencia, es el de una soledad planeada, un método ascético, un camino de perfección. Puede serlo así aun cuando la soledad se la encuentre uno de pronto, sin previa planificación. Lo que cuenta es saber hacer frente y desarrollar las defensas apropiadas. Sin convertirse, claro está, en el tradicional sabio autárquico, aislado en su propia perfección, apto sólo para comunicarse con un reducido número de personalidades selectas. Juan Antonio, que tanto entendía de soledades patológicas, supo encontrar para la suya, soledad normal del hombre normal, formas diferentes y superiores de comunicarse privilegiadamente con los demás, en su doble condición de médico y escritor.

7

importancia de la vida social

«EN la vida social estaba como el pez en el agua.» Lo afirma sin rodeos Josechu, su amigo de toda la vida:

> Pero quiero que quede muy claro que de ninguna manera era superficial ni frívolo. No creo serlo yo tampoco. Coincidíamos en todo lo fundamental de esta vida. Cuando se murió, perdí una de esas pocas personas con las que yo he podido cambiar impresiones a fondo. Teníamos una escala de valores muy parecida, nos interesaban las mismas cosas. Él, muy inclinado a la vida social, cosa que a mí no me ha interesado nunca. No creo que se le pueda designar como presumido intrascendente. Su estética le llevaba a una forma de hablar, vestir, moverse o escribir consecuente con sus valores.
>
> Sólo una vez le vi poner mala cara. En una consulta pública, según me contó, un sujeto le soltó, de buenas a primeras, algo así: en cuanto esto dé la vuelta (ya estaba Franco bastante enfermo), a usted se le va a caer el pelo. Juan Antonio debió reaccionar en espejo, en directo, y contestó: Estás en un error; yo seré, por lo menos, comisario, y tú seguirás siendo un desgraciado. Es la única salida rápida que a mí,

en él, me pareció impropia. El individuo en cuestión era, no lo dudo, un rematado imbécil, pero un señor nunca contesta en espejo a un imbécil. Es la única vez que, al contármelo él, Juan Antonio y yo nos hemos puesto recíprocamente mala cara, a pesar de lo que nos queríamos. El incidente, al recordarlo, me hace a Juan Antonio más humano. Te lo cuento porque me has dicho que no quieres escribir ni un panegírico ni una crítica desmitificadora de esas que ahora se estilan.

Del guateque a los campos de tenis, de golf y de polo

El guateque, cortés reunión juvenil donde se merienda y baila, es toda una institución social en la media y alta burguesía española, desde los primeros años de la década del cuarenta hasta los últimos de la del sesenta. Hoy nos parece ñoña, mojigata, reprimida y muy pasada de moda tal forma de pasar el rato. Cumplía una función muy necesaria para los adolescentes de la época. El *pub,* la «discoteca» y la libertad de costumbres de hoy eran impensables, además de inexistentes. A los jóvenes destacados en ese medio se les llamaba entonces «flor de guateque». Resultaba, sin duda, cursi, pero de buena educación. En modo alguno correspondía esta fiesta casera de las familias burguesas a la etimología del vocablo. En efecto, «guateque» es voz caribe que se aplica a reuniones de gentualla, según el Espasa. Y «gentualla», para la Real Academia, es «la gente más despreciable de la plebe». Ha sido cuestión de tiempo que el guateque volviera a sus orígenes lingüísticos. A finales de la década de los sesenta se inicia el lenguaje «cheli» y se canta con acento suburbano aquello de «Saca el güisqui, Cheli, para el personal, que vamos a jaser un guateque». El lenguaje tomado del hampa, de la prostitución homosexual y del creciente mundo de la droga, se lleva el guateque a otro mundo.

En la España de los años cuarenta, Juan Antonio aprende a bailar, aleccionado por dos vecinas suyas, de la familia Miláns del Bosch. De paso, según ha contado, se enamora primero de una y luego de la otra. El hermano de ellas, Álvaro, le enseñó a elegir corbatas y combinar el vestuario. Pasada la torpeza inicial, refiere a José Luis Olaizola que no tardó en convertirse en un esnob, con la única preocupación de que le invitasen a todos los guateques y a salir en las fotos correspondientes de las revistas que se ocupaban de publicar «ecos de sociedad».

María Elena Covarrubias, esposa de Fernando Andréu y asistente social, por oposición, en el Patronato Nacional de Asistencia Psiquiátrica, se halla vinculada por tradición familiar a la aristocracia española. Coincide desde los años cincuenta en reuniones sociales con Juan Antonio. Evoca con precisión al psiquiatra, de veinticinco años, que juega con ella al tenis y alterna con grupos de amigos comunes. El Madrid de los años cincuenta lo han descrito Luis Martín Santos, Juan Benet, Francisco Umbral, cada uno a su manera. María Elena, en su versión, incluye un intento juanantoniano de recrear en los años noventa un guateque de los tiempos juveniles. Para ello, un año antes de su muerte, concentra un grupo de amigos de varias décadas atrás en su finca «El Mercachón». La casa mereció el premio de una bienal por su mérito arquitectónico. Tiene un gran salón para escuchar música, y allí quiso reunir a los amigos para bailar con canciones de treinta años atrás.

* * *

¿Qué significación tiene el tenis en la vida de Juan Antonio? Es preciso ver que el juego nunca es sólo juego. Ni la vida social es sólo vida social. Para los teóricos de la raqueta, este deporte tiene unas bases científicas cuyo conocimiento permite resolver los problemas de cada partido. La victoria será siempre para el jugador más inteligente. Como en el ajedrez, no debe iniciarse ninguna jugada sin tener idea clara de lo que se persigue con ella y de lo que hará el adversario. Existen estrategias ofensivas y defensivas que requieren el análisis del otro jugador y, especialmente, de sus puntos flacos. Máxima concentración mental, evitación de distracciones. Este juego anda entre lo esforzado y lo elegante, muy apto para expresar el estilo individual.

Según cuenta María Elena:

> Como tenista no era extraordinario, pero tampoco, salvo excepciones, lo éramos los demás del grupo. Nos reuníamos en casa de Micaela, hija de los marqueses de Casa Valdés, en la calle de Serrano, y allí jugábamos al tenis y hacíamos vida social. Fue de muy buen gusto y muy de su estilo aquella fiesta organizada por Juan Antonio para recrear el mismo ambiente tantos años después.

En los años cincuenta, el tenis era marcadamente elitista. Mediada la mañana, los médicos posgraduados, vestidos de traje y alma gris, con la corbata reglamentaria, interrumpíamos con disimulo nuestras tareas clínicas en la cátedra de Psiquiatría para ver salir a Juan Antonio con atuendo deportivo, raqueta bajo el brazo. En la puerta, le aguardaba la hija del profesor Ugo Cerletti, inventor del electrochoque. Era una bella romana, veinteañera, alta y decidida, de mandíbula prominente y cuerpo atlético grácil. Vestía camiseta de tenista y falda blanca, muy corta para la época y para nosotros, nibelungos y chibichungos todos; aquello nos producía una moderada descarga eléctrica, que sería exagerado calificar de choque terapéutico.

El tenis, indudablemente, es un deporte muy completo, capaz de gratificar esa pirámide de necesidades que ascienden desde las de movimiento y acción hasta las de realización social y personal. Vueltos a nuestras historias clínicas, frente al paciente humilde, con boina rural, escuchando sus miserias y penas, imaginábamos a la hija del profesor italiano, saltando airosa, en el club Puerta de Hierro, que ninguno habíamos pisado, aunque sabíamos dónde estaba. Para Juan Antonio, la cosa no tenía mayor importancia, acostumbrado a jugar al tenis con jovencitas esbeltas de la alta sociedad. Los ayudantes de la cátedra vivíamos en pensiones; nuestras amigas universitarias, en residencias de monjas. No practicaban deportes; de estatura media, se nos ponían rellenitas por comer tartas de nata y bombones. No eran como la *signorina* Cerletti.

* * *

El golf debió venir después en la evolución de los intereses de Juan Antonio. En los años sesenta se consideraba este deporte muy necesario para todo médico madrileño de cierto nivel de vida. Aprendían, de los hombres de negocios, el arte de la vida mundana, combinado con operaciones interesantes. Los médicos internistas recomendaban el golf a sus pacientes, coincidían con ellos en el *green* y entablaban relaciones con gentes de mundo, clientes potenciales, así como con especialistas de otras áreas de la medicina. Se creaban vínculos de amistad y de intereses comunes. Es bien sabido que los psiquiatras evitan —o procuran evitar— los encuentros en la vida social con sus enfermos, de por sí apartadizos, en general. Se logra mejor con los de clase media y modesta. En los niveles más altos, los pacientes no sólo no rehúyen al alienista, sino que tienden a envolverlo con artimañas sutiles. Juan Antonio ha descrito en forma divertida cómo se las arreglan los magnates y aristócratas para invitar a comer a su psiquiatra y «darle la comida», convirtiendo el ágape en consulta más o menos disimulada y además sin pagar.

«Ese peligro llamado golf» es el título de un artículo que publicó, en el año 1988, en *Mediterranean Magazine.* Se trata de un deporte de privilegiados, dígase lo que se diga. Para la burguesía, no es uno más de sus «discretos encantos», en lenguaje de Buñuel, sino encanto plenamente indiscreto, y hasta escandaloso, cuando el jugador se pasea por el centro de su ciudad con la bolsa y los palos en día laborable y horas de oficina. Juan Antonio refleja, como «observador participante», esa mala conciencia de los privilegiados a quienes, a ratos, atormentan los escrúpulos. Médicos y pacientes de la alta burguesía racionalizan su dedicación al golf, ensalzando sus propiedades anti-estrés. No está del todo probado que sea tan bueno, pero, con seguridad, tampoco es tan peligroso como medio en broma afirma Juan Antonio. El artículo de 1988 permite interpretar que ya pasó hace tiempo su sarampión de golf y que se halla en la etapa de elaborar intelectualmetne el abandono de un *hobby* por otro. Sea como sea, asegura que nunca recomendó su práctica a los pacientes psíquicos. ¿Por qué? Viene ahora una de sus más típicas fantasías creativas humorísticas: No tendría sentido recomendarlo a los depresivos, porque, de tan mustios, no tendrían ganas de jugar; ni a los esquizofrénicos, porque se comerían la bola; ni a los paranoicos, por desconfiar de las tramas de los demás; ni a los que tienen fobia a los espacios abiertos, porque temblarían al ver el campo; ni a los histéricos, porque, con su afición a gritar y llamar la atención, perturbarían ese silencio que forma parte del rito de un deporte que requiere gran concentración.

¿Cuándo comienza y en qué fecha termina la etapa de «pasión golfística»? Está claro que la crítica de 1988 contiene elementos jocososos, irónicos, sobre el lenguaje de los jugadores y se mofa de su psicología. Pero a la vez hace gala de saber un montón de todo ello y peca —sí, peca— de vanidosa exhibición de conocimientos especializados. Alguien le contagiaría, estaba en el ambiente de las profesiones liberales de los años sesenta. No se juega al golf si no hay buenos campos. Madrid y sobre todo Sotogrande debieron ser los hornos donde se coció su fiebre.

En julio de 1969, en la revista *Golf,* firma un extenso artículo, ilustrado por un dibujo de Fernando Zóbel, que constituye un verdadero reportaje sobre el campeonato de España de cuarta categoría. Psiquiatra fundamentalmente, parece una historia clínica del acontecimiento. Analiza en primer lugar la situación psicológica inicial de los participantes, estudia los cambios de actitud en el primer día de campeonato, rinde homenaje a los más destacados, señala los procesos de identificación con los triunfadores y termina, para explicar la fragilidad de los triunfos, con un «ocaso de los dioses» en obligadas alusiones a la música de Wagner, que tanto oyó, a su pesar, en el hogar paterno. En tono de humor y destinado a un público reducido de escogidos amigos, entre los cuales se autoincluye en una foto de grupo, el artículo ilustra una época de goce indudable obtenido con la práctica del deporte.

De nuevo en la revista de la Federación Española de Golf publica en abril de 1970 la crónica de una competición denominada «Copa para todos», celebrada en Sotogrande por Pascua. En ella define con frase feliz «el plácido mundo del golf». Escribe para un grupo de amigos, con afectuosas bromas y alusiones que sólo captarían los propios interesados, pero, dentro de ese espíritu de club, con mentalidad de «los felices pocos», late una sincera afición por el juego, quizá con elementos infantiles. No sería justo dejar pasar tal pasión golfística como intrascendente. Nada en su vida era intrascendente.

Si, al leer la historia de su vida, no entendemos el motivo de unos años dedicados al golf con empeño, convendría leer el libro de un hombre verdaderamente culto, Benito Pérez: *Ensayo lírico sobre el golf; poema del caddie,* publicado en marzo de 1985. No era Juan Antonio hombre inclinado a escribir versos, pero algunos de éstos podrían ser suyos:

«No bebo ni fumo, sólo / el zumo del alba bebo / cuando el césped se recubre / con la escarcha del invierno. / Yo sé medir las distancias / y le guardo gran respeto / a la bola que no alcanza / la meta de mi proyecto. / Nací aprendiendo a jugar, / pero aprendí a jugar viendo / y me hice jugador / oyendo y dando consejos. / De asistente o acompañante / —entre ambición y desvelo— en el golf pasé de caddie / a profesional del juego.»

Benito Pérez, poeta del Sur, afirma que para jugar al golf hay que tener pulso de artista, temple de torero, andar esperanzadamente, siempre pensando, mirar, remirar, medir y aquilatar. Así se llega a ser maestro de la meditación, de la luz, de la longitud y del tiempo. Las etapas de ese camino se adivinan en algunos cuadros al óleo pintados por Juan Antonio. A la sombra del Peñón de Gibraltar, el campo sureño se limita y circunscribe. Las normas encuadran la aparente libertad de un campo vestido de verde brillante. De vez en cuando, la mancha de arena, el búnker, donde la bola se hunde para desesperación de inexpertos.

* * *

¿Y el polo? Jugar al polo fue, probablemente, aventura más que sarampión. Con más peligro que el golf. En el libro *Color en un mundo gris* se reproduce un artículo publicado en la revista *Extrísimo*. Se titula «Los caballos de polo y el vocabulario de sus jinetes». El contenido y el tono permite suponer que ya está de vuelta, en cierto modo, de esta nueva pasión deportiva y no por descontento, sino porque el polo puede acompañarse de una nota de violencia, incompatible con el talante de Juan Antonio. María Elena Covarrubias asegura que sufrió caídas y al parecer rotura de costillas, «pero no era mal polista». Para María Elena no era posible que hiciera mal ninguna cosa.

La del polo es vocación tardía. Parece que en Sotogrande llegó a ser buen jugador. El diario *Informaciones* de Madrid publica, con fecha 6 de abril de 1970, una foto del torneo de polo. El pie, algo extenso, a manera de una crónica resumida, dice así:

> Sotogrande, 6.—Con gran expectación entre los aficionados de la Costa del Sol, se han celebrado, a lo largo de dos jornadas, los encuentros de polo entre los equipos de Puerta de Hierro y Sotogrande. En el primer día, el juego fue espectacular por la extraordinaria velocidad mantenida por ambos equipos a lo largo de los cuatro partidos. Se adelantó en el marcador el conjunto de Sotogrande, más coordinado y con mejores monturas, llegando a ponerse cinco a uno al terminar el segundo tiempo. El equipo de Puerta de Hierro hizo un gran esfuerzo en los dos últimos, destacando la actuación de Pedro Domecq Urquijo. Se llegó a la final con el resultado de cinco a tres a favor de Sotogrande.
>
> En la segunda jornada se celebró la final sobre un campo resbaladizo por la lluvia, lo cual suponía dificultades y peligros añadidos a los normales de este deporte. Sin embargo,

> los equipos jugaron con idéntica velocidad que en el anterior torneo. Puerta de Hierro, mejor conjuntado que el primer día, se lanzó a fondo desde el comienzo, consiguiendo adelantarse en el marcador. En el segundo tiempo, el jugador Mora-Figueroa sufrió un mazazo en la muñeca derecha, que menguó la eficacia de su pegada en el resto del partido, que finalizó con un cinco a tres a favor del Puerta de Hierro, y formaban los equipos: PUERTA DE HIERRO: Pedro Domecq Urquijo, Enrique Godoy, Mariano Olozábal y Juan Vallejo-Nágera. SOTOGRANDE: Conde de la Maza, Ramón Mora-Figueroa, Miguel Domecq y Peter Hall.

Por otro lado, en la revista *Área* fechada el 6 de enero de 1971, aparece una fotografía relativa al campeonato de polo en Sotogrande. Se reconoce a un jinete con el casco en la mano derecha, ataviado como corresponde. El pie de la foto reza: «Juan Vallejo, del equipo de Puerta de Hierro, que sorprendió dentro de su hándicap cero, con una fácil montura y mejor pegada de la bola, llegando a armonizar perfectamente con sus compañeros de equipo en el torneo de Navidad celebrado en Sotogrande.»

No se improvisa un jugador de polo. Larga y muy especial preparación requieren el jinete y su cabalgadura. Sin resultar tan complicado como el rejoneo, el caballo debe acostumbrarse a las normas de juego, no asustarse de los golpes que en lugar de dar en la bola van a parar a su cabeza o a las patas. Encontronazos, choques, empujones, están a la orden del día y pueden afectar tanto al jugador como a su montura. Las partidas se juegan entre dos equipos de cuatro jinetes. Una hora efectiva consta de tres sesiones o «asaltos» de veinte minutos, con dos intervalos de cinco minutos para cambiar de caballo. Cada jugador debería tener previstos no ya tres, sino cuatro o cinco caballos bien entrenados, de los cuales es muy fácil que alguno resulte lesionado.

Juan Antonio, polista, tuvo necesidad de aprender la dura disciplina de un deporte que se originó entre oficiales del arma de Caballería. Sería un error dejarse llevar de protagonismos fuera de lugar. La victoria corresponde al equipo mejor conjuntado. La personalidad individual luce en la medida en que se compenetre con el espíritu del conjunto. En cada equipo, según el número asignado, el jugador tiene una misión específica. El 1 es el delantero, explorador y contrario del número 4 del equipo rival. El 2 se opone al 3 adversario. El 3, mediano, ayuda al 2 y 4 del propio equipo. El puesto zaguero, el más importante, el del capitán, que corresponde al número 4, es el de máxima actividad defensiva y ofensiva.

Si el tenis y el golf fueron elitistas antes de su actual «aristodemocratización», el juego del polo es el más elitista de todos los que practicó Juan Antonio, el más difícil y arriesgado. Es bueno señalar que no hizo nunca mal papel, por más que en su artículo se dedique a resaltar lo mal hablados que son los jugadores en plena rivalidad, a más de lo mal hablados que serían, si pudieran, los caballos.

Tertulias

Siempre estuvo muy dotado para la conversación y el coloquio. En aquel Madrid de los guateques se hizo notar muy pronto el fuerte encanto de su personalidad. Era natural que no tardase en tener admiradoras. Su amiga de aquellos tiempos María Elena Covarrubias, con un aire muy sosegado, describe un Juan Antonio que no difería mucho de los demás amigos en el porte, lenguaje o aficiones. En cuanto al temperamento y carácter, no lo recuerda ni tímido ni avasallador. Discreto, se podría decir. María Elena sonríe de pronto:

> Algunas pasiones levantaba entre las chicas. Más de una se enamoró intensamente de él. Pero, la verdad, casi gustaba más a nuestras madres. Una amiga llegó a chocarnos porque contaba por todas partes que estaba perdidamente loca por Juan Antonio. Él, años más tarde, admitió que aquello fue un amor de juventud, dentro de las normas y cauces de aquella época tan morigerada. No tuvo nada de conquistador, se dejaba querer y le debió halagar saber que gustaba, pero sin estridencias. Él nunca perdió la cabeza por motivos amorosos. Ella, sí, al menos en aquella época, y no pretendía ocultarlo.
>
> Volviendo al tema de la vida social, Juan Antonio era un estupendo conversador, animaba mucho las cenas de amigos. Creo que en eso ha ido a más, conforme han pasado los años. Pero cenar, lo que se dice cenar, le importaba poco. Nunca creo que fuese un *gourmet* y bien que lo siento, porque a mí me ha gustado mucho cocinar y tengo a medias un libro que nunca veo terminado. Me gustaría titularlo algo así

como *Duerma mientras guisa*. Tengo la idea de que durante la noche se pueden dejar programadas muchas cosas y luego matizar y añadir los toques personales. El libro lo comencé hace casi treinta años; las pausas van siendo algo largas.

Juan Antonio participó de nuestras reuniones en la Cofradía de la Buena Mesa y presumió inicialmente de entender del asunto. La verdad es que en alguna entrevista, creo que en *ABC*, le preguntaron por su bebida favorita y dijo el agua; y el plato mejor, la tortilla de patatas. Nuestra cofradía se reúne una vez al mes; organizamos viajes gastronómicos y confeccionamos guías de establecimientos. Juan Antonio asistió a unas cuantas reuniones, pero no demostró demasiado interés; él mismo comprendió que debía dejar el puesto a otro, porque se trata de un *numerus clausus*. Quiso que viniera otra persona que disfrutara más de la comida, porque a él le daba igual. Ha sido el primero y único en darse de baja en la cofradía. Dentro de ella nunca habló de comida. Llegada la ocasión, hablaba de toros con Gregorio Marañón y con otros cofrades, grandes aficionados a la Fiesta Brava. Comer, en sentido estricto, no era una fiesta para él, aunque disfrutaba mucho estando con los amigos.

En la vida social contaba con buenas amistades, pero no demasiadas, en el ambiente verdaderamente mundano, en contra de lo que algunos puedan creer. Y siempre dentro de una atmósfera de muy buenas costumbres y de tono conservador, Vicky, su esposa, era igual que él para eso. En Sotogrande Vicky mandó vestirse no sé si hasta con bufanda, pero sí muy decente, a una señorita que apareció por allí en *topless*. Y Juan Antonio estuvo muy de acuerdo.

Hacía mucha vida social porque desplegaba una actividad increíble en las veinticuatro horas del día. Realizaba muchas más cosas que el resto de la gente y por eso tenía tiempo para la vida social. Le interesaban mucho las personas y, metido en sociedad, disfrutaba. Le encantaba cambiar de ambientes y de países, intercambiar experiencias, observar y aprender en los viajes propios y en los relatos de los demás.

Tenía una facilidad enorme para conectar con gentes de otras culturas y otros idiomas. Vicky le secundaba muy bien, sabía tener calma frente a tanta actividad. Juan Antonio preparaba viajes y reuniones y ella le escuchaba tricotando. Nadie ha tricotado tan oportunamente como Vicky. Era una mujer mucho más casera y dedicada a sus hijos que él.

Lula y Alberto, marqueses de Buenaesperanza, conocen muy bien la vida social de Juan Antonio en los veranos de Sotogrande, durante muchos años. Yo traté de cerca a los

Vallejo muy a última hora, porque compraron una finca al lado de la nuestra. La cena de Navidad, la de la Misa del Gallo, la teníamos con ellos. Y teníamos también una comida de primero de año.

En *Color en un mundo gris,* el doctor Vallejo-Nágera opina sobre la comida con arte refinado, y cita, un poco de pasada, la Cofradía de María Elena Covarrubias. Pero es indudable que los banquetes eran para él tertulia ante todo, ocasión de disertar.

Existe una anécdota muy significativa. Una vez al año, los frailes de San Juan de Dios organizan una comida por todo lo alto. Invitan a los médicos que han tenido relación con sus establecimientos asistenciales. Tuve frente a mí a Juan Antonio y a un doctor que nunca salió de la mediocridad. Nada más comenzar a llenarse las copas, mientras llegaba el primer plato, Juan Antonio inició una espléndida charla sobre las clases de vinos, champañas y cavas: «Conviene saber cuáles deben servirse fríos y cuáles muy fríos. Las cosechas son algo que nadie debe ignorar. Por ejemplo, este champagne francés que estamos bebiendo, cuya cosecha calcularemos ahora, demuestra un grado de evolución adecuado, sin la acidez que tanto perturba, sin la...»

Palideció Juan Antonio. El doctor gris, tantos años oscurecido en su papel secundario, se irguió en el asiento y lo miró cejijunto, muy serio: «¡Es sidra!» Una vez en la vida, cada profesional oscuro da un grito de afirmación del Yo. Nunca más. Sólo un grito en la vida. Por eso sale tan contundente, tan cargado de razón y de viejos posos amargos y burbujeantes. El pretendido champaña francés era sidra asturiana. No cabía la menor duda. Sabido es que el más vulgar de los hechos puede destruir la más bellas de las teorías. Se hizo un raro minuto de silencio. Pero no pasó nada absolutamente. Juan Antonio retomó el hilo, con humor, con respeto a la verdad y a la sidra. Al momento nos olvidamos del incidente. De nuevo estábamos prendidos en el agradable tono de su voz y en las historietas que nos contaba.

¿Hombre de tertulia? Habría que distinguir por un lado, la de reducido número, en casa de amigos, reunión totalmente privada. Por otro lado, las tertulias a las que le invitaban en radio y televisión. Para Fernando Andréu, que estaba presente en las primeras y procuraba no perderse la escucha de las otras, Juan Antonio era un conversador excepcional, con un atractivo tal que enmudecía al resto de los contertulios.

Sólo hablaba él, por deseo sincero de todos los demás. Prototipo de hombre renacentista, como tantas veces se ha dicho, se esforzaba en hablar poco de psiquiatría; evitaba cargar las tintas en su campo específico para pasear por la literatura, la historia y la actualidad de la vida cotidiana. En cualquier reunión que estuviera él, nadie abría la boca. Todos estaban encantados de oírle. Nadie deseaba tomar la palabra; era todo lo contrario de un pelmazo.

En las tertulias de la radio, sin embargo, se le veía, en cierto modo, un poco fuera de su ambiente. Había emisoras en que verdaderamente no podía expresar lo que sentía. Incluso algunos escritores la emprendían a palos con él. Algún hombre de pluma muy famoso lo tomó como un rival, una especie de intruso, y se ensañó con él. Algunos escritores "profesionales" tendían a maltratarlo en público, como si el psiquiatra presumiese de escritor para oscurecerlos a ellos. Juan Antonio, en el fondo, no presumía de nada, si bien presumía, superficialmente, de todo. De jugar al tenis, al golf, al polo, de torear bien, de lo que fuese. En aquellas tertulias públicas sólo decía cosas agradables hacia los escritores profesionales, expresiones muy consideradas, llenas de admiración y de respeto. Y ellos, a cambio, le atizaban tremendos varapalos. En tertulias públicas podía sentar mal, no tanto él, sino sus opiniones o actitudes. Era, para lo que hoy se lleva, demasiado "carca". De costumbres, más que de ideología. Podría ser un cristiano liberal. Su ideal en muchos aspectos es don Gregorio Marañón, a quien imita en lo de escribir prólogos, dar conferencias, explorar áreas de la historia, literatura, biografía y arte. Y en el regusto por la palabra. Era, en el mejor de los sentidos, un redomado "causeur".

En público, tanto como en privado, las ordinarieces y procacidades que ahora están a la orden del día, procuraba frenarlas. Lo realizaba con mucho tacto, pero así y todo, eso no gustaba a quienes le rodeaban.

A veces, ante los micrófonos o las cámaras, le exigían pronunciarse sobre temas que a él no le agradaba tratar, sin matices, frente a un público heterogéneo y desconocido: aborto, eutanasia, drogas, por ejemplo. Él era, desde todo punto de vista, católico, apostólico y romano. Si se pronunciaba, rompía la atmósfera de la tertulia que siempre, para él, resultaba demasiado progresista. Era abierto, pero no le gustaba descender a ciertos temas o hurgar en determinadas miserias humanas. Debía pensar, como Cervantes, que ciertas cosas no deben ser contadas y otras no son para decirlas.

Fernando Andréu evoca de manera singular un recuerdo muy preciso:

> Estaba ya sentenciado cuando Jesús Hermida le llamó a su emisora de televisión. Un hermano mío sacerdote dijo que en ese cuarto de hora Juan Antonio logró para muchas almas confusas o apartadas de la vida religiosa, resultados más positivos y fundamentales que muchos predicadores a lo largo de toda una vida.
>
> Lo suyo era la tertulia en privado. La conversación en casa era de verdad admirable. Disfrutábamos todos con él. Nosotros hemos pasado juntos algunos años la Navidad, la Noche Vieja y los primeros días del año. Yo no sé si él paró de hablar, pero nosotros no estábamos fatigados de oírle en ningún momento.

Hablar de política le producía especial aversión. Pero no podía evitar que le preguntasen entre otros temas de actualidad su opinión sobre la personalidad de los hombres políticos en candelero. Un buen ejemplo de su actitud se refleja en la entrevista de Luis del Olmo. Carece de soluciones contra el paro; no cree que de tenerlas, le hiciera caso el Gobierno. ¿Qué si están locos? «No, pero pueden estar turbados en su ánimo, apasionados, envanecidos con un espacio de pequeño delirio de grandeza que, sin perturbarles, les deforma la percepción, sobre todo de sí mismos y de su propia importancia.»

La amabilidad de Luis del Olmo y de su entrevistado deja, gentilmente, el asunto en «pequeño delirio de grandeza», como si los delirios de grandeza pudieran ser pequeños. No se calla Juan Antonio a la hora de denunciar la acción perturbadora de personajes mediocres, que califica como politiquillos de grado intermedio, a los que, sin saberse por qué, los medios de difusión conceden espacio desmedido. No cree, como psiquiatra, que se puedan curar en la consulta. Tampoco cree que se pueda curar España. En este punto se pone grave, por debajo del tono elegante de ironía. A España no hay tiempo de ponerla en el diván, está para ir de urgencia a la Unidad de Cuidados Intensivos. Algo parecido estima que le sucede a la familia tradicional española. Su disolución se ha facilitado constamente en los medios de difusión, con resultados dañinos. Esta promoción de lo destructivo y de lo abyecto le parece signo de la última época que vivimos.

Cuando Luis del Olmo lleva la conversación a la política de las autonomías, el entrevistado toma el olivo. Salta la barrera y deja el ruedo para quien quiera entrar al trapo. Allá ellos, los políticos escurridizos y sibilinos. Allá sus desgraciados votantes y paisanos. No quisiera ser ministro de los de ahora, aunque soñó una noche con ello «cuando ser ministro era muy importante». Ya ha dicho bastante. Y añade, por si fuera necesario mayor claridad: «Detesto la política, por cuanto exige manipular a los hombres y dejar lealtades en la estacada.»

Como médico está acostumbrado a volcarse sobre individuos y afirma que no sirve para actuar sobre colectividades. En este punto no tiene razón del todo. Juan Antonio, tal vez sin proponérselo en profundidad, ha ejercido sobre la sociedad española una inmensa labor social, educadora, formadora en valores humanos. Exactamente lo que tanto han denostado los seudeoprogresistas. El mensaje reconfortante juanantoniano, a través de conferencias, y sobre todo a través de la radio y de la televisión, ha sido de tolerancia, de humor comprensivo, de buen gusto, de respeto a valores humanos tradicionales. El pueblo español se lo ha agradecido de muchas maneras. Su inmensa popularidad se debe a esta permanente tarea tanto como a la de llevar orientación sensata, consuelo y esperanza a los enfermos psíquicos. Le preguntan por España como paciente. En un programa radiofónico de la COPE, el 23 de enero de 1985, dice que no hay tiempo ya para practicar el psicoanálisis de España en un diván. Como paciente, España está muy mal, debe ser llevada fuera del despacho a toda prisa. Y a su manera, se la lleva a la UVI de verdad. Se convierte en el médico de urgencia, el hermano y el consejero de lo que, para él y para algunos más, queda de España. Y ese resto de esa España le responde plenamente.

8

el placer estético

EL nacimiento del arte en la historia de la humanidad es asunto inquietante, al igual que la necesidad de lo bello, tanto en las colectividades como en el individuo. En la vida de Juan Antonio, el refinado sentimiento estético de la música constituye adquisición tardía. Gran tentación, imaginar canciones de cuna maragatas y asturianas en su niñez. Mayor aún, suponerlas transmitidas a través de generaciones de madres, nodrizas y abuelas. Una tentación a la que es preciso resistir, para no fantasear, desde las nubes, sobre las cumbres y simas del inconsciente colectivo.

La voz de la madre, de reconocida dulzura, y la de una niñera, venida de las brañas, evoca melodías primigenias. Montes con vida y ríos rumorosos de la verde Asturias facilitan las fantasías que tanto necesitamos para suponer un estadio previo, receptivo, al encanto de la música. Los páramos pardos y resecos de Castilla la Vieja, tierra del padre, apenas permiten oír, como disparos, la voz del grajo, la picaza o el cuervo, cuyo graznido, que no canto, es corto, enjuto, yermo.

La música

¿Cuáles pudieron ser los tempranos arrullos, las *berceuses* de la primera infancia? Alejandro, el hermano admirado y temido, no se anda con rodeos: «Canciones de cuna, ninguna. Lo primero que se oyó en casa, desde muy pequeños, era el repertorio nacionalsocialista que nos enseñaba la *fraülein*. Una alemana cuadrada, que nos ponía firmes. Lo que nos enseñaba lo sabemos perfectamente de memoria todos los hermanos.» Alejandro se incorpora en el asiento, saca el tórax, ensancha el ademán y expele con la boca abierta: «Ich hat eine Kameraden...» Pero, hombre, Alejandro, alguna canción asturiana recordarás. «¿Recordar? La más dulce se titula: *¡Bombas contra Inglaterra!*» Se levanta, imita el redoblar de tambores y, tras la caja de truenos, entona el himno de la Luftwafe. Me mira muy serio, no hay manera de saber si socarrón o dolorido. «Si quieres, sé otra.» Y canta con voz profunda, grave, viril: «¡Deutschland, Deutschland, über alles, über alles in der Welt!»

Don Antonio era el más wagneriano de los wagnerianos. De aquellas reuniones de los domingos para escuchar la trilogía huían los hijos como alma que lleva el diablo. Juan Antonio descubre la música, ya de mayor, en los años de alumno universitario, merced al ejemplo de amigos selectos. El ritual de los conciertos matinales llevaba anejo el conocer personas de finos modales. ¿Empezó asistiendo sólo por eso? En todas sus aficiones, nos quedaremos siempre con la duda del papel jugado por el esnobismo. En todo caso, se convierte en asistente a los conciertos.

Más adelante, debido a la edad, la madurez o la pereza, prefiere la música en su casa o en la de amigos como Josechu Sanz de Diego, o Fernando y María Elena Covarrubias de Andréu. Durante años peregrinó por ciudades centroeuropeas para oír música en las iglesias. Se mezclaba en la masa de turistas de Viena, Munich y Salzburgo. Ha contado en *Color en un mundo gris* las salidas apresuradas los domingos por la mañana, de una misa a otra, para escuchar el órgano con acordes de Haydn, de Mozart o de Tomás Luis de Victoria. Agradece al canto gregoriano, capaz de conmover agnósticos, que le guíe su alma, por caminos recoletos, hacia las regiones más elevadas del espíritu en la esfera del sentimiento religioso.

Josechu comenta:

> Al Real íbamos un día y a la Nacional al siguiente. Yo dejé de ir en los años ochenta porque no había donde aparcar. Y también porque a los gerentes de las dos salas les entró la manía de promocionar música contemporánea española. Y a mí los compositores de ahora no me interesan en absoluto. Juan Antonio abandonó los conciertos dos o tres años antes. Él prefería Mozart a Bach, pero con poca diferencia. De Wagner, ídolo del padre, te diré que no era su fuerte. A veces decía bromas cáusticas sobre el wagnerismo.
>
> Cuando yo lo reencontré, al cabo de los años, metido en el ambiente de los conciertos, él tenía muy poca idea de música. Le preguntaba a Begoña, mi mujer: «¿Qué tal ha estado la versión? Es que yo tengo muy mala oreja, ya sabes.» Era impresionante ver cómo se fue metiendo en el ambiente y lo bien que se defendió en un tiempo muy corto.
>
> Le gustaba cada vez más la música. Puede que al principio jugara algún papel lo de verse allí, en candelero, entre otros aficionados melómanos. Al entrar y al salir hacíamos tertulia con el organista Amezúa, con el profesor Botella, ginecólogo; con Jaime Drake, y con Antonio Gorostiaga, el violinista que se murió hace unos años, hermano de la pianista Ana María. Sé que tú conociste a los dos cuando estudiabais en París.
>
> Al decidirse a oír música en casa, quiso tener el equipo más perfecto posible. Vicky me contó que cuando se convenció de que el mío era mejor, abandonó la pretensión de «mojarme la oreja». A su casa de Santiago Bernabéu llegaba ruido del exterior. En la mía de General Arando disfruto de más calma. Te confieso que ni los técnicos más expertos controlan todos los detalles de la acústica ideal.

* * *

La dialéctica Mozart-Bach ocupa una parte significativa de la evolución de la personalidad en Juan Antonio. Mozart se convierte en el amigo y compañero de muchas veladas, de muchas horas de soledad, tal vez poco confesada. Es el compositor con quien ha logrado mayor contacto espiritual. Bach es otra cosa. En las dos últimas décadas de su vida, piensa en la muerte con frecuencia. Le obsesiona una cantata de Bach y desearía oírla en el momento de su muerte. Comienza con las palabras «Ich habe genuch», «Ya he tenido bastante». Llegado el momento, los amigos que hemos rezado por él, en aquella habitación convertida en capilla ardiente, escuchábamos esa cantata, por cierto con el volumen bastante elevado.

La encuadernación

Como encuadernador prestigioso, le hicieron muchas entrevistas. No toda su riqueza en libros encuadernados es obra suya. Está mezclada con lo que encargaba. Pero aprendió la artesanía, el oficio, y fue, sobre esos pilares, un artista señalado.

Entre los artículos que recorta de los periódicos, destacan los de don Emilio Brugalla en *La Vanguardia* sobre el respeto que infunde el arte de encuadernar. Juan Antonio hubiera firmado tales aseveraciones. Los procedimientos de Mantegna, Durero, Holbein, son conjunción de los mundos del pensamiento y del arte. Compartía con los grandes maestros la pasión por el libro encuadernado con majestad. No escapó a sus ojos el dato de que allá por 1902, el catálogo de la biblioteca del vizconde de la Crox Laval se confeccionó por un orden alfabético de encuadernadores y no de autores. A solas, no puede contener el impulso, comprensible, de subrayar, con lápiz rojo, palabras del señor Brugalla, que se refieren a él mismo:

> En la actualidad destaca como aficionado el joven doctor Juan A. Vallejo-Nágera, espíritu sensible a toda manifestación artística. La elevada labor de pensamiento y de la ciencia médica que con tanto prestigido ejerce, no desdeña el placer y la tortura del trabajo manual. La pasión por el arte de encuadernar le permitió dominar los pequeños hierros y ruedas, las planchas románticas y el mosaico, elementos estos con los que, sirviéndose de la clara de huevo y el oro en panes, decora con reciedumbre sus mejores libros. Los ratos de ocio que se permite, los reparte entre damasquinar el cuero y el cultivo de la pintura naïf, en cuyo arte ha logrado también robustez y estilo. Los muros de su salón los tiene tapizados con los petos y espaldares de sus propias encuadernaciones, puestas de frente unas al lado de las otras. Sus tonalidades,

cuidadosamente armonizadas, alternan graciosamente con la variedad de tonos y estilos de libros que forman la base de su colección.

Ante Marino Gómez-Santos, se confiesa discípulo de los artistas Recht, fallecido en accidente de automóvil; de Antolín Palomino, de Mercedes Belaúnde y de César Paumard. Explica, con lenguaje de experto, procedimientos de dorado, aplicación del hierro, gofrado y mosaico. Describe los estilos y gustos de todas las épocas, desde las mudéjares que florecen en España entre los siglos XIII y XVIII hasta las modas francesas posteriores. Varios años ha entregado con pasión a leer libros sobre este arte y ejercitarlo. Hasta que una nueva pasión, la pintura, reemplaza las horas libres del médico con vocación de artista.

La pintura

Josechu Sanz de Diego asiste a los primeros pasos de Juan Antonio como pintor: «Al principio no tenía mucha idea. Pero le gustaba y aprendió. No le salían los óvalos y se ayudaba de plantillas de cartón. Me enseñó sus trucos en los días que pasamos juntos en Sotogrande. Pintores en su familia no tenía; aprendió a apreciar el arte gracias a Fernando Zóbel, pariente político. Cuando viajaban juntos por los pueblos, se detenían para contemplar fachadas, colores de casas antiguas, detalles que a otros les pasan inadvertidos. Conoció a Picasso y a Dalí. Del primero admiraba tanto al artista inteligente y culto como al hombre de mundo.»

Un lugar ideal para hablar de pintura es el palacio de Esperanza Ridruejo, en el Madrid de los Austrias. En los salones, entelados y amueblados con gusto, hay firmas prestigiosas. Reparo en el sorprendente retrato de doña Gertrudis Gómez de Avellaneda, pintado por Madrazo. No puedo por menos, tras saludar a Esperanza, de comentar el bozo que oscurece el labio superior de doña Gertrudis. Esperanza es un prodigio de cortesía. Pausada y dulce, asegura: «No es un bozo, es bigote. La poetisa Gómez de Avellaneda era mujer bigotuda.» Lo dice con naturalidad, con la estética complacencia que en una artista produce tan acertadísimo sombreado. Entre pintores, el mostacho de una escritora no debe ser motivo para buscarle tres pies al gato:

Vallejo nos aconsejó comprar, en Sotogrande, una casa al lado de la suya. Lo hicimos, con ilusión de ser vecinos, pero coincidimos en los dos últimos veranos de su vida. ¿Cuándo empezó a pintar? No sé... yo tengo su primer dibujo, era como chino, como japonés, una palmerita. Hacia 1955, aún solteros los dos, me lo regaló. Fue lo primero que pintó. Dijo que yo también podría pintar. Me dio más tarde un cuadro que representaba un salón de mi actual casa, antes de que yo la comprase. El pintor Gerardo Rueda influyó en él; tenían mucha amistad. Pero fue más importante en eso su primo político Fernando Zóbel. Juan Antonio le ayudó en lo del museo de Cuenca. A mi modo de ver, era un psiquiatra con vertiente de intelectual y de conferenciante; un investigador de temas históricos y, sobre todo, un hombre con una dimensión artística muy grande, que se expresa tanto en la pintura como en la encuadernación.

* * *

Los críticos de arte se ocupan de él. A. M. Campos, en *ABC* (sábado 8 de febrero de 1975), dice que su pintura es una crónica de la intimidad, con pormenorizado amor de primitivo, que sería frío si no prevaleciera la espontaneidad y sencillez característica de los primitivos, tan ingenuos como poco pueriles. Carlos Areán, en *Noticias Médicas* (7 de julio de 1974), lo elogia como encuadernador, antes que como pintor, por sus viejos tafiletes, los hierros sueltos, las paletas finísimas y las ruedas para contracantos. Encuaderna o hace encuadernar y crea un museo de bibliofilia para sus amigos. Comienza a pintar a los cuarenta y dos años de edad, autodidacta, sin experiencia previa. No es ingenuo. Conoce la historia del arte y la crítica de arte. Vive en un mundo traspasado de cultura. Desde el segundo semestre de 1974, inicia una nueva etapa de mayor empaste, más densidad de color, con presencia de figura humana. Sus pinturas representan «una exaltación de la cordialidad y del amor, de la hermosura de la naturaleza y del sustrato último de una cultura que ha dejado de ser erudición aprendida para convertirse en vivencia continuada». Para el crítico, la pintura de Vallejo tiene además una función pedagógica y terapéutica. Nos cura de nuestra irritabilidad y de nuestras tensiones, sin inducirnos a blandenguerías, con pleno conocimiento de objetivos y de medios.

* * *

Esperanza Ridruejo sitúa la pintura de Juan Antonio donde corresponde en el conjunto de sus recuerdos:

> A su padre lo conocí cuando yo era enfermera de la Cruz Roja en la consulta de nervios. No me gustó la tristeza y sufrimiento que allí vi. Debía ser por el año 1952. La fuerza física y moral de don Antonio era extraordinaria. Su instalación musical para oír a Wagner la hizo un señor llamado Polo. Puso altavoces en todas las habitaciones para que retumbasen las oberturas de las óperas. Polo nos hizo la instalación en Sotogrande por recomendación vallejiana. Desde mi tiempo de soltera, la familia Vallejo me quería mucho. Don Antonio y Lolina eran muy religiosos y nos llevaban a las misas del padre Laburu en la capilla de una familia amiga.
>
> Juan Antonio ha sido el mejor amigo que he tenido. Las cosas que dice de mí, en sus libros sobre pintura, son muy hermosas. En Roma coincidimos algunas veces y le ilusionaba ver que yo exponía cuadros. Me decía que yo no era naïf. Conoció a Vicky al mismo tiempo que yo a mi marido, los dos filipinos. Todo son coincidencias. Nos casamos en 1957 y nos hicimos novios, las dos parejas, un año antes. Elegimos el mismo día para casarnos, el 24 de junio de 1957. Él, porque era su santo, y yo porque mi padre, el año anterior, por esos días, recuperó la vista después de una grave enfermedad. Juan Antonio quiso que le cediéramos la fecha, para no coincidir, pero en seguida admitió mi punto de vista: «Tus razones son más poderosas que las mías; cásate tú el 24 y así podré asistir a tu boda.» Ellos se casaron el 26.
>
> Jugué al golf con él en Puerta de Hierro; luego en Sotogrande y en Los Monteros. Era bueno, sin ser excelente. Como en el tenis, que tanto le gustaba de soltero. Coincidíamos en Marbella cuando toreaban Dominguín y Ordóñez. Su amigo era Luis Miguel, desde muy joven. La invitación del torero para que viajasen a Cannes Alejandro y Juan Antonio, fue el primer paréntesis en aquella vida de tanto esfuerzo. Yo creo que los padres le exigían mucho; esperaban demasiado de él en los estudios.
>
> Cuando le dio por los toros, no sé hasta qué grado era un aficionado profundo, pero sé que toreaba. ¿En Vista Alegre, en la plaza de toros? Eso no lo sabía yo. ¿Y dices que le aplaudieron? No me extraña nada. Nació para que en todas partes le aplaudieran. Como con sus libros, que tuvieron tanto éxito. *Mishima* me encantó. Me regaló el libro diciendo que creía que era el mejor de los suyos. Los que escribió sobre

José Bonaparte tuvieron gran repercusión, pero no son tan profundos. El Japón le deslumbraba. El Oriente nos ha deslumbrado a él y a mí, mucho, pero sin que dejásemos de ser, él y yo, radicalmente españoles.

* * *

Habría que pedir permiso a Juan Antonio para que desde un diván asociara en voz alta ideas en torno a su pintura. Sin posibilidad de tal cosa, no es lícito atribuirle al subconsciente motivaciones imposibles de demostrar. El psicoanálisis de un pintor podría, sin embargo, ayudarnos a conjeturar, entre otras cosas, el porqué de ciertos temas y la evitación de otros. Pintó muchos floreros y pocos retratos. La figura humana no abunda en su producción. En cambio, intenta ser animalista. Paisajes, pocos y semiurbanos: campos de golf o de polo, donde el verde prado tiene límites impuestos por normas inapelables. La primera explicación, la más cómoda, es que el estilo naïf, el uso de plantillas y otros recursos son remedios para la inexperiencia. Un modo de irse a lo fácil. Busca láminas con modelos de animales, no para copiarlos del todo, pero sí para apoyarse como punto de partida. Salvo los gatos, por algo era gatuno, los bichos le salen un tanto disecados. Se le resistió en especial la vaca lechera, la de pelaje jabonero claro, casi albahío. Se empeñó en terminar el cuadro, lo enmarcó y lo colgó en la pared. Era una vaca desgarbada poco airosa, ignorante y torpona. ¿Querría simbolizar la Administración del Estado? El académico Dámaso Alonso habla del Destino como de una bestia gris, burriciega, que da topazos y destroza lo más valioso. Caben otras hipótesis interpretativas. Juan Antonio describe en forma humorística un amor imposible, zoófilo. En su libro *Vallejo y yo* refiere que a los cinco años de edad se enamoró en Avilés y a primera vista de una vaca paisana. Existen bellísimos y dulces ejemplares dignos de ser amados en las manadas de *vaques asturianes.* Resulta inaudito y de mal gusto que los técnicos del Mercado Común les faltaran al respeto en cierta ocasión infausta en que las acusaron de perezosas, por producir menos leche que las de otros países. La amada de Vallejo niño era rubia, con inmensos ojos dulces ribeteados de negro. Se miraron y surgió el flechazo. Se rifaba el animal. ¿Tocaráme la ternerina? Tocaráte, niñín, tocaráte, pero *meyor* pídeselo a la Virgen. Y tocóle, pero por haber extraviado el papelín al lavarle el pantalón, perdióse la ocasión de continuar el amor correspondido con la ternerina. Años más tarde, un venezolano rico, conocedor de la historieta, regalóle otra. Pasados los minutos del espejismo inicial, la realidad se impuso. No era «ella»; esta pisoteaba las flores, dejaba residuos impresentables en el jardín, era desmañada. Darse cuenta de que no se puede amar a destiempo debió ser una experiencia melancólica para Juan Antonio.

Como biógrafo y conocedor de la anécdota, publicada primero en *Blanco y Negro* en el año 1988, me hallaba predispuesto a sufrir una insensata pasión de signo parecido. Ha sucedido un atardecer de agosto de 1992 en Otur, muy cerca de Luarca. Mi discretísimo amigo Gúmer Galván fue testigo silencioso. En un cercado había varias de ellas. *Guapes vaques,* como todas las que nacen en aquellos privilegiados prados, al pie de altas montañas y a un paso de la playa. Una de ellas, blanca y rosada, la más joven del grupo, me miró con ojos muy redondos. Estaba asustada pero no huía. Se oyó llamar vaquina guapina y sonrió, sí, sonrió, púdica. Era el arquetipo Eva, pero adolescente y todavía circunspecta. Seguimos paseando prado abajo, yo hablándole y ella, mientras pisaba suavemente la hierba, mirando como solamente miran en Asturias. Gúmer nos observaba desde lejos, sin querer entristecernos, comprendiendo que ella era demasiado joven. Al anciano Goethe le sucedió algo así, con el debido respeto, cuando en Marienbad se enamoró de la angelical Ulrica Levetzow, de diecisiete años; él tenía sólo setenta y tres, le traía flores del campo y un día pidió su mano. La señorita Levetzow rogó esperar hasta que fuesen los dos un poco mayores. Mi amigo Gúmer Galván debió pensar que la vaquina de Otur diría eso mismo al llegar al fin de la cerca, pero no dijo nada. Ya no jadeaba, respiraba tranquila; en su andar había tristura y enorme comprensión.

La cabeza baja y los ojos también, como Ulrica. Nos quedamos quietos y nos estuvimos despidiendo largo rato con la vista. Al día siguiente, por la carretera de Santander, camino de Rioseco, hablamos de la elegía de Marienbad, de los amores imposibles y del cuadro que Vallejo se empeñó en terminar y enmarcar, ya muy a destiempo, de su primer amor en Avilés.

* * *

Las plantas y flores atrajeron a Juan Antonio desde que comenzó a pintar. Suele admitirse que los cuadros florales alivian el ánimo; hacen olvidar preocupaciones en mayor medida que otros géneros pictóricos. Los vegetales, a diferencia del retrato, no nos plantean el enigma de la vida humana. Tampoco nos pierden en ensoñaciones sin fronteras, como el paisaje puro. El pintor de flores tiene algo de jardinero, de botánico, de coleccionista. Suele ser un observador minucioso, de mirada aristocrática, con gusto refinado de decorador. Salvo el que quiere o el que puede ver en las flores un estallido de vida y se embriaga de colores puros, en abandono total de sí mismo.

En Juan Antonio predomina la contención. El jarrón recibe concienzudo tratamiento, considerado como norma controladora del orden que deben mantener los tallos y el ramo floral en conjunto. En el Renacimiento, flores y frutas abundan en telas llamadas «naturalezas muertas». Bajo este tremendo término, la flor es ya otra cosa. Deja de oler a campo, a pureza, pierde su fragancia juvenil y femenina. No se marchita del todo, pero deja de ser elemento principal del cuadro. Ya no es la diosa o amante enardecida, arrastrada por su propia pasión a perecer en muy corto tiempo. La flor, como elemento secundario en un cuadro decorativo, admite ser estudiada. Podemos reconocer su estructura simétrica, radiada unas veces, bilateral otras, o de un solo plano. Las cannáceas son asimétricas, pero las más difundidas en la naturaleza son las del grupo primero y tercero.

Sería tentador describir simbología y «personalidad» de las principales flores: rosa, clavel, tulipán, gladiolo, camelia, orquídea, pensamiento y margarita, por ejemplo. ¿Cuál sería su afinidad con el artista que las prefiere? Las composiciones vallejianas, como las del francés Odilon Redon, que vivió entre 1840 y 1916, armonizan los matices con regusto de miniaturista oriental. Juan Antonio se deja llevar menos que Redon por los tonos cálidos. Malvas, verdes pálidos, amarillos suaves o tonos castaños, quedan moderados por una atmósfera en que el gris juega su papel frenador de veleidades.

No se deja arrastrar el pintor Vallejo por llamaradas fogosas de color puro y violento. Mete las flores en su florero y se dispone a sombrear el jarrón que las contiene, cuidando bien de dar brillos y reflejos en el lugar oportuno. Estabilidad y orden en la composición; no se saldrán, no se caerán las flores, no pesará demasiado el ramillete sobre el soporte. No quedará mal colocado ni en peligro de caer el búcaro. Quizá, artistas de temperamento impetuoso olviden que el recipiente puede emprender por su cuenta un baile o deslizarse, subrepticio, hacia el borde de la mesa. Él, no.

Los doctores Luis Martín Santos y Juan Antonio Vallejo-Nágera Botas

Primera lección de cátedra del profesor López-Ibor. Madrid, 14 de octubre de 1960

AL MERITO SANITARIO

S. E. el Jefe del Estado

Se ha dignado conceder a V. E. por Decreto de 18 de julio de 1969 el ingreso en la Orden Civil de Sanidad con la categoría de Gran Cruz, por haber justificado, con arreglo a lo establecido en el Decreto orgánico de 27 de julio de 1943, merecer por los servicios prestados y méritos en ellos adquiridos, el ingreso en dicha Orden.

Y en consecuencia ordena se expida el presente Diploma el cual, una vez tomada razón del mismo por la Dirección General de Sanidad, le autoriza al uso de las insignias correspondientes y al disfrute de los honores y distinciones de los demás componentes de la Orden Civil de Sanidad de igual categoría.

Confiando que por las cualidades que le distinguen, ha de esmerarse en contribuir al mayor prestigio de la misma.

Madrid, 9-10-1969

Tomé Razón
El Director General de Sanidad

Expedido Diploma de ingreso en la Orden Civil de Sanidad con la categoría de Gran Cruz a favor del Excmo. Sr. Don Juan Antonio Vallejo-Nájera Botas

Registrado en esta Cancillería con el número 946 del folio 56

Congreso Mundial de Psiquiatría. Madrid, 1966. De izquierda a derecha, doctores Carbonell Masiá, Aliño Testor, Alberca Lorente, Rojas Ballesteros, Escudero Valverde, Vallejo-Nágera Botas, Llavero y Forcada Calvo. En el extremo de la foto, los doctores Paul Sivadon y Henri Ey

La Gran Cruz de Sanidad, al doctor Vallejo-Nágera Botas

Juan Antonio, hipersociable

Con Antonio Mingote

Juan Antonio con Amparito Rivelles, Fernando Fernán-Gómez y Fernando Díaz-Plaja

Los encantos del micrófono

El tenis, pasión duradera

Polo, vocación tardía

Elitismo y pasión del golf

Tauromaquia de dos primeros espadas: Juan Antonio Vallejo-Nágera
y Carlos Castilla del Pino

Encuadernación y pintura. Juan Antonio tituló este cuadro: *Lo malo es que nunca aquí hay tiempo para leer*

Dibujo de la primera época

Dialéctica del jarrón y la flor

Sotogrande; mitad paisaje, mitad campo de golf

Gato maligno, 1974. Hubo de ser retirado de la sala de espera, porque la mirada del lince producía temor a los pacientes

Preparado para el viaje, alarmante título premonitorio, pintado en 1989

Libros de un médico escritor

Libros de un escritor humanista

Presentación de *Historia Ilustrada de la Tauromaquia,* el 5 de mayo de 1989 en la Biblioteca Nacional: de izquierda a derecha. Ángel Luis *Bienvenida,* Fernando Claramunt, Miguel Ángel Gimeno, Juan Antonio Vallejo-Nágera y Ricardo López de Uralde

Según su hermano José Ignacio, la señora Higashitani le enseñó el arte del Kakemono o Kakejiku en el Kinin datami (Sala para distinguidos). Japón, verano de 1989

En la finca «El Mercachón», 1 de noviembre de 1989. De izquierda a derecha José Ignacio, Juan Antonio, Vicky, y las hijas de José Ignacio, Patricia y Rocío. Le quedan cuatro meses

El último gato. Un emisario inquietante de otra realidad

9

el impulso de escribir

EL impulso de escribir no pertenece a la categoría de los *hobbies;* nada de entretenimiento superficial o pasajero. Brota, como las pasiones, de las honduras de la personalidad, aguijoneado por motivaciones confusas y múltiples. Sentido de la responsabilidad del intelectual sumido en una sociedad masificada, inquietudes éticas y estéticas, soledad del escritor, necesidad de ser escuchado y hallar una relación privilegiada autor-lector, escape y compensación de frustraciones cotidianas, angustias íntimas de toda naturaleza, deseo de no morir del todo, culto al yo; todo eso y más, impele a escribir.

¿De qué habla Juan Antonio y para quién? Busca lo sencillo y evita lo vulgar. Se dirige a un público selecto, pero no complicado. Sin pedantería ni oscuridad pseudointelectual. Expresarse con llaneza era su aspiración. La conciencia de una cierta misión terapéutica y pedagógica no le abandona nunca del todo. Le interesa la sociedad, la historia, las peculiaridades culturales de los pueblos que visita. Sin dejar de ser hombre de formación científica, sigue cada vez más los caminos del arte.

Inevitablemente, se le plantean los consabidos dilemas: el arte por el arte o concebido para la educación de las masas. Escribir como expresión de sí mismo o como intento de salvación, para no asfixiarse en el seno de la red consumista. Considera con realismo el inevitable conflicto entre la exquisitez del espíritu y el negocio editorial. Sólo Juan Ramón Jiménez fue capaz de dedicar su obra «a la inmensa minoría». ¿Deben los más selectos de la elite, a la que pertenece, pactar con la chabacanería imperante?

Galería de retratos egregios

Se siente atraído por personalidades egregias, es decir, fuera de la grey, superiores a la mediocridad rebañiega. Semblanzas y biografías breves corresponden a personajes que llevan algo del propio Juan Antonio. El secreto de las afinidades tiene que ver con avatares de las identificaciones afectivas y de las frustraciones precoces, con todo lo que él es o le hubiera gustado ser. Juan Antonio halla gentes sólidas o frágiles que despiertan en lo más recóndito de su alma un eco. Sobre ellas escribe.

A medida que el niño introyecta las imágenes de los padres, se llena de preceptos. El Yo obedecerá al Superyó por miedo al castigo. El Ideal del Yo somete al Yo solamente a través del amor. Es decir, logramos desarrollar el Superyó, base de la futura conciencia moral merced de la interiorización de poderes temibles. Pero adquirimos el «Ideal del Yo» merced a imágenes de objetos amados. Actuamos por miedo o por deseo de complacer a la autoridad, de acuerdo con lo que creemos que ella espera de nosotros.

Se puede asegurar que Juan Antonio tenía un Superyó severo, por fortuna equilibrado con un gran sentido del humor, óptimo sentido lúdico de la vida, y capacidad de divertirse sanamente. Su hermano Alejandro estaría de acuerdo en este punto, añadiendo, de su cosecha, que le faltó saber divertirse aún más.

¿Por qué escribía semblanzas? Al leer la vida de alguien, hallamos un rasgo de carácter que despierta en nosotros emociones de nuestra propia vida. A veces se trata de algo que nos gustaría haber vivido no sólo en fantasías. En uno y otro caso nos identificamos parcialmente con el personaje en cuestión. A partir de ahí, se inicia el vínculo. Luego, estudiándolo cada vez mejor, se mete uno en el personaje. O el personaje se cuela dentro de nosotros.

Juan Antonio autorizaría que dijéramos que en sus vidas contadas palpitan partículas de sí mismo, completamente auténticas, tanto las queridas como las rechazadas. Lectores más perspicaces podrán conjeturar con menos margen de error lo que haya de Yo Ideal o de Ideal del Yo, tanto como de temores ocultos y de repudios violentos. Son muchos personajes los que le han interesado y muy variados. Cada lector, para su coleto, imagine lo que quiera, que para eso el autor se confiesa a solas con él.

Los retratos escritos se hallan en dos libros fundamentales. El primero, *Concierto para instrumentos desafinados,* trata de locos de manicomio. Aire de bufones velazqueños, negruras de desesperación goyesca, truculencias a lo Solana, lívidas luces zuloaguescas. Sobre infelices tontilocos de pueblo, brillos y oscuridades de tremendismo literario. Los enfermos están contemplados desde la óptica de un director de manicomio, joven y bien vestido, con hermosa dentadura, limpio y perfumado. Ellos, los de abajo, saludan quitándose la boina desteñida, abren una parduzca boca, sin dientes, y ríen. En el patio del manicomio, sentados semidesnudos sobre la escarcha, se cubren con los andrajos de aquella España de la inmediata posguerra. Por exhalar olores inmundos, sólo se les puede entrevistar al aire libre. Huelen a deyecciones, a intentos de desinfección. Desde cerca, se les oye chascar las uñas negras al aplastar pulgas, piojos y chinches. Puede que tengan el alma hermosa debajo de la piel áspera, mordida por la pelagra y por la falta de alimentos apropiados, pero su visión espanta.

De tan bien escrito y documental que resulta este *Concierto,* queda en el aire, para quien olió de veras los patios de los manicomios, una desolada tristeza. ¿La borrarán las nuevas plantillas de personal auxiliar, coordinadas por nutridos equipos de psiquiatras? ¿Lograrán estos laicos, rousseaunianos, de las comunidades autónomas lo que no consiguieron, en las sufridas provincias de entonces, el señor director y la reverenda madre superiora, apoyados en el electrochoque, la caridad, el amor cristiano y los discursos del señor diputado visitador de hospitales? La tan mentada greña jacobina suprime el crucifijo del despacho de la dirección. Está por ver si acaba con el desamparo y la desesperanza del enfermo de manicomio. Tal vez no sea cuestión de greñas. Psiquiatras barbados y descreídos de hoy disponen de más medios que aquellos tan mondos y píos, más rezadores en público que en privado, de hace cuarenta y tantos años.

Otro libro clave es *Locos egregios,* inspirado en el de su padre, que lleva el mismo título. Los personajes transmigrados desde el viejo texto son tratados con más flexibilidad. Doña Juana, reina de Aragón y de Castilla, es un revuelo de paños negros, salidos del cuadro histórico de Pradilla. Don Felipe el Hermoso, se nos arrebata de ardores amatorios. ¿Por qué Juan Antonio, tan comedido, se deja impresionar por el impulsivo príncipe que se salta el protocolo nupcial? El himeneo, a ciertos jóvenes de noble sangre, cuesta la razón o la vida. Otro príncipe, don Juan, a la vista de la archiduquesa Margarita, se comporta más tartamudo que nunca, pero como contrapartida, como un corzo en celo, se nos muere en pocos meses agotado por los excesos del amor. «A nadie le está dado un tal dulce fin», comenta estremecido el biógrafo. Este príncipe, dos veces Don Juan, muere de amores colmados. Su hermana doña Juana, se consume por todo lo contrario. Le esperan muchos años de severo encierro en Tordesillas. Juan Antonio siente predilección y enorme piedad por esta reina infeliz que, a última hora, añade a los sufrimientos morales, los del cuerpo. Se le ulceran las piernas, hace tiempo edematosas. Las llagas son tremendas, se infectan, provocan fiebre, vómitos; doña Juana grita día y noche. De este modo le llega, al fin, la muerte. Cuando el médico escribe «al fin», parece, compasivamente, administrar un sedante poderoso a la reina, que nunca recibió en vida bálsamo eficaz para su mal de amor y de celos.

El capítulo sobre Robert Schumann, pretexto para una bellísima exploración del alma, revela el interés, demasiado controlado, por la música del romanticismo. A diferencia de su padre, se inclina por el clasicismo de Mozart y de Bach, así como por los italianos barrocos. Los románticos, salvo en esta espléndida patografía, no están nunca en primer plano.

Del pintor Van Gogh revisa la extensa bibliografía sobre su enfermedad, que tantos diagnósticos recibió. Juan Antonio no se conforma, a diferencia de su señor padre, con despachar al genial holandés en pocas líneas.

Santiago Rusiñol, más egregio que loco, acude a este libro procedente del anterior. Viene envuelto en flores, las que pintó en vida y las que le arrojan durante el larguísimo entierro en tierras castellanas y catalanas. Juan Antonio menciona, quién sabe si por motivos que le tocaban muy de cerca, los homenajes al cadáver, símbolo del cese definitivo de un amor a la belleza pocas veces igualado. El miedo al dolor físico les vincula. Bienvenidos los sedantes que lo alivien. Desterremos la imagen negativa de la enfermedad alcohólica. Era de los que beben a menudo y a fondo; rico en dinero y amigos. No es un solitario, ebrio por oscuros motivos, sino un refinado captador, lúdico y apasionado, de la belleza. ¡Qué cerca están los dos hombres en este aspecto! Y aún más cuando uno y otro pintan, porque sienten que esa es una forma de amar.

Goya, en manos don Antonio, era un tipo irritable, obseso de amor y celos por culpa de una duquesa; vive atormentado por las alucinaciones de un probable brote esquizofrénico, además de estar sordo como una tapia. No había por donde cogerlo. Sin embargo, en esta segunda versión, no pasamos de «supuesta psicosis». Se admira el biógrafo de la envidiable agilidad mental del anciano, agobiado por la vivencia de la muerte inminente. ¿Era preciso recordar a otros pintores como Tiziano y Hokusai, acuciados de la misma prisa sublimadora, a punto de morir? Juan Antonio parece predecir su propio final.

> ... esta sensación de estar compitiendo en una carrera desesperada con la muerte inevitable, la necesidad de llegar antes a una cierta etapa de la creación, hace ir tirando por la borda el lastre inútil y entorpecedor de lo accesorio.

El Goya más juanantoniano es el sentenciado sin remedio: «pese a su proverbial mal genio y las disforias irritables, disfruta, en alas de la ilusión creadora, de momentos de gozo hasta el final». El pintor escribe en la última carta que, de tanta alegría, se ha sentido un poco indispuesto. Juan Antonio sintió el mismo gozo creador con el último libro. Indispuestos, aunque no ligeramente, pintor y biógrafo, llegado el momento, se van a la cama para esperar la muerte.

El escultor Benvenuto Cellini tal vez le fascinó por ser uno de los mayores fabuladores que hayan existido. Por otro lado, la relación, de coloso a coloso, entre Cellini y Miguel Ángel, puede, por analogía, parecerse, salvando distancias, a la que mantuvo su propio padre con el otro gran psiquiatra de la época. La especulación arbitraria, con amor y humor, sin ir demasiado lejos, no debe molestar a nadie. «*Se non é vero, é ben trovato.*» Otro motivo para recordar al *signor* Benvenuto, es el ansia del escultor a la hora de figurar en el «quién es quien» de su tiempo, el libro de Vassari, precursor de los *best-sellers*. Todavía otra razón: el refinamiento en las pompas fúnebres en honor de Miguel Ángel. Participó en el comité de artistas para la preparación del catafalco. Cuando, a su vez, Cellini sea el muerto, asistirá, en calidad de cadáver egregio, a muy solemnes honras fúnebres. Juan Antonio recrea magistralmente el suntuario marco de las exequias por el *signor* Benvenuto Cellini.

Embarazoso en verdad es preguntarse por qué dos capítulos dedicados a los «castrati». Demasiadas palabras en el prólogo para justificar su inclusión. Describe con admiración el caso de Farinelli, «castrado divino». La vulgar mayoría de lectores masculinos prefiere ser menos divina y más completa en su propia virilidad, aun a costa de no sobresalir en el *bel canto*. ¿Qué demonios internos llevan a hurgar en los entresijos psíquicos de estos que, con ironía distanciadora, califica como «sonoros emasculados», «eunucos canoros» y «capones melódicos»?

Le intrigan las reacciones que tales artistas despiertan en Cristina de Suecia, el papa Alejandro VII, Napoleón, Schopenhauer o Goethe. Para contentar a los reyes de Madrid, vienen Farinelli, socialmente casto, y el cantante Cafarelli, que realizó conquistas femeninas con cierto escándalo. Juan Antonio quiere enlazar todo aquello con el comportamiento del público de hoy: «Todo aficionado a la ópera ha podido captar cómo los auditorios masculinos actuales se enamoriscan preferentemente de las mezzosopranos, encargadas hoy, en curiosa inversión del travestismo originario, de los papeles antes destinados a los castrados.»

Es más fácil conjeturar por qué acuden otros locos egregios a su pluma. Pudo sentir admiración ante Caravaggio, plebeyo de origen y luego Caballero de Gracia de la Soberana Orden de Malta. Era, además de gran pintor, buen jugador de pelota, no mal espadachín y daba singular viveza a las escenas de martirio de los santos. Juan Antonio tuvo siempre en su hogar cuadros muy expresivos de religiosidad funeraria o francamente macabra. Las calidades de su sadismo y masoquismo elevan a Caravaggio a la categoría de pintor inquietante para cualquier psiquiatra.

Pietro Aretino tal vez figura en las páginas de Juan Antonio por su capacidad de «relaciones públicas». Es un astuto escritor que orienta su pluma como aguja magnética hacia manantiales de oro. Si no comercializa todo lo que escribe o dice de palabra, le falta muy poco. Se trata de uno de los primeros hombres de letras que logra cuantiosa fortuna por su actividad literaria, bien autopromocionada.

Abderramán III acude por su penetrante comentario: tras cincuenta años de reinado, con riquezas, honores y placeres a sus pies, sólo ha logrado ser feliz catorce días en toda su vida. Tan notable estadística se sigue del consejo de no poner anhelos en el mundo terreno.

La imagen de Nijinsky permanece en el libro como ejemplo del desmantelamiento que la esquizofrenia puede producir en una mente genial. Pero hay otra razón personal. El bailarín ruso había interesado a don Antonio, que lo vio actuar. Su hijo se pregunta el motivo:

> Siempre me extrañó que este viejo castellano, típico exponente de la austeridad de su raza, tuviese entre las antiguas postales de sopranos wagnerianas obesas de su Bayreuth juvenil, una gran foto de Nijinsky, precisamente del Espectro de la Rosa. Qué hacía entre sus recuerdos preferidos aquel individuo ostentosamente afeminado; no me atrevía a preguntárselo de niño, y luego lo olvidé.

Tan curiosa amnesia juanantoniana se cura en una de las últimas conversaciones que tiene con su padre, precisamente a propósito de Nureiev. Don Antonio sentencia: el nuevo bailarín es un intérprete de excepción. Pero Nijinsky era el genio creador.

A punto de salir de este fundamental libro, encontramos los capítulos sobre Hitler y Rudolf Hess. El tratamiento de los representantes del nazismo demuestra talento para la asepsia ideológica. De Adolfo Hitler asegura: «No existe persona de nuestro siglo que haya sido más intensamente amada y odiada con más vehemencia (ambas cosas con justificado motivo) por mayor número de personas. Su figura excepcional sigue siendo en gran parte un enigma.»

La supuesta paranoia de Hitler ha sido estudiada por psiquiatras de muy diversa orientación científica. A Juan Antonio le interesa resaltar en el personaje rasgos tales como el certero instinto publicitario, los planes del propio mausoleo (otro tema juanantoniano: la fama póstuma, la imagen que ofrecer a sus seguidores en la posvida); el desdén hacia sus principales rivales. El último aspecto se resalta con términos que más parecen del coronel médico don Antonio: Roosevelt no pasa de ser un judío fullero casado con una mujer negroide de media casta. Churchill es un cerdo indisciplinado, borracho ocho horas de cada veinticuatro. Únicamente Stalin tiene hombría y talla para medirse con Hitler como rival.

El diagnóstico constituye en este caso un verdadero galimatías de términos técnicos. El psiquiatra debería aclararlo. Analiza los componentes histéricos de la personalidad del Führer; tiene en cuenta las ideas deliroides de predestinación y mesianismo, la identificación con Jesucristo y las alusiones a una voz interior inspiradora. Relaciona el antisemitismo del dictador con la hipótesis de un cuarterón de sangre judía, tan del gusto de los psicoanalistas hebreos emigrados a Estados Unidos. Puede que averiguar la verdad sea muy difícil; lo importante es que el propio Hitler creyera en tal posibilidad y emprendiese minuciosas investigaciones secretas. La atribución al Führer de supuestas anormalidades en la vida sexual, es considerada en esta semblanza con templado interés, que se amplía a la desgraciada vida y muerte de las escasas amantes del dictador.

Juan Antonio reconoce la dificultad de abarcar la bibliografía especializada. Sólo en 1975, existen ya más de 2.800 libros; constata el fenómeno psicológico y social de la «Hitler-manía» y la «Hitler-nostalgia»; él mismo peregrina a la «Kehlsteinhaus» y espera el turno para subir a la casita de verano en la cumbre que domina Berchtesgaden: «Las mismas personas que detestan racionalmente la figura del dictador quedan prendidas en una extraña fascinación por su persona.» ¿Con qué rasgos de personalidad nos quedamos?

De la prolija enumeración que tantos han señalado seleccionemos: impaciencia, voluntad, habilidad diplomática, vanidad, egocentrismo y tendencia a monólogos interminables, que serían, por afinidad y en pequeño grado, rasgos algo juanantonianos.

¿Los componentes opuestos no vienen a cuento? Olvidémoslos. Los biógrafos siempre ceden a la tendencia de simplificar; es preciso escoger unos datos y minimizar otros. Parece inevitable. El trampolín para el protagonismo histórico de Hitler fue su condición de orador sin par. Hablar en público con brillantez es algo que Juan Antonio admira; vibra cuando ve un auditorio electrizado, capaz de creer o hacer lo que el que habla desee que hagan.

El psiquiatra, metido a historiador, siente la atracción morbosa del dramatismo de los últimos minutos en el búnker: «... mientras caen granadas rusas en derredor, un puñado de hombres desolados ocultan apresuradamente los chamuscados restos malolientes bajo unos escombros.» Recoge lo que tantas veces se ha contado y lo cuenta otra vez de una manera cervantina, realista. Don Antonio, más quijotesco que cervantino, habría recurrido a su mejor talante épico para evocar un crepúsculo wagneriano, una cabalgada de walkirias enloquecidas hacia los abismos de la desesperación. La radio de Berlín, que transmitía noticias en aquella primavera de 1945, interrumpió sus informaciones y, tras unos compases de Wagner, con los más lúgubres acordes de *El crepúsculo de los dioses,* anunció la muerte de Hitler. Don Antonio, con toda seguridad, encontró apropiado y suficiente ese modo de dar la noticia.

A su hijo le cuadra mejor la descripción realista del fin de una vida; le preocupa que la tierra porosa absorba gran parte de la gasolina destinada a la pira funeraria, con lo cual la combustión será incompleta. El realismo juanantoniano es equilibrado. Menciona el temblor parkinsoniano que impide al dictador usar la pistola; Eva Braun la toma para acortar el deselance. Sobre la mesa, junto a la pistola y las cápsulas de ácido prúsico, hay un jarrón con rosas.

A continuación, consecuente con su templado equilibrio, analiza Juan Antonio la locura de Rudolf Hess. Es natural que el pueblo inglés, sometido a duro racionamiento, se indigne al saber que el prisionero cena pollo con vino blanco. Churchill da órdenes para que nadie pueda ver el menor matiz romántico ni aventurero en el lugarteniente de Hitler, que, para terminar una guerra inútil y sangrienta, se lanza en paracaídas sobre el país enemigo. A Rudolf Hess sólo le escucharán personajes secundarios, oficiales y funcionarios muy por debajo de su rango. Esta relegación a la insignificancia, subráyese, es el mayor ultraje a un paranoico.

Juan Antonio termina sus consideraciones con profundo respeto y, quizá, con muy grave ironía.

* * *

Para el gran público, el médico-escritor se convierte en un escritor que además es médico, a partir de la concesión del Premio Planeta en 1985 por su libro *Yo, el rey,* casi una biografía novelada de José Bonaparte, que los editores califican como novela. Los críticos literarios habrán dicho todo lo que proceda desde su punto de vista. Un lector que no pertenezca al gran público, ni se deslumbre con los *best-sellers,* puede buscar, aparte de calidades artísticas, las afinidades psicológicas entre el personaje y el autor. ¿Nos conformamos con las explicaciones externas? ¿Qué hay de autobiográfico en las páginas de *Yo, el rey?*

Admira en la familia Bonaparte «el buró de propaganda, una de sus más sutiles invenciones». De Napoleón, la cualidad que más le asombra es la capacidad de fascinar y seducir a individuos, príncipes, multitudes plebeyas y naciones enteras. Es un primogénito que ejerce, de paso, la seducción sobre los propios hermanos.

El rey Carlos IV de España se levanta a las cinco de la mañana, como el padre del autor. Bromea familiarmente con los palafreneros, «es la tertulia que prefiere», y se entretiene en talleres de tareas manuales, ebanistería y marquetería. Si, además, encuadernase libros sería el mismísimo Juan Antonio. También le da por los relojes y la música. Y por la puntualidad. Tiene un asombroso horario que le permite dedicar sólo sesenta minutos a las tareas del trono y de la familia, para emplear el resto del día en sus particulares gustos. Al rey José, demasiado bueno en opinión de su hermano el Emperador, le falta ambición para llegar a lo más alto. Las mismas palabras que un catedrático veterano diría a un joven prometedor, pero sin deseos de ser, a su vez, catedrático.

La residencia de Fernando VII en Valençay tiene algo de corte y mucho de jaula pajarera. Talleyrand se esfuerza en entretener al augusto personaje. La enseña la biblioteca y fracasa. Fernando no tiene el vicio francés de leer, aprender y presumir de ello. Sin afanes intelectuales, no le interesan los libros, ni siquiera por fuera. Le ha mostrado lujosas ediciones, bellos grabados, encuadernaciones de bibliófilo. El gusto por las hermosas ediciones reaparece al final de *Yo, el rey,* cuando José Bonaparte se hospeda en la casa de campo que tiene, en Chamartín, el duque del Infantado. El monarca observa los volúmenes preciosamente encuadernados, los tapices, los cuadros, como lo haría Juan Antonio. El autor y sus personajes se autocalifican de expertos en la evaluación de objetos artísticos.

Hacia la mitad del libro se va imponiendo un canto general al pueblo llano español, a lo mejor de su aristocracia y a sus clases ilustradas. Página a página se afianza el valor de los guerrilleros, su patriotismo, el combate heroico contra los invasores. Juan Antonio, que no fue un soldado con el espíritu aguerrido de su época, está a punto de recuperar el tiempo perdido y, al menos esta vez, se sitúa en la línea tradicional de sus antepasados consagrados a la vida militar: «La base de la nobleza española son los hidalgos. La mayoría son pobres, pero orgullosos de su sangre. Han preferido arriesgarla.»

Los disfraces —gran afición del autor— juegan importante papel en esta novela, que se inicia con el protagonista, un francés que se mira en el espejo vestido de coronel napolitano mientras considera estrenar uniforme español.

Las mujeres, contempladas de arriba abajo y de abajo arriba, salen como pueden de tan implacable modo de observación. Sin idealización. Si una es guapa, se dice que lo es, pero sin dejar pasar los defectos que la empañan. Las búsqueda de la belleza ideal puede explicar la pérfida insistencia en la horrible dentadura de Josefina, así como la burla de la inocencia bobalicona de cierta princesa napolitana con diecinueve años y trece amantes.

Más importante que otras resulta Giulia, tres años mayor que su amante, el rey José, a quien da un hijo; tiene una estúpida facilidad para quedar embarazada de su marido legítimo. Es casi el argumento de una ópera bufa. La casada infiel, joven, bella, elegante, hija de príncipes, es razonable y buena mientras puede. Regatea sus favores a los amantes, aguardando en vano que su esposo se ocupe de ella. El rey José, metido a sexólogo, le da consejos de opereta y enferma de celos debido a la eficacia de sus recetas amatorias. La infeliz mujer se debate entre la tragicómica desazón de sus pasiones y una ridícula virtud, ya imposible. El rey y Juan Antonio, cínicamente conscientes de su injusticia, la han dejado, al estilo de Don Juan Tenorio, «imposible para vos y para mí». Bastan dos palabras: «¡Pobre Giulia!»

La esposa del rey José tampoco sale bien parada. Su marido la ve como una buena burguesa de Marsella, la menos agraciada de las hermanas, bondadosa, casera, perfecta esposa si se tiene en cuenta la importante dote que hizo tan ventajoso su enlace. La quiere como a una buena hermana, sin impaciencia por reunirse con ella. Es curioso, pero no raro, que la esposa y la amante lleven el mismo nombre.

La figura femenina vista con mayor simpatía es la española marquesa de Montehermoso, de quien el rey José fue huésped. La tiene a su derecha en la cena: «Esbelta, elegante, no en la flor de la edad, pero aún muy hermosa. Modales sueltos, cortés sin la deferencia empalagosa de las personas de poco mundo.» Sin querer, o queriendo, resulta inevitable imaginar una experiencia similar en la vida real del autor del libro.

Se detallan fantasías del protagonista y del escritor, en torno a los amplios escotes rectangulares, bajos, muy bajos y anchos, el mejor regalo en las veladas palaciegas. La exhibición pícara, pero no descarada, es un prodigio del arte de los sastres y modas de París. Pero la marquesa tenía una modista provinciana, incapaz de prevenir los riesgos de la respiración profunda y del acceso de tos. Si se juntan la tos repentina, un suspiro y una reverencia, ¡plop!, surgen en todo su esplendor los atributos más nobles de la feminidad. ¡Qué fracaso para la humilde modista! Juan Antonio lo cuenta con tremendo realismo. Su «plop» ronda lo plebeyo, parece mofa sanchopancesca. Un hidalgo no entendería onomatopeyas de alambres y broches en vestidos femeninos. Menos mal que la marquesa se lleva pausadamente la mano de un hombro a otro, una hábil ayuda de los dedos, con armonía de orador sagrado y todo vuelve a su sitio. ¿Será sólo por unos instantes? Bien está lo que bien acaba.

El libro sobre el rey José tiene una segunda parte *Yo, el intruso*. Esta vez, Giulia, no demasiado «bien-amada», llora demasiado. Juan Antonio, egregio intruso en la correspondencia, encuentra huellas, que llama «emanaciones acuosas», en cada párrafo. A Su Majestad la real amante le provoca empacho. ¿Se puede decir algo menos galante? Por otra parte, la fiel y dulce Julie se asoma fugazmente al libro, cada vez más legítima, leal, cariñosa y aburrida. ¡Pobre Julie, también!

Conozcamos ahora a la viuda, reciente, del capitán Lamy, que impregnaba de perfume barato un cuerpo de diosa. Ella reemplaza, por algún tiempo, a cualquier otra mujer en la vida de José. Vibrante como nadie en los encuentros amorosos, no podía eliminar, en ningún momento, y en esos aún menos, una patente ordinariez, que pronto encuentran insoportable el monarca y su biógrafo. Los zapatos no concuerdan con el traje ni con el sombrero. El rey le busca una institutriz para disciplinar sus modales. Juan Antonio tiene menos paciencia que Su Majestad y deja en seguida de hablarnos de «la veuve Lamy».

Las últimas féminas de la obra son dos modistas parisinas, no demasiado jóvenes, puesto que llevaban treinta años establecidas en Madrid. Suplican incorporarse al equipaje del rey José, al igual que otros civiles, al oír que el ejército vuelve a Francia. El monarca y Juan Antonio las aceptan en el séquito, pero se muestran crueles: «El aspecto de las modistas hacía poco probable que fuesen candidatas al ultraje.»

La batalla de Bailén y los desmanes de la francesada, que se retira indisciplinada, cierran el libro, patrióticamente, a la vieja usanza española. La despedida de José Bonaparte tiene algo de adiós juanantoniano. El soberano intruso comienza a considerar que el ideal de su vida consistirá en tomar fruta, ser único dueño, sin alarde, de una mujer fiel, no tener deudas, amoríos, pleitos, ni riñas, contentarse con poco, vivir honradamente, sin grandes ambiciones, conservar el espíritu libre, el juicio firme, rezar el Rosario y esperar en casa, con gran sosiego, la muerte. También Juan Antonio repetidamente expresó el deseo —y vio que se cumplía— de morir en su propia casa, con dignidad y rodeado de su familia.

10

cosmopolitismo, exotismo, dandismo. Monterías y tauromaquias

ES fácil imaginar comentarios de Juan Antonio sobre su propio cosmopolitismo. No querría que sus biógrafos lo considerasen como la nota fundamental. Según el diccionario, se trata de una disposición a considerar como patria a todos los países. Estaría de acuerdo, sin exagerar. Ciudadano del mundo, y capaz de amar, guardando las distancias, a todo el género humano, sin renunciar a creencias y valores propios.

Cosmopolita es persona que viaja mucho, su caso, por fortuna. Se admite además que hay animales y plantas cosmopolitas. En Botánica, lo son la ortiga menor y la *Stellaria minor* o pamplina. Él nos precisaría que siempre huyó de urticarias y de pamplinas de cualquier género. Dentro de la Zoología, no le parecería del todo mal verse relacionado con ave cosmopolita tan destacada como la lechuza, de siempre vinculada con el estudio y la sabiduría.

Lo del exotismo, aceptado. En algún sentido del término, no en todos. Gusto por lo exótico sí que lo ha tenido, en especial por países del Extremo Oriente. La exquisitez de las culturas del este de Asia ejerce sobre su alma una fascinación difícil de describir: Filipinas, Tailandia y, sobre todo, Japón. En sus escritos trata de preferencia, de lo que tanto impresiona a los occidentales: los guerreros *kamikaze* o la preocupación por la muerte voluntaria que se expresa en Mishima. Felizmente, en *Vallejo y yo* describe, merced al señor Keigawa, embajador, un mundo refinado, sensible y frágil, como una joya de porcelana. Esa cultura oriental se expresa a sí misma arreglando artísticamente jarrones de flores. Su alma es capaz de teñir cada instante vital de un humor simpático y contagioso; está agradecida al destino, muy consciente de que, como las porcelanas y las flores, vivimos de milagro y fugazmente.

En otro artículo subraya la preocupación japonesa para no caer nunca en el deshonor ni en el ridículo. No insiste en la importancia que en esa cultura, que tanto admira, tienen los rituales y el protocolo. Comprende que es una forma de vencer la inseguridad. Se lo confirma una gentilísima embajadora oriental, a cuyo lado tiene la suerte de cenar en el año de 1977.

En el libro sobre Mishima reitera la dialéctica del crisantemo y de la espada. El espíritu de la flor de cerezo, de los arreglos de flores, de los jardines y árboles en miniatura, brota en el mismo paisaje de ese otro Japón negro, ensangrentado por rituales cuyo horror nos estremece para siempre. No niega, sobre todo ante sus amigos psiquiatras, que le atraen en grado extremo tanto las delicadezas del crisantemo como las negruras de su estética de la muerte.

Fernando Zóbel le ayuda a encontrar «japonerías» para todos los gustos. Unas provienen del teatro tradicional. Le intriga la devoción admirativa hacia los actores que se visten de mujer; el *onnagata* es objeto de tanto respeto en el Japón como lo han sido en Europa los divinos *castrati* de la ópera italiana. Que sean a la vez ídolos y esclavos de su público, que enamoren a hombres y mujeres al mismo tiempo y sean capaces de sacrificar comodidades y deseos en aras de lograr una mayor depuración de su arte, le parece admirable. Otras «japonerías» que le han llamado la atención van ligadas al sentido de la cortesía. Comparte con los japoneses su jerarquía de valores en cuanto a las buenas maneras de mesa, dejando en un plano muy secundario la calidad de la comida. La elegancia en la presentación, el buen gusto al ofrecer manjares, no tiene nada que ver con el hecho de comer. Por un lado, la cultura; por otro, la digestión. Sabe muy bien que por ese motivo decepcionó a sus amigos españoles, los madrileños de la cofradía de la buena mesa, que lo dejaron por imposible.

Fernando Zóbel le enseñó, entre tantas cosas sobre Oriente, la importancia de tomar entre las manos una obra de cerámica tradicional. En sus libros toma nota de la sensibilidad que hace falta al mirar un jardín en miniatura para no sentarse con las piernas incorrectamente cruzadas. Conoce lo que significa recoger, en un cuenco de madera de ciprés, la luz de la luna reflejada en el agua. Y ha reparado en la ternura del ama de casa que escoge para su marido, en un burdel de honorable reputación, la dama respetuosa más conveniente, más distinguida y de mejor vestuario.

No podría negar que algunas de las cosas que cuenta Mishima en sus obras tocan profundamente resortes de su propia personalidad, aunque por distintos motivos. No deberían, biógrafos ni lectores, extraer demasiadas consecuencias al respecto. Son infinitamente mayores las diferencias que las analogías entre Mishima y él. No comparte el esteticismo del escritor japonés; le parece caduco y huero. Lo cual no impedirá que algún malhumorado relacione la cosmovisión juanantoniana con actitudes burguesas de decadencia. Allá cada cual con sus respectivas decadencias.

La pintura japonesa, en sus aspectos formales, influye en sus cuadros. Para él, lo naïf tiene que ver con el gusto por los jardines y los árboles en miniatura. Ha sido un pintor de lo pequeño, en más de un sentido. Pequeño no debe entenderse como peyorativo. Azorín se autodesignó como «pequeño filósofo» antes de especializarse en primores de lo cotidiano y de lo que a primera vista carece de trascendencia.

En 1959 recibió, en su casa en la calle de Santiago Bernabéu, a la señorita Fujiko Nakaya, hija de un profesor de la Universidad de Sapporo y discípula, en París, del pintor Fujita. En larga y gratísima conversación con ella, pudo recordar que Fujita pintó, muchos años antes, dos retratos a sus hermanas, que posaron en la vieja casa paterna de la calle de Alcalá Galiano. Muy occidentalizado, amigo de Picasso y de los artistas y escritores de la «generación perdida» en el París de entreguerras, el respetado maestro japonés conservaba, puras, las esencias de otra cultura no europea. En aquella tarde madrileña de 1959, la ceremonia del té, gracias a la colaboración de Vicky, resultó refinadamente oriental.

¿Habría llegado Juan Antonio, con el tiempo, a pintar flores como un artista japonés? No sería por falta de vocación. De momento tuvo que conformarse con los jarrones. Producidos por la mano del hombre, le parecen más comprensibles y soportables que la fragilidad de la flor o la mariposa. El exceso de vida conlleva, para toda mente racional, anticipo de muerte. Fujiko Nakaya llevaba en su carpeta una acuarela con amapolas recién cortadas en la carretera de Fuencarral. Las pintó rápidamente, después de ponerlas en agua en un sencillo vaso de cristal, que apenas se notaba; las flores eran el mensaje. Una pintura amable, ágil, ligera en apariencia. Juan Antonio, que soportaba mal la vivencia de que lo más bello es frecuentemente tan perecedero a corto plazo como las amapolas cortadas cerca de Fuencarral, siguió con sus jarrones. Puesto contra la pared, se habría defendido bien. Le bastaría señalar que, al igual que los niños y otros naïf, daba más importancia al jarrón, más fácil de pintar. Y añadiría que estaba ejerciendo su derecho a sentirse más seguro pintando objetos inanimados.

En torno al exotismo hay un matiz que también le agradaba: el gusto por lo exótico hace de cada uno de nosotros un peregrino. Eso lo era de lleno. Los amigos saben que ha peregrinado, dentro y fuera de España, en busca de vivencias religiosas y artísticas; ha visitado toda clase de monumentos históricos, asiste a acontecimientos culturales y, singularmente, a conmemoraciones musicales. Y vive, en conjunto, su existencia como una peregrinación, que, para los cristianos, tiene un fin esperanzador, un término donde no se termina todo. Peregrinar en el sentido de camino de perfección.

Don José Ortega y Gasset, solemne y taxativo, afirma que el espíritu de las elites intelectuales es cosmopolita; no puede ser de otro modo. Y es, al mismo tiempo, aislacionista respecto a la mayoría gris de los conciudadanos. Sin rodeos: el hombre refinado se halla, frente al espectáculo de la masa inferior, francamente aislado. No está rodeado de sus iguales, sino de sus inferiores. En este punto, el veterano coronel médico don Antonio Vallejo-Nágera se cuadraría militarmente: «¡Sí señor!»

A las minorías selectas —sigue Ortega, y oímos el aplauso de don Antonio pensando en su hijo— no las elige nadie. Espontánea y acendrada autoselección: «Selecto es todo el que desde un nivel de perfección y de exigencias aspira a una altitud mayor de exigencias y perfecciones.» No caben pausas, para el selecto, en su entrenamiento permanente. Es una ascesis comparable a la de los verdaderos atletas. Se trata de una voluntad de ascensión: de lo menos a lo más perfecto. Queda claro que, en el pensamiento de Ortega, es ascensión nobilísima. Nada del cucañismo de los trepadores sociales y políticos. Estamos en los antípodas de los que aspiran a mandar por pasión de mandar, con una libido que sólo se satisface mediante el dominio y la explotación de los demás.

El selecto no goza con ninguna sensación de predominio. Vive para su perpetuo certamen ascensional. En la medida en que Juan Antonio fuera ese orteguiano «cosmopolita de la cultura», se desligaría de la masa vulgar de su nación, aproximándose a los selectos de otros países. Es el ideal pedagógico de don Antonio. Su hijo, sin embargo, lo interpretó muy flexiblemente. Es cierto que vivió en buena parte, en años de formación, vida de asceta. Llegado a la madurez, pudo permanecer dentro de la elite cultural, pero quiso estrechar la solidaridad no sólo con intelectuales de otros países, sino con estetas y gozadores refinados de la vida, allí donde estuvieran. Entrenado para la dura lucha de oposiciones y responsabilidades propias de la investigación y docencia universitaria, se sabe capacitado para todo lo que su padre viene, desde hace años, soñando para él. Pero los adentros de la personalidad de Juan Antonio consienten en la sutil evolución hacia la estética y el dandismo.

Un amable deslizamiento se produce desde las sequedades medievales del hidalgo de casta guerrera, hasta las dulzuras cortesanas del gentilhombre agasajado por la alta burguesía. No parecen unos pocos años, sino siglos de refinamiento, los que separan a don Antonio, hispanogodo intransigente de Paredes de Nava, y a su hijo Juan Antonio, cosmopolita ecléctico de Sotogrande, una de las urbanizaciones más distinguidas de Europa.

* * *

El dandismo complementa las actitudes estetizantes y minoritarias. Con mayor hondura antropológica que el esnobismo, mera capa superficial, fluctuante con las modas, la dimensión dandi se convierte en estilo de vida. «Dan-di» suena a pisadas con contoneo estudiado y distinguido. Es el paso de alguien que viste bien, pero sin exageración, creador, no seguidor de modas; si se convierte en modelo de algo, lo es de mesura, de marcador de distancias con respecto a la grey. Luis Antonio de Villena ha escrito enjundiosamente sobre ello. Vallejo se esfuerza en ser popular, en jugar un papel social, pero, a su pesar, sobresale como ejemplo individualista ante el colectivismo, la uniformidad, la ordinariez y lo chabacano.

A la frivolidad de una España convertida en vulgar por los cuatro costados desde que se inicia la transición política, mil veces más zafia que aquella de charanga y pandereta denostada por Machado a primeros de siglo, Juan Antonio opone una frivolidad selecta, impasible, con otra estética y otra ética. En la España de los quinquis, del cheli, de la colza, de los escándalos financieros y políticos, de los cheques y pagarés impagados, de la corrupción como deporte nacional y de cosas peores, podría y casi debería ser un dandi puro. Pero no lo es. Para serlo íntegramente precisaría cultivar el nihilismo, la tristeza desengañada, la insatisfacción, el gusto de lo inútil y hasta la negación de ideales; sin ellos, consagraría el triunfo de los puros valores estéticos dentro de una estéril y desdeñosa torre de marfil. No hay nada de eso. Juan Antonio es católico practicante, cree en la Patria (aunque no en quienes rigen sus destinos) y se siente con vocación de curar y enseñar a individuos y colectividades.

Nada de tristeza como actitud; lo suyo es la jovialidad. De dandi tiene, en cambio, la naturaleza seductora, tras haberse seducido a sí mismo. El amor al yo más íntimo viene en primer lugar, luego llegará la hora del exhibicionismo, de dejarse admirar, construyendo un prestigio, un yo social, en camino del mito; la meta es el personaje. Los países producen en cada momento de su historia el dandi que les corresponde. Tuvimos a Eugenio d'Ors hasta hace poco. Y al conde de Villamediana en el Madrid de los Austrias. Tal vez el infante don Juan Manuel, en el umbral del Renacimiento, cumpliera un destino parecido, como más tarde Garcilaso, aquel «claro caballero de rocío» cuya elegancia envidia Miguel Hernández, poeta del pueblo, con cara de patata, según Neruda.

* * *

El raigón ibérico, lo carpetovetónico, rebrota con fuerza en un momento dado de la vida. La caza mayor en nuestras serranías es buen ejemplo. Su amigo Josechu puede contarlo, por haberlo vivido de cerca:

> Le importó mucho una temporada. En su finca de Sotogrande supo adornar con gusto las paredes con abundantes y valiosos trofeos. Cabezas disecadas y cornamentas iban sustituyendo a los palos de golf. Tenía varios ejemplares de pez espada que trajo de Méjico. Las monterías le gustaban, pero no creo que le apasionaran. Era un poco diletante en todo. Y dada su brillantez, lo hacía bien. La última montería fue sin disparar ni un tiro, con motivo del viaje que realizó para despedirse de Luis Miguel *Dominguín* en su finca de Sierra Morena.

¿Le divertían a Juan Antonio las monterías? En la década que se inicia en 1960 se habían democratizado en cierto modo. Esta forma de caza, propia de reyes y de grandes señores, se aburguesa. A través del alquiler de cotos, se convierte, para unos, en negocio, y para otros en acto social, origen tal vez de otros negocios. Las clases medias y las profesiones liberales dedican fines de semana y puentes entre dos fiestas a esta actividad.

Montea muy a menudo el Generalísimo Franco con el diestro Manuel Benítez *(el Cordobés)* y las fotos aparecen en las crónicas de sociedad. Se convierten en un modelo que todos procuran imitar. Circuló en aquella década una anécdota de montería. El Caudillo se muestra campechano y pregunta al *Cordobés,* torero de moda: «¿Qué hay, Manolo? ¿Qué pasa?» Y Manuel Benítez responde: «¡Pues nada, que la gente no hace más que hablar de nosotros dos!»

Los médicos que se precien un poco deben participar en monterías. Es cuestión de *status.* Cada lunes, en los ambulatorios de la Seguridad Social, hay un traumatólogo o un otorrino que, mientras se enfunda la bata, comienza a explicar a las enfermeras las proezas del domingo: «Estábamos en un puesto que no era malo. Pero llovía y no se veía bien. De pronto, ¡zas!, un ciervo así de grande. ¡Y yo, pun, pun!» Las enfermeras dan un pequeño salto cada tiro; algunas de ellas, las más femeninas, se identifican con las ciervas acosadas, y en general con piezas de caza, no se sabe bien por qué. El traumatólogo se adelanta con decisión hasta el centro del despacho. «La finca tiene jabalíes, además. El sábado, cuando bajaba un guarro enorme a beber, yo, ¡pun, pun!»

En la España de los años sesenta, la de los ejecutivos y de los tecnócratas con futuro, es conveniente describir la montería del último fin de semana. Nombres de fincas y apellidos de los compañeros le promocionan a uno y amplían las relaciones sociales. Los médicos que no van, sufren en silencio. Los más pobretones, por la puerta entreabierta del consultorio, ven cada lunes al compañero traumatólogo, rodeado de ayudantes y enfermeras, en el momento de levantar los brazos para acomodarse en el hombro una escopeta invisible.

La montería, seudodemocratizada, se convierte en una cuestión de prestigio. No es seguro que divierta a todos los que realizan importantes sacrificios con tal de figurar en ellas. Otros, en cambio, se divierten de veras. Es preciso volver al ensayo sobre la caza y los toros. ¿Por qué esa necesidad específica de diversión? ¿Divertirse de qué? ¿Con qué? Si el cazador dedica a su afición gran parte de la vida, no es pasatiempo ni ocupación frívola. «Todo el tiempo que no se dedique a la caza es tiempo perdido», dijo un inglés, de nombre R. Smith Surtees. Vistas así las cosas, no hay nada de frivolidad. No se trata de ocio, sino de pasión y de tormento (en el cazador, no en la pieza).

Cervantes opina que la caza no hace daño a nadie y beneficia a muchos. Ortega relaciona la caza con la felicidad. Adentrado en las sierras con sus perros y con los monteros, el cazador no siente necesidad de ninguna otra cosa en el mundo. No echa de menos nada, siente lleno su presente, deja de angustiarle el futuro y tampoco padece nostalgia del pasado. Hasta los desniveles sociales se han atenuado. En pleno campo se hallan muy cerca los aristócratas y los desheredados de la fortuna. Frente al jabalí hirsuto, cuando se requiere serenidad, vista y ser buen cazador, las diferencias de nivel pueden invertirse momentáneamente. A la larga, las revoluciones burguesas han tenido entre otros resultados curiosos, el de aumentar el número de pescadores de caña y de cazadores domingueros.

¿Qué sentía Juan Antonio en las monterías? ¿Por qué acudiría? Ya sabemos que, dedicado a fondo, fue cosa de poco tiempo. Los amigos saben que se cansó pronto. La muerte del animal le provocaría, como a toda persona refinada, sensaciones de ambivalencia. Esperanza Ridruejo montea con su esposo por la misma época y abandona pronto porque la mirada del ciervo herido es demasiado para ella. Nunca ha sabido el hombre qué cosa sea exactamente un animal. Sentimos hacia él los vínculos de misteriosas comunidades. Nos inquieta darle muerte, sobre todo cuando admiramos su dignidad, gallardía, fiereza, así como la inocencia, o la astucia, llegado el caso.

Ortega y Juan Antonio pudieron preguntarse si tenemos obligaciones con los animales, incluidos los más molestos de los insectos. ¿También estamos obligados a respetar y querer a las pulgas, chinches y mosquitos? ¿Y por qué no a las plantas y a las piedras? El cazador sufre al ver pintarrajeados con anuncios los riscos escarpados de nuestras sierras. La muerte del animal, como la del hombre, por accidente o asesinato, conlleva el misterio de la sangre derramada y de las emociones primarias que suscita. La sangre, al principio, es fuente de asco y horror. Luego, embriaga y exalta. La muerte del animal bravío, en plena sierra, puede ser el mayor homenaje que cabe hacerle, si es con arreglo a preceptos y ritos. La caza fotográfica, sin sangre, le parece a Ortega una repipiez. Lo del safari fotográfico no es progreso sino remilgo, desviación de pésimo estilo moral. En la caza se puede sentir una religiosa humillación del hombre que desciende hacia el animal y se vincula a él, sin prescindir del todo de su prepotencia. Queda patente la jerarquía inexorable de los seres vivientes. La vida como certamen grandioso y atroz de seres superiores e inferiores.

Sea como fuere, a Juan Antonio, muy poco orteguiano en su montería última junto a Luis Miguel *Dominguín,* no le apetece disparar ningún tiro. La muerte —posible— de un animal en libertad, le hace sentir la muerte —segura, inevitable— que le aguarda a plazo fijo. La montería no es en modo alguno una manera de pasar el rato. El núcleo de su actividad no es otro que matar, con arreglo a preceptos muy estrictos, un animal objeto de la máxima admiración que roza la veneración religiosa. El estremecimiento de la muerte de la res sacrificada no puede dejar indiferente a nadie.

* * *

Repetidamente instaron las principales editoriales a Juan Antonio para que escribiese libros de tauromaquia. Salvo algunos artículos breves, no quiso ahondar en algo que le producía desasosiego. No nos conformemos con su propia y cómoda explicación de que no dominaba el tema. Andaba sobrado de recursos. Tenía tablas para eso y más. Pero recomendó para estas tareas a un amigo, metido por entonces a buscar las huellas del fenómeno taurino en el arte rupestre de nuestros primeros pobladores. A Juan Antonio le interesó la naturaleza autóctona de la tauromaquia. Hubiera sido un gran conferenciante a la hora de contar la conducta de los iberos, y de pueblos más remotos, ante el toro. Sin dificultad habría señalado rasgos diferenciales con respecto a otras antiguas culturas mediterráneas en las cuales las taurocatapsias y venaciones o juegos arriesgados en el circo no persistieron.

No carecía Vallejo de experiencia práctica como aficionado de los llamados «oficiantes». En distintas ocasiones actuó en pequeñas y recoletas plazas de tienta, en lo alto de las serranías andaluzas. Una vez toreó en la madrileña plaza de toros de Vista Alegre, repleta de espectadores. Se lució con capa y muleta en un festival con motivo del Congreso Mundial de Psiquiatría y fue muy aplaudido.

Escribió de toros, pero, deliberadamente, no quiso entrar en profundidades. De 1969 data un capítulo que se publicó en la obra colectiva *Los toros en España,* editada por Orellana. Juan Antonio habla de *Los instintos de muerte y el toro.* En las primeras líneas destapa el meollo del problema, para, a continuación, evitar las consecuencias de seguir su serio planteamiento: «La fiesta de toros se arremolina en torno a un torbellino de instintos de muerte. Instintos del toro, del torero y del espectador.» Después de tan tremenda verdad, Juan Antonio se nos escapa por revoleras. Nos cuenta que los toros bravos no tienen cosquillas, y cavila sobre las implicaciones psicológicas de esta particularidad; refiere intrigas de los serpentarios de Butantán en Brasil, donde se elaboran antídotos contra venenos de serpientes y escorpiones; profundiza en el tema de los peces luchadores de Siam y en las costumbres homosexuales de los monos babuinos. De esta manera, con brillantez y finura, por los vericuetos del exotismo nos ha escamoteado, en gran parte, el tema central, el del toro y de los instintos de muerte que gravitan dentro y en su derredor.

Vemos reaparecer lo taurino en los escritos de Juan Antonio. Su artículo de *ABC* «El miedo de los toreros» se sigue de otros que lo amplían. Asegura que raramente consultaban los diestros al especialista de nervios antes de 1950. A partir de esa década, la invasión de cine norteamericano con abundante divulgación del psicoanálisis permitiría que, sin quedar mal por miedosos, acudieran los matadores al psiquiatra. Así lo afirma, tras haber tratado a muchos.

Como no se trata de enaltecer sin tasa a nuestro biografiado, podemos, tranquilamente, considerar dudosa tal afirmación. Por varias razones. Los toreros no suelen considerarse necesitados de tratamiento, aunque admiten, sonrientes, ejercer profesionalmente una forma de locura de la cual se sienten orgullosos. El propio Juan Antonio parece desmentirse al final del artículo, cuando reconoce que estos singulares artistas no se ajustan a las normas de la consulta y se saltan todas las reglas que un tratamiento exige. No se trata sólo del miedo: «El mundo de los toros es un despiadado selector de superdotados. Elimina a todos los que no lo son, tanto en el plano físico como en el intelectual.» Los lectores de *Blanco y Negro* por mayo de 1988, saben que esta última afirmación de Juan Antonio durante la feria de San Isidro es algo certísimo, indiscutible y muy bien observado. En otro artículo taurino escribe: «La lucha a muerte con un ser vivo exige algo más que vigor físico y rapidez de movimientos.»

En la vasta documentación que utiliza en los libros sobre José Bonaparte aparece un torero gitano, apodado *Sentimientos,* cuyas marrullerías despiertan el interés del escritor metido a biógrafo y novelista. *Sentimientos* quiere quedar bien, tanto con los patriotas como con los afrancesados. Intenta no pagar a los miembros de su cuadrilla y pretende obtener el mayor dinero posible de las empresas, a más de otras ventajas. Sería un arquetípico personaje juanantoniano, de haber persistido el doctor en su intento de escribir novelas.

Todavía hay alusiones tauromacas en el libro *Color en un mundo gris.* Menciona al diestro murciano, de los tiempos de Goya, llamado Pedro de la Cruz, que lleva el curioso apodo de *El Mamón.* El alias, tanto como la personalidad chusca del torero, le atraen inmediatamente. De la misma época, despiertan su interés Agustín Aroca, un auténtico patriota, fusilado por los franceses, y el diestro Puyana, apodado *El Renegado* porque pasó a tierra de moros debido a una muerte por motivos galantes. Aroca y Puyana inauguran el largo camino de toreros románticos, que dura todo el siglo XIX. Pero el romanticismo, en el toreo, como en la música, en la pintura y en el conjunto de la historia de la cultura, inquieta demasiado a Juan Antonio y le obliga a usar todos sus mecanismos de control y de silencio. Está más a gusto cuando se siente clásico. Departir diariamente con Apolo es para él connatural. En cambio, embriagarse o correr el encierro con Dionisos resulta, en su caso, bastante impensable.

Cuando se expresa sobre caza y tauromaquia no es preciso creerle a pies juntillas. Dos motivos se superponen para no hacerle demasiado caso; en primer lugar, la universal tendencia a exagerar, propia de cazadores y taurinos. La liebre y el zorro aumentan, en cada nuevo relato, su tamaño. El jabalí abatido gana peso en las tertulias en proporción geométrica: lo que le falta para elefante se lo añade el cazador. Por otra parte, a los aficionados a la fiesta brava les crecen las novillas que han lidiado en tentaderos. Sin necesidad de retocar las fotografías, la becerra añoja salta a la categoría de utrera sin pasar por erala. Bastan dos charlas de café para que la res que apenas llegaba al año, tenga, de pronto, más de tres. Dos pequeñas excrecencias córneas, inofensivas, se transforman, si hay afición, en larga y astifina cornamenta, pitones acaramelados de los que estremecían al bravo *Machaquito* y a su amigo, menos bravo, don Benito Pérez Galdós.

En Juan Antonio existe un segundo motivo, particular: su personalidad moderadamente fabuladora. En psiquiatría, un amplio abanico de matices permite enumerar las bellezas de la mitomanía, la fabulación, la realización imaginativa de deseos, el *bovarysmo* y otras travesuras de la memoria y de la fantasía. La mentira, feo pecado contra el octavo mandamiento de la ley de Moisés, queda fuera del abanico.

El presente capítulo debe incluir un recuerdo personal del biógrafo, en testimonio de afecto y gratitud. Juan Antonio aceptó inmediatamente la sugerencia de presentar en la Biblioteca Nacional un libro titulado *Historia ilustrada de la tauromaquia*. Le acompañó, junto a los representantes de la editorial, el maestro Ángel Luis *Bienvenida*. Ocurrió el 5 de mayo de 1989. Los asistentes escuchaban con deleite la extensa y brillante intervención de Juan Antonio. De repente, quiso convencer a todos de que el libro no sólo poseía erudición histórica y calidades literarias. Rezumaba, según dijo, la experiencia práctica que sólo se adquiere lidiando reses bravas repetidamente en los cosos. Y describió el viaje que hicimos los dos solos a Pamplona con ocasión de un congreso de Psiquiatría Infantil.

El hecho debe ser contado aquí tal y como fue. Conducía su propio coche; estuvo chispeante de ingenio y de anécdotas. Cuando atravesábamos las tierras de la ribera del Ebro, donde, desde tiempo inmemorial, crecen vacadas bravas, le pedí detener la marcha. A poca distancia pacía tranquilamente una punta de vacas de color rojo encendido. «¡Mira, la raza navarra o riojana, la que Goya pintaba!» Le rogué que me dejara probar con una manta si aquellas reses embestían en campo abierto. No me lo permitió. «Ni se te ocurra.» «¿Por qué no, Juan Antonio? Déjame, pero no pares el motor, porque, si logramos torear, no fallará el pastor cuando comience a tirarnos piedras.» Lo de la pedrea le hizo gracia. Prudentemente, no bajamos del coche; seguimos el viaje y al llegar a Pamplona explicó a los congresistas los riesgos del toreo furtivo. Insistió en que el peligro mayor se corre si sale un vaquero que lanza pedruscos con honda.

Al día siguiente volvió a contarlo, cada vez con más detalles. El rústico era muy certero en sus pedradas y nosotros habíamos bajado del coche, para llamar la atención de las vacas con la manta. A media tarde, resultó que habíamos toreado los dos a una de ellas, armada de los pitones que quitaban el sueño a Pérez Galdós. Después de la cena, fueron toreadas a la vez, todas juntas, y por si fuera poco, nos rodeaba una enfurecida tropa de honderos. Los congresistas de Pamplona no se lo creyeron, pero no pasó nada.

En Madrid, en la presentación del libro, ante el selecto público de la Biblioteca Nacional, repitió, embellecida, la aventura de las vacas coloradas. Algunos asistentes fruncieron el ceño al oír que nos metimos en una ganadería bajo los pinos. De haber dicho encinas, eso sí, ya sería otra cosa. Ningún aficionado recordaba haber visto reses bravas paciendo agujas de pino. Los demás detalles, a cual más inverosímil, les parecieron aceptables, y como Juan Antonio, en cada párrafo, crecía en brillantez, todo el mundo salió complacidísimo.

* * *

La tauromaquia puede ser símbolo de la vida. Gerardo Diego dejó escrito: «Sobre la arena pálida y amarga, / la vida es sombra, y el toreo sueño.» ¿Diafragma concéntrico de la nada? ¿Rito enajenador que, después de saber a vino espeso, deja en la lengua un gusto de ceniza? Juan Antonio no quería oír hablar de ello ni en metáfora. Prefería la superficie, tertulia y merienda en el palco de los aristócratas. O la fiesta campera incruenta, sin peligro, junto a una elite de invitados. Pero lo que define a la tauromaquia, la distinción radical frente a cualquier deporte, es la presencia de la muerte, la hora de la verdad.

Para Hemingway *—the moment of the truth—* constituye vivencia clave, metáfora obsesiva, mito personal y fuerza con la que carga el fusil del suicidio. Para un católico, enraizado en las creencias y el paisaje de los Vallejo y los Nágera, castellanos viejos, el momento de la verdad empieza mucho antes de considerarse en peligro de muerte. Bien lo sabe Juan Antonio, pero no lo pregona nunca; más bien hace gala de vivir apegado a los bienes de este mundo, incluso en los últimos días. Explica cómo debe llevarse el pañuelo en el bolsillo superior de la chaqueta. A punto de morirse, evoca el atuendo de Anthony Eden o Harold McMillan como ideal de distinción y de saber vestir un traje nuevo, habiéndolo prestado algunas semanas antes a un criado. Dicta consejos para antes de actuar en televisión: camisa sin destellos. Las telas que delimitan la piel deben ser de color marfil o azul pálido, nunca blanco ni negro. Si nos maquillan la cara, que no se olviden de dar color también a las manos. En su «hora de la verdad» lleva el dandismo hasta la puerta de cuadrillas, la que da directamente al ruedo, donde muy pocos toreros bromean y casi todos rezan.

Michel Leiris concibe la creación literaria como una forma de tauromaquia: Henri de Montherlant, en cuanto dramaturgo, divide los actos en la escena y en la vida como los tercios de una lidia. No se trata de imágenes rebuscadas, sino de una persecución de lo auténtico. Hemingway sabe que toda historia bien contada debe terminar con la muerte del protagonista. Juan Antonio elude durante toda su vida los planteamientos trágicos o pesimistas. Nada de wagnerismo, nada de coplas elegíacas de Jorge Manrique por la muerte del padre. La metáfora taurina juanantoniana es festiva en casi todos los momentos. Pero hay un instante, el de la revelación de su diagnóstico y del corto espacio que le separa de otro mundo, que es, con toda propiedad, su momento de la verdad. Intenta, como el sentenciado poeta Miguel Hernández, vivir su muerte inexorable con una lentitud taurina. Fiel al clasicismo, para los pies, hace la cruz y acepta la cita con la muerte que se le viene a la carrera. Enfrentado con ella, la espera con serenidad en la clásica suerte de recibir.

11

de las máscaras de Mishima a la hora española de la verdad

Las máscaras de Mishima

EL más profundo, sincero y mejor libro de Juan Antonio es *Mishima o el placer de morir*. Constituye un espléndido ensayo sobre la vida y la muerte del famoso escritor que, en noviembre de 1970, se suicida de manera «honorable» a fin de estimular con el *sappuku* o Hara-Kiri la restauración de los valores tradicionales en el Japón.

Mishima es un genio extravagante, personalidad muy compleja, suma de personalidades que se torturan entre sí. Hombre de talento excepcional y narcisismo ilimitado, muere víctima de su hondísima teatralidad. A semejanza de otros grandes actores, es incapaz de distinguir entre los propios sentimientos auténticos y otros estados del espíritu, provocados por aquello que, muy ardientemente, desea fingir.

Si, en general, nos intriga la secreta relación psicológica entre ciertos personajes y sus biógrafos, al llegar al vínculo posible entre Yukio Mishima y Juan Antonio Vallejo-Nágera, el estremecimiento es inevitable. Quede claro que se trata de dos seres extraordinariamente distintos y con muy pocas cosas en común. En la medida en que sea trazable la división entre normalidad y locura, es evidente que Juan Antonio perteneció siempre al mundo de los hombres sensatos. El escritor japonés, profundamente neurótico o psicótico, según diagnostiquen unos u otros médicos, entra de lleno en el universo de los genios desequilibrados.

Se trata de dos escritores, sutiles, inquietos y capaces de inquietar a otros. Vanidosos, necesitados de comunicación. Dependen, para su completa felicidad, de la aprobación admirativa de los demás. En este punto, coincide con ellos todo el que escribe, aunque diga que no. Nadie termina de redactar un libro si no es aguijoneado por la soledad, el miedo a que se olviden de uno y, sobre todo, movido por el deseo de no morir del todo.

Mishima padece una soledad interna, despiadada, envuelto en una multitud que lo ignora. Está solo, incluso, cuando se ve rodeado de personas que le quieren. Es un sentimiento que no tiene que ver con timidez ni con incapacidad para las relaciones sociales. Se puede ser simpático, sociable y, sin embargo, solitario. En un intento para compensar el escondido, inconfesable y doloroso vacío, puede uno procurarse públicos con determinadas características y, ante ellos, ejercer la magia de fascinar mediante la brillantez verbal.

La vida perpetuamente atormentada del escritor japonés no tiene nada que ver con la existencia burguesa, serena, placidísima, de Juan Antonio. Nada en común, a primera vista. Sin embargo, les preocupa a uno y otro, de modo constante, llevar vida noble, saturada de vivencias estéticas, y terminar con una muerte digna, seguida de exequias y honores que se aparten de lo vulgar. En tanto dure su existencia terrenal, los dos valoran en sumo grado la vida social y el brillo en el «gran mundo». Durante su juventud, curiosas oscilaciones de la autoestima les llevan a querer parecer vulgares y, al mismo tiempo, no serlo. Adoptan modismos y estilos de los condiscípulos y de gentes corrientes de la misma edad, pero se sienten descendientes de una casta superior, ya que no de la más rancia y excelsa nobleza.

El padre de Mishima es un funcionario con clara miopía intelectual, que no le impide, como a tantos funcionarios mentalmente miopes de otros países, llegar a director general. Es un burócrata que llega a entender bastante de pesca. Quiere lo mejor para su hijo y considera que para ello no debe leer libros ni, menos aún, escribirlos. El padre de Juan Antonio es todo lo contrario. Imaginativo, humanista, médico escritor, desea que su hijo siga sus pasos y le enorgullece pensar que Juan Antonio le supere en todo algún día.

Cabe proseguir el largo recorrido de sus vidas paralelas que, por serlo, no coinciden en otros aspectos, salvo en raras y curiosas anécdotas. Juan Antonio cincela su mundo interior por caminos éticos y estéticos. Aspira a un camino de perfección moral para sí mismo y para su familia, que basa en grados de ascesis religiosa compatibles con el gusto por lo mundano. Vive rodeado de amigos muy cultos y, por añadidura, goza con el halago de sentirse admirado por amigas de sensibilidad exquisita. Las madres de sus amigas, no menos refinadas, también le aman y admiran. Su personalidad logra cotas de madurez en plena juventud; la tarea de ayudar a otros enriquece en valores humanos al ayudado y al terapeuta.

Como contrapartida, la vida del escritor japonés se orienta hacia la adoración del propio cuerpo; inmaduro, cae en un morboso culturismo con ribetes homosexuales, sádicos y masoquistas, correctamente autodiagnosticados. Consciente de la inmadurez de su personalidad, busca ayuda psiquiátrica que se encarga de bloquear él mismo, como tantas veces sucede.

¿Y las anécdotas? Mishima incurre en extravagancias fotográficas, que merecen justas críticas de Juan Antonio. Ahora bien, ¿Qué diría su biografiado si viese en la prensa la foto de tan ilustre psiquiatra disfrazado de Napoleón o de José Bonaparte, con gorro y todo?

El escritor japonés escoge, para el póstumo homenaje a sí mismo, una foto en la que aparece con un gato en brazos. Juan Antonio quiere pintar un gato antes de morirse, pero no le da tiempo de terminarlo. Antes había dibujado un felino con cierto aire intelectual, del que sólo se ve la cabeza porque está metido en un cesto. Raro y muy curioso gato avallejado, que tiene, sin duda, algo de subconsciente autorretrato.

Otra coincidencia: el *sappuku* de Mishima tiene lugar en Tokio, a fines de noviembre. Es la misma época del año en que, en Madrid, se confirma el diagnóstico de la enfermedad mortal, a corto plazo, de Juan Antonio.

Como todo el mundo, pero más que la gente corriente, uno y otro escritor han utilizado máscaras psicológicas para sus múltiples personalidades. Pero llega un momento en que los disfraces dejan de serlo. Los periodistas japoneses comprendieron, de pronto, horrorizados, que estaban muy lejos de presenciar una payasada más del histriónico escritor. Los militares que por allí había vieron igualmente que el «Hara-Kiri» dejaba de ser un simulacro propagandístico. Esta vez iba en serio. Ochocientos soldados y numerosos policías advierten en el rostro de sus jefes una expresión alarmada y sombría. Los pilotos de los helicópteros de la policía y los expertos de la televisión, congregados para un espectáculo pintoresco, presintieron de pronto la tragedia inevitable e inminente.

A fines de noviembre, en su casa de Madrid, llega para Juan Antonio su hora española de la verdad. Lo más sincero de la obra de Ernesto Hemingway, otro escritor que usó muchas máscaras en su vida, gira en torno a la vivencia de la hora española de la verdad. En los libros hemingwayanos, la expresión proviene del mundo taurino. En la Fiesta hay que contar con la presencia ineluctable de la muerte que se da o se recibe. Es el momento de la verdad, en el cual no caben máscaras de ninguna clase.

Tan cosmopolita como Hemingway era el poeta Agustín de Foxá, que se llamaba a sí mismo el último de Filipinas. Buen comedor y bebedor, como el compadre Ernest, de los toros y del vino de España. El conde de Foxá, tan deslumbrado como Juan Antonio por la belleza de la cultura oriental, escribe esa joya de teatro poético que se llama «Cui Ping Sing». Un día se entera de que le ha llegado su muerte española. Sabe Agustín de Foxá que se va a morir con un pañuelo blanco bajo la mandíbula. Como su admirado amigo *Manolete,* que en 1947 era otro cosmopolita recién llegado de América, que todo lo tuvo y todo lo perdió en una plaza de pueblo, y se nos murió, igual que Sánchez Mejías, «noche de agosto arriba».

¿No hay cosmopolitismo ni exotismo en los prolegómenos de la muerte española de Juan Antonio? Existen dos datos, de significativo valor simbólico. El primero es su viaje a Japón, del cual regresa, si lo quisiéramos ver así, para morirse en España. Nada más llegar, reúne a sus colaboradores para contarles en una cena, observaciones y anécdotas, «japonerías», como cariñosamente le gustaba decir. En realidad aquello fue un banquete de despedida. A continuación llamaría por separado a sus ayudantes más inmediatos para decirles, individualmente, que le había llegado la hora de la verdad.

El segundo dato, cosmopolita y exótico, ya en trance de muerte, se convierte, por su propia intensidad poética y mística, en leyenda piadosa. Familiares y amigos lo cuentan con distintas versiones, todas parecidas. Pide a una amiga de su juventud, al saberla en viaje hacia Tierra Santa, que vuelva pronto y le traiga un rosario con crucifijo, todo de madera de olivo. Deseo de perfección hasta en eso. Insiste en el ruego: que sea de madera de olivo. Cuando su amiga regresa, Juan Antonio pasa ya más horas dormido que despierto. Pero el crucifijo llega a tiempo y con él entre las manos dejará este mundo. Respetemos el deseo de no mencionar el nombre de la amiga de juventud:

> Puedes contar que regresé a tiempo de dárselo a la familia. A él no me permitieron pasar a verlo. Le traje un rosario, efectivamente de olivo, con una imagen de Cristo de muy pequeño tamaño. No quiero que mi nombre salga a relucir a propósito de esta anécdota.

Es un crucifijo sencillo; el que le iba a Juan Antonio. Su padre, el coronel médico don Antonio Vallejo-Nágera, tuvo siempre uno enorme sobre su mesa de despacho, un Cristo de madera, imponente como el de un inquisidor, un grueso palo esculpido, ascético y tremendo, que presidió la vida y la muerte del viejo hidalgo hispanogodo. La religiosidad del hijo, tan sincera como la de los antepasados hidalgos y castellanos viejos, no necesitaba pregonarse. Se expresa a la pefección en ese menudo crucifijo de olivo mediterráneo, traído de un país en el cual varias razas y religiones piden todos los días a los cielos la virtud suprema de la tolerancia. En ella también era doctor Juan Antonio.

La difícil serenidad: fundamentos morales

Virtud o rasgo admirable, la serenidad. Bajo ese nombre, es una adquisición cultural reciente de la humanidad. Sus bases hay que buscarlas en las cuatro virtudes tradicionales: Prudencia, Justicia, Fortaleza y Templanza.

La Prudencia se representa en Francia, a fines de la Edad Media, como portadora de una criba para separar grano y paja, verdad y error. Lleva un espejo para que, conociéndonos plenamente, regulemos la propia conducta. Encima de la cabeza porta un ataúd y a los pies un saco del cual salen piezas de oro. En el brazo, un escudo con los emblemas de la Pasión de Cristo. De este modo levanta los ojos hacia la Eternidad, piensa en la muerte y abandona las riquezas. El brazo, protegido con el escudo, le da fuerzas sobrenaturales para luchar contra el mundo.

La Justicia, moderadora de deseos, se representa con dos espadas y al fondo una cama con una almohada. El juez debe sopesar la sentencia con todo reposo. El cojín es la misericordia que templa la decisión. Una balanza simboliza la noción de equilibrio.

La Fortaleza, a fines del medievo francés, era una torre de la que salía un dragón. El pecado intenta entrar en la Fortaleza, pero el hombre fuerte lo arroja fuera. Se halla de pie sobre una presa de lagar, para significar que no se trata de fuerza bruta, sino del triunfo del alma sobre ella misma. Sobre la espalda, un yunque subraya que no es tanto fuerza que resiste sino que se complace en ejercerse; una fuerza a la que la lucha embellece.

La Templanza se representa con un reloj sobre la cabeza, símbolo del ritmo que debe regular la vida del prudente. En la boca, un freno, para ser maestro de las propias palabras. En la mano, un par de lentes, para discernir claramente, incluso en la niebla. Los pies, calzados con espuelas, se apoyan sobre las ruedas de un molino de viento. Las espuelas aluden a la madurez del espíritu; el molino, al trabajo regular. La virtud de la Templanza es representada por los artistas italianos con un vaso en cada mano; vierte el contenido de uno en el otro, como si echase agua al vino para reducir sus efectos o como si se tratase de apaciguar la fuerza del deseo libidinoso.

¿En qué medida estaban, dentro de Juan Antonio, integradas las cuatro estatuas de matronas, las cuatro virtudes fundamentales? Se le había educado durante muchos años para que las llevase sin afectación, sin que se le notara. Es indudable que a las grandes pasiones, fueran apacibles o impetuosas les echaba agua: el afán de mandar, incluida la pasión de ser catedrático, bien que lo aguó. La lujuria —insistimos en que fue buen esposo y hombre de una sola mujer—, la codicia, la envidia, los celos, la venganza, la ambición, el odio, siempre estuvieron a remojo. ¿Y las pequeñas pasiones? Es dudoso que, si pasión, sea pequeña. Una tuvo, bien definida: el justiprecio de su trabajo y de su arte, que se tradujo en la práctica por evitar tareas mal pagadas. Especialmente en el ámbito de conferencias y libros. Por algo dijo en televisión Camilo

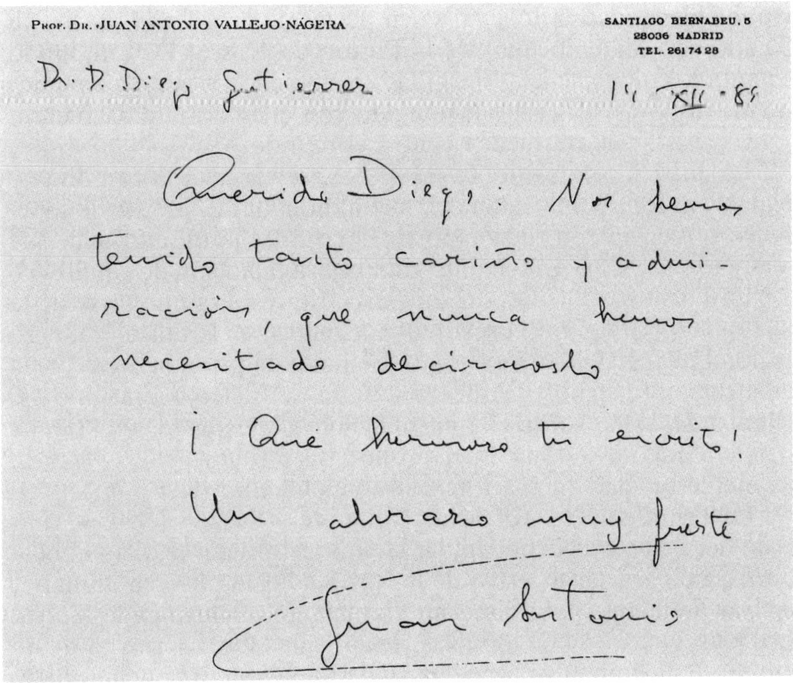

PROF. DR. JUAN ANTONIO VALLEJO-NÁGERA

SANTIAGO BERNABEU, 5
28036 MADRID
TEL. 261 74 28

Dr. D. Diego Gutiérrez

14 XII 85

Querido Diego: Nos hemos tenido tanto cariño y admiración, que nunca hemos necesitado decírnoslo.

¡Qué hermoso tu escrito!

Un abrazo muy fuerte

Juan Antonio

Como Diego Gutiérrez Gómez, compañero de curso, de oposiciones y de avatares profesionales, bastantes amigos recibieron cartas similares por las mismas fechas

José Cela que el enemigo natural del escritor es el editor. Vallejo lo tenía profundamente grabado; no era que le gustase el dinero, sino que le desagradaba que, con triquiñuelas, se llevaran otros el suyo. Alejó a conciencia cualquier posibilidad de despilfarro. A cambio, con los pacientes fue siempre generoso, magnánimo, incapaz de explotar el sufrimiento humano. La soberbia le tentó poco, pero le tentó, como a todos; era, por naturaleza humilde y sencillo, aunque presumía superficialmente de casi todo. La antiquísima vanidad, rebautizada como narcisismo, resulta útil en la vida mundana de hoy; el suyo tenía ese matiz pragmático que llegó a encauzar por caminos de *marketing* y plataforma de imagen pública. En términos del filósofo Carlos Gurméndez, fue capaz de usar la pasión como instrumento, sin sufrirla demasiado como alienación. Nos queda el espacio de la ociosidad y la pereza, en cuyas aguas adquirió singular estilo. Nadaba en el ocio como un ácrata plácido, haciendo de su voluntaria pereza virtud distinguida y de buen tono social. «Me he vuelto algo vaguete», escribió de sí mismo. Desde la antesala de la existencia contemplativa, gozó subrepticiamente sus placeres. Pero no perteneció a la cofradía de los perezosos porque le sobraba temperamento de hombre de acción. Su ocio no lo quería para no hacer nada, sino para llenarlo de actividades creativas y gozosas que templan el ánimo. Llevarlo templado es mejor que su contrario, sobre todo para recibir malas noticias.

El temple se logra merced al orden en el propio yo, premisa indispensable para la tranquilidad del espíritu. La clásica «temperantia» latina tiene que ver conceptualmente, para lectores españoles de Pieper, con un vocablo castizo: «crianza». En esto, Juan Antonio fue privilegiado. A su innata predisposición al gozo, se superponen experiencias gratas en la primera infancia y una voluntad de ser feliz, aupadas por la inteligencia y la virtud. Los padres, con las condiciones derivadas de sus respectivos temperamentos, fomentan en él sentimientos de nobleza. Procuran el crecimiento armonioso de cualidades destinadas a hacer de él un hombre virtuoso, en el sentido tradicional de la palabra. Los maestros de su juventud siguen una línea clara y recta, coherente con las creencias de los padres. Hoy, los desmitificadores oficiales lanzan andanadas de lodo sobre la institución de la familia y sus valores. Se oponen a estos valores tradicionales los profesionales de la mala educación. Los faltos de buena crianza están, como es natural y perogrullesco, en contra de ella.

Dedicatoria de un libro a su secretaria Isabel, el 23 de noviembre de 1988

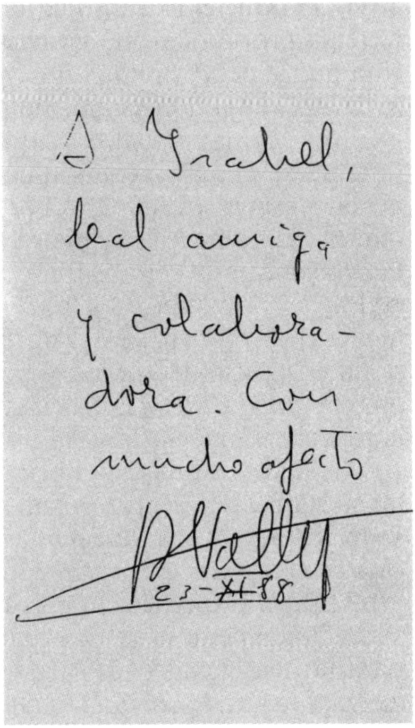

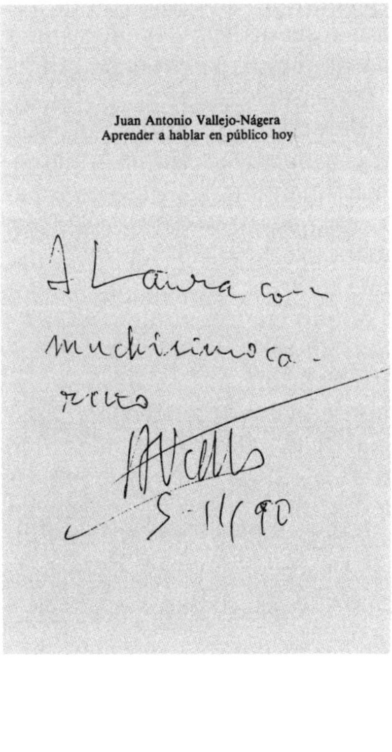

Dedicatoria del último libro a su secretaria Laura, en vísperas de su fallecimiento

Juan Antonio bebió desde la niñez en las fuentes de valores del clasicismo pagano y del cristianismo. Es hombre de clara filiación cultural. Su intensa vida hacia el exterior, a la vez profesional y mundana, puede dar la superficial impresión de que sus bienes son sólo los de aquí abajo. Es cierto que hasta última hora se aferra a pautas de vida social como si no se estuviera muriendo. A punto de quedarse, a lo Quevedo, callado para toda la Eternidad, compone una preceptiva para hablar en público. Precisamente porque se sabe atado todavía, por días o por horas, a los editores, a los discípulos y a la familia, no deja que nada que él pueda controlar quede suelto. Son cosa suya los gastos que ocasiona su fallecimiento. Un lazo, que no se sabe muy bien si es aún de este mundo, lo vincula a quien ha de redactar el certificado de defunción y a la empresa, hoy son empresas, encargada de los servicios funerarios. Algún pensador ha escrito que nuestra muerte no es cosa nuestra, que es cosa —ya— de los demás. El morir de Juan Antonio es asunto suyo, que atiende de modo sereno y juicioso.

Alfonso Ussía tuvo que dedicarle dos elogios fúnebres: el primero, todavía en vida, porque, sabiendo que los amigos escribirían sobre él, le apetecía saber lo que dijesen. Del 6 de diciembre de 1989 data uno de los artículos de Alfonso; del 15 de marzo de 1990, el segundo. Ahora ya puede hablar de su muerte; en el otro, no. Cuestión de buena educación, de elegancia del alma, de sutil humor vallejiano. Dijo que prefería un epitafio en que constase que murió a muy avanzada edad y no a sus 63 lúcidos y muy jóvenes años. Al besarle su amigo Ussía la mano, tan débil, comentó Juan Antonio que le había despedido como lo haría con un cardenal de la Iglesia.

Más allá de la difícil serenidad

Tener serenidad no es fácil si se barrunta el fin. Comenta la doctora María Dueñas:

> Vallejo, en los últimos tiempos, estaba pendiente de múltiples revisiones médicas. Nos hablaba de sus chequeos. Se preocupaba mucho de investigar una hernia de disco, la vejiga, la úlcera de estómago. El tío Félix falleció poco antes de una enfermedad muy dolorosa.

> Vallejo sufría, al igual que su tío, dolores de espalda; los dos recibían masajes del mismo tipo. Se practicaba análisis de sangre muy a menudo, sabedor de las enfermedades que a su edad pueden aparecer. Era muy estricto en sus revisiones. Tenía preocupación y miedo en general a la enfermedad, sobre todo si se acompaña de dolor físico. Tenía muy presente que su padre y el tío Félix soportaron enormes dolores. En cuanto él se sintió enfermo de gravedad, la primera medida fue atenuar la sensibilidad dolorosa. Pensó en la sección del plexo solar y de los filetes nerviosos, con tal de no sufrir.

Aunque parezca de regusto kafkiano es inevitable recordar que su biografiado, Mishima, sufrió atrozmente en los últimos instantes, tras abrirse el vientre, porque el ayudante Morita no acertó con la espada a rematarlo. Cuando Morita, a su vez, se hace el *sapukku,* pide a Furu Koga, su ayudante, que no le deje sufrir. Furu Koga, hábil esgrimidor cuya pericia elogia Juan Antonio en breve alusión, decapita de un solo tajo a su amigo. Tras la breve interrupción María Dueñas continúa:

> Tuvo la certeza del diagnóstico y del pronóstico el viernes 24 de noviembre de 1989. Estaba recién llegado de un viaje al Japón. Comenzó a sentir molestias que a él le hicieron pensar en un proceso pancreático. Y tenía razón. Pero otros médicos lo atribuyeron a la úlcera y a la hernia discal. Vallejo se hizo su propia historia clínica, fechada el martes 21 de noviembre de 1989. En la clínica de Puerta de Hierro diagnosticaron «posible enfermedad pancreática». Él redactó, previamente y con todo detalle, la historia de cada síntoma, dejando en blanco el diagnóstico. En cuanto se lo comunicaron, me llamó a su despacho. Cerró la puerta y con mucha serenidad, pero con aire grave, me dio la noticia fatal el lunes, cuando ya no le cabía ninguna duda y no existía esperanza. En los días siguientes, que yo imagino terribles para todos los familiares y amigos íntimos, le pregunté sus planes y me contestó: «María, no hay nada que hacer, me moriré antes de cuatro meses.»
>
> Su idea primera era esperar sin decir ni una palabra a sus familiares hasta las vísperas del desenlace. No pudo aguantar y se lo comunicó a los hijos, coincidiendo con las fiestas de Navidad. Primero a María y luego a los otros hijos. Yo iba todos los días a verle a su casa. Él no quería visitas, pero

deseaba estar con gente. La madre de Vicki acudía diariamente. María, su hija, se acababa de casar. Íñigo vino de Estados Unidos; vivía en otro sitio de Madrid, pero pasaba el día con el padre. Sandra le acompañaba lo más posible.

Vallejo, desde que supo el diagnóstico leyó pocos libros. Que yo sepa, sólo uno, de Ricardo de la Cierva. Lo que hizo fue, en tres semanas de enero, terminar su propio libro en el ordenador. Se fue de viernes a domingo a la finca «El Mercachón»; allí escribió bastante y volvió eufórico. «Fíjate cuánto he escrito», me decía.

En conjunto, el primer mes lo pasó bastante bien; paseaba dentro de casa y realizaba ejercicios físicos. Luego tuvo un bajón grande que le duró hasta Navidad. Después empezó a recuperar algo de peso y a mediados de febrero decayó de nuevo. Desde el 28 de febrero hasta el 13 de marzo, día en que murió, permaneció en cama. Hasta el lunes por la tarde se mantuvo consciente.

En la primera semana después de saber el curso irreversible de su enfermedad, pasó todo el tiempo con el catecismo en la mano. Me decía: «No sabes, María, la fuerza que me está dando el simple catecismo.» La expresión le cambió por completo desde que sus médicos le dijeron la verdad. A lo largo del mes de enero subió algo el ánimo y logró una semiaceptación. Antes de Navidad había conseguido esa leve mejoría que le permitió pensar en una posible curación, pero duró poco. Pasó, sin duda, una angustia muy grande todo el tiempo. En las últimas semanas habló mucho con su hijo Íñigo, de quien había estado, relativamente, distanciado. Todos los hijos se volcaron con el padre. Creo que disfrutó, olvidado a veces del tema fundamental, mientras hablaba Íñigo con él de guiones de películas y de temas generales.

El libro que más alegría le dio lo escribió en sus últimas semanas; temía, con motivo, no poderlo acabar. Por otro lado, pintó algunas cosas y andaba empeñado en pintar un gato. Compró láminas de gatos y comenzó el suyo, pero no lo llegó a terminar.

La versión de su íntimo colaborador, Santiago Kassen, completa la de María Dueñas Vallejo:

Me lo dijo, creo, el 29 ó 30 de noviembre de 1989, por la tarde. Terminé la consulta y subí a su casa con la excusa de comentar algunas historias clínicas. La verdad es que estábamos todos preocupados. Días antes, con motivo de su regreso del Japón, nos reunió a cenar a todo el equipo. Esta vez me metió en su despacho, cerró bien la puerta y me dijo: «Mira, Santiago, vengo del médico, todos los resultados confirman que tengo un adenocarcinoma de páncreas. Esto puede ser cuestión de pocas semanas. Hemos de ponernos a trabajar para que vosotros continuéis pasando consulta del mismo modo, aunque yo no esté.»

Te puedes imaginar mi reacción. No fui capaz de decir nada en aquellos momentos. A partir de ahí, él inició una actividad enorme con abogados para dejar todo bien arreglado con su familia. En la consulta quiso que nosotros nos ocupáramos de que los pacientes siguieran atendidos como si tal cosa.

Nos autorizó para usar su nombre y que la consulta se llamara Centro Vallejo-Nágera. Quiso hacerlo todo rápidamente, hasta el membrete de las recetas y la correspondencia. Nos cedió los libros de su biblioteca médica y deseó que siguiéramos con las mismas secretarias que él tenía, Laura e Isabel. Para nosotros es un orgullo seguir trabajando bajo el nombre de quien nos ha tutelado durante años.

Peldaños de aceptación

¿Cómo recibe una persona normal la noticia de que se va a morir en el plazo de pocas semanas? No faltan hombres de ciencia que se hayan ocupado de tan tremendo asunto aplicando al estudio los métodos descriptivos, como ante cualquier otro fenómeno de la naturaleza. Varias fases han sido descritas al respecto. En primer lugar suele aparecer la negación de la noticia. El enfermo y quienes le quieren, no pueden aceptar lo que se les comunica. Debe ser un error de los médicos. Cabe imaginar que la moderna tecnología, las complicadas máquinas encargadas de analizar y diagnosticar desarreglos del cuerpo humano pueden desarreglarse ellas solas. ¿Por qué no un fallo técnico? Error en los ordenadores, error en los médicos. Tal vez se hayan confundido los datos; pueden haber puesto equivocadamente en una historia clínica el nombre de otro paciente. Todo vale, con tal de negar la evidencia.

Es razonable recurrir a otras opiniones, pedir el asesoramiento de los centros de máxima reputación científica. Lo hizo, y sus médicos españoles también. Los más autorizados especialistas desde los Estados Unidos coincidieron con los colegas de Madrid. No había duda en cuanto al diagnóstico y a la evolución fatal a corto plazo. Desaconsejado el viaje al extranjero, no hay lugar, tampoco, para el «escape a la salud», el vuelo de las defensas de la mente para negar la enfermedad. Un verdadero hombre de ciencia, un médico cabal, cuando se siente enfermo de muerte no suele andarse por las ramas. El doctor Marañón, ideal juanantoniano de forma de vida, puede servirle igualmente de modelo frente a lo inevitable. Don Gregorio decía a sus amigos médicos: «Parece que para mis síntomas no queda otra salida que la trascendente.»

Describen los científicos una segunda fase en la elaboración de la propia muerte. Es una mezcla de resentimiento y de irritación. El paciente se mostraría hostil, acusando de incapacidad a la ciencia médica, a las enfermeras, a los familiares y, en última instancia, al destino y a los poderes celestiales. En el estado irritable-depresivo, atenuado el resentimiento, surgen sentimientos de culpa, sea o no religioso el enfermo. La concepción mágica de la enfermedad como castigo divino, la influencia de alguna maldición, la culpa, en suma, pueden imponerse por encima de otras explicaciones más lógicas de la situación.

La fase siguiente tiene algo de «negociación» o «regateo» con los poderes naturales y sobrenaturales. Se desea prolongar la vida, asegurar la mejor calidad posible mientras uno dure en este mundo, suprimir el dolor físico y el moral. ¿Habría intuido Juan Antonio esta fase cuando se preocupó muchos años antes por los exvotos que cuelgan de las iglesias españolas? Promesas, cilicios, peregrinaciones a santuarios, andando y de rodillas, renuncias costosísimas, son formas de pactar con los poderes sobrenaturales algo así como «soluciones negociadas» cuando la vida corre serio peligro. Entre la experiencia religiosa, la superstición, el pensamiento animista, la magia, la neurosis obsesiva, ¿dónde detenerse?

La concepción de la vida en Juan Antonio era terminante. En su cosmovisión se siente acompañado por Descartes para definir límites claros; por Claudio Bernard y Marañón para dar a la biología lo que es de ella y al humanismo lo que le pertenece. Desde luego, no anda lejos toda esa tradición folclórica de exvotos, los cuadros del Bosco, el tenebrismo hispano, la muerte como regodeo de los pintores, desde Valdés Leal a Solana. Ha visto desde niño esa forma de vivir la muerte en el arte lúgubre del despacho de su padre. Claro está que negocia, por su sangre maragata, con los poderes de este mundo la supresión del dolor y, si se puede decir, regatea, incluso con los editores de sus libros y con los directores de la televisión, para agonizar del mejor modo posible. Del otro lado, hidalgo hispanogodo por rama paterna, debe entregar el alma a Dios, sin más contemplaciones.

La cuarta fase de la elaboración de la noticia no puede por menos de ser netamente depresiva. Depresión normal, duelo porque perdemos todo, porque nos separamos de todo. Ansiedad de separación, duelo por los seres queridos. La eterna bienaventuranza de que nos habla el sacerdote es sin duda mejor que este valle de lágrimas. Pero surge, intermitente, la duda inoportuna de cuál de las dos orillas es mejor, en el caso de que existan dos orillas.

No sólo a los tan avaros como el personaje de Molière, les duele separarse de riquezas y bienes acumulados durante la vida. Don Antonio Machado pidió y obtuvo de sus dioses hallarse ligero de equipaje en tal momento. No es el caso de Juan Antonio, a quien la muerte sorprende en la cumbre del bienestar material, rodeado de intereses sociales, aupado por una enorme popularidad, aureolado de prestigio profesional, y por si fuera poco, escritor de moda. No, no andaba ligero de bártulos cuando le llegó el diagnóstico. Por eso, como a su biografiado Bonaparte, a él también le estorba, galdosianamente, el equipaje del rey José, camino de la frontera de la otra vida.

¿Cómo elabora la inevitable etapa depresiva normal? Lloró amargamente varios días. Sufrió sin duda la máxima angustia de su vida, la tristeza más profunda imaginable, la que enciende ese deseo de «huida hacia adelante» que impulsa, en otros enfermos, al suicidio y, en él, a solicitar la anulación del dolor y de la conciencia del dolor. Es una depresión «fisiológica», no «patológica», la suya. No pide, ya sabe que no existe, tratamiento para la depresión normal.

Le asaltan, aunque no por primera vez, fantasías de desintegración del propio cuerpo. En plena salud escribió sobre ellas y, principalmente, sobre sus funciones compensatorias, es decir, las pompas fúnebres, los elogios póstumos. De buena parte de los personajes por él estudiados en forma de semblanzas, describe preocupaciones en este sentido. Menos veces se recreó en lo desgarrador e insoportable de la descomposición cadavérica. No se deleita como Shakespeare en evocar el banquete de gusanos, al que todos asistimos en calidad no de comensales, sino de comida. En cambio, hace destacar la belleza de la emperatriz amada por Napoleón a pesar de la fealdad de su dentadura roída, presagio de destrucción orgánica. Junto a la rosada piel de los bellísimos hombros, se apoya el abanico de Josefina para ocultar, cuando abre la boca, el horror de una calavera desdentada en la que no se puede dejar de pensar.

Fantasías de despedazamiento y de aniquilación las tuvo, como todos, aunque nadie quiera pensar en ellas. Escribió sobre el asunto a propósito de la donación de órganos. Con su secretaria Isabel, en las últimas semanas de la enfermedad, hizo gala de macabro humorismo: «No sé si donar mi lindo hígado.»

¿Cuándo decide ordenar su propia incineración? Puede tratarse de una forma de «ir adelante» y convertirse en ceniza cuanto antes. Muy juanantoniano resultaría especificar: «De este modo damos el chasco a los gusanos.» Shakespeare estaría completamente de acuerdo. Así como con su bromear sombrío acerca de la ayuda de los médicos: «Me están dando medicamentos tan eficaces que me moriré curado.» En este momento sería Quevedo, tan mordaz con los galenos, quien se alzara en la tumba para darle la mano.

Vivencias de crueles dolores físicos andan esparcidas por la producción literaria juanantoniana. Sirvan de ejemplo las torturas de prisioneros y heridos durante nuestra guerra de Independencia. En la semblanza de Mishima asistimos a una verdadera orgía de sadismo y masoquismo. Es curioso que hombres tan comedidos como Juan Antonio Vallejo-Nágera y como Gabriel Miró, de ordinario transido de amor franciscano, hayan dejado páginas que ni el propio Kafka hubiera redactado tan angustiosas.

A la última etapa, de aceptación, se llega paso a paso, a medida que se elaboran los duelos de la depresión normal. Los cuales, evidentemente, nunca se elaboran del todo y menos todavía en una enfermedad de corta duración. Los amigos y familiares de los difuntos tienden, en general, a contar, idealizada, la fase final, haciéndola casi gozosa y a menudo bienaventurada. A ello colabora el que va a morir, unas veces de modo pasivo, dejando obrar a la naturaleza, y otras de manera plenamente deliberada, tomando hasta donde pueda la iniciativa. El segundo modo de hacer es el de Juan Antonio.

Salvo un gato a medio pintar, no deja demasiadas cosas inacabadas. Se sabe afortunado y mimado a lo largo de la existencia. Ha vivido bastante, ha colmado sus años; está en paz y conforme con las palabras de la cantata de Bach, que quiere «oír» después de muerto. Con estos pensamientos se puede iniciar la fase de aceptación de lo irremediable.

¿Por qué un gato? En religiones muy antiguas, a orillas del río Nilo, es símbolo a la vez del bien y del mal, de luz y oscuridad, de valores paternos y maternos, incluso del mundo de los padres y del mundo del hijo. Es uno de los seres vivos más aptos para soportar tan cambiante simbología. Juan Antonio y Mishima adoraban a los gatos y gustaban de los disfraces o máscaras sociales. Los dos era algo gatunos, veían en la oscuridad y más allá de las apariencias. En el antiguo Egipto, el gato sagrado atraviesa la noche sin ser visto y busca, hasta identificarse con ella, a la Madre Ideal. Juan Antonio tiene, a lo largo de este libro, no poco de gato afectuoso, de buena familia, juguetón, complacido con la vida. Gato benévolo y protector de sus amigos. Debía saber que, calzado con botas, se convierte en emblema del gremio de los libreros.

El gato no es ajeno a fantasías de clarividencia, telepatía y reencarnación. Cuando sirve de representante a Hecate, diosa de la Muerte, anuncia, si surge de repente, el próximo fin de algún mortal. Soñar con gatos, desde los tiempos de Artemidoro, no es buen presagio. Ese félido a medio pintar no debe pasar inadvertido, por más que Juan Antonio nos susurre, en amable advertencia, casi como un ronroneo, que no le busquemos sus tres pies. Un buen milagro podría resultar, si prosperase el proceso de beatificación que más de uno ha imaginado, el hecho de que el último cuadro, a medio pintar, fuera un gato y además, un búho, una perdiz y también una librería semivacía. El propio artista, que tenía muy agudo sentido de la realidad y prefería inicialmente las explicaciones sencillas y más lógicas, frente a las sobrenaturales, nos diría que tenía varios cuadros empezados. A los pintores les agobia menos que a los escritores el miedo de que la muerte les impida terminar una obra de arte. En su caso, lo más probable es que, al saber el diagnóstico fatal a corto plazo, perdiese un poco las ganas de pintar, aunque no las de escribir.

* * *

En una hora sin duda de muy controlada amargura, explica a la doctora María Dueñas, detalladamente, la forma en que debe redactar la partida de defunción. Ella cede hoy a su compañero Santiago Kassen la palabra, para contarnos las aleccionadoras actitudes de la etapa final. Pero antes de que hable Santiago debemos fijarnos en afirmaciones de Juan Antonio publicadas el 2 de octubre de 1989 en la revista *Panorama*. En un artículo premonitorio se ocupa de las últimas palabras en los enfermos terminales. «La última enfermedad de un ser querido o admirado proporciona un relieve dramático a cuanto pueda decir.» Tras haber escrito esta frase, es consecuente con su temperamento jovial y procura desdramatizar lo dicho; usa, con acierto, pensamientos no exentos de humorismo y de poética ironía, expresados poco antes de expiar por Lady Montagu, San Juan de la Cruz, Ana Pavlova y Tomás Carlyle. Le complace recordar a Oscar Wilde, que afirma morir como siempre vivió, por encima de sus posibilidades. La verdad es que, llegado el momento, está más cerca de San Francisco de Asís, capaz de dar la bienvenida a la hermana muerte. Lo escribe con minúscula, como si supiera que ya está llegando la suya propia.

Tiene ahora la palabra el doctor Santiago Kassen, testigo inmediato:

> La fase de su aceptación es asombrosa. Pasó, naturalmente, por momentos muy dolorosos. Se trata de una enfermedad muy cruel, los pacientes lo pasan muy mal en los últimos estadios. Los tratamientos le producían vómitos tremendos, de cualquier cosa que tomara. La intolerancia llegó a ser total; el malestar, enorme. Por muy entera que sea una persona, se deja tambalear, el ánimo se altera, pero lo llevó muy bien. Su mayor preocupación era la familia. No quería abandonarlos, sobre todo a la esposa; los hijos ya se habían orientado en la vida. Se sentía muy responsable como padre y esposo; despedirse de esa responsabilidad era su mayor dolor. Se refugió en la religión, y como había sido de siempre creyente y practicante, de firmes convicciones, encontró mucha ayuda. Debió intuir fantasías de beatificación en algunos de los que le visitaban o se interesaban por él. Yo le veía dos o tres veces por semana desde que me comunicó la situación.
>
> Tenían a Conchita, que en los últimos meses se convirtió en su mano derecha y en todo su cuerpo y su mente. No sé cómo pasarían las fiestas de Navidad y Año Nuevo. El panorama no podía ser más triste. En enero se fue unos días a su finca «El Mercachón», obsesionado por terminar su libro *Cómo hablar en público*. Lo pasaba mal; lo veíamos trabajar con muchos dolores, sentado ante el ordenador, incluso con fiebre. También lo vi sufrir mientras dictaba las respuestas de *La puerta de la esperanza*. No se encontraba nada bien.

No siempre podía grabar. Lo ingresaron dos o tres días en el sanatorio de Nuestra Señora de la Luz, y fue lo último. De aquello no se recuperaba, vino muy bajo de forma. El día 12 de marzo subí al piso donde vivía, para verlo antes de pasar mi consulta en la planta baja del mismo edificio. Lo noté con la conciencia muy apagada, con muy poca vitalidad; vomitaba, tenía la conciencia francamente baja y, con todo, sentía dolores muy fuertes. Hasta que se quedó dormido. Tengo la sensación de haber sido el último que habló con él. Me dijo: «Santiago, gracias por todo.»

No era cuestión de consolarle. Le dije que descansara, pero creo que ya no me contestó. Al día siguiente al avisarme de la muerte dejé todo en el acto y llegué a su casa. José Luis González, María Dueñas y yo, reconocimos el cadáver. María cogió el bolígrafo y firmó el certificado de defunción.

Él me llegó a decir algún tiempo antes que le gustaría ser enterrado en el patio de un convento de Carmelitas Descalzas. Tenía contactos con varios centros de esa comunidad. Se lo dije, después del fallecimiento, a la familia. Juan Antonio dispuso que lo incinerasen, y creo que están las cenizas en el cementerio de Madrid.

* * *

Tiempo de elegía

«Cuando los ojos no te sirvan sino para asomarte a ellos.
Cuando cubra tus hombros el éxtasis y tu mirada sea un musgo de campanas.
....
Cuando sientas que la muerte es un modo de templar sosegado.»

LUIS ROSALES.

Dice Josechu Sanz de Diego:

Hay una nota discrepante en las palabras de Juan Antonio, en las últimas semanas. Me lo contó mi hermana y le dije: «No puede ser que lo haya dicho Juan Antonio.» No lo creía hasta que lo vi en la televisión, grabado en vídeo. Es el único punto discrepante con su manera de ser, en un

> hombre tan inteligente. Repusieron la entrevista en televisión y me pareció que contaba ante las cámaras un consuelo muy tonto, propio de gente mucho más simple, incompatible con la personalidad de Juan Antonio. Dijo que tenía muchas ventajas creer en la otra vida. Si la hay, estupendo; y si no, estupendo también, porque vives con esa esperanza, y luego, si no hay nada, pues no te enteras y en paz. «Y si no, que te quiten lo bailado.» Esto sólo encaja en un aspecto de la mente suya: en lo práctico, en lo realista. En ese sentido encaja, efectivamente. No te llevas chasco. Pero que sea eso un consuelo para él, no me entra en la cabeza.
>
> Tú que le conociste, ¿crees que esa frase corresponde a la altura de su personalidad? No lo dijo a la ligera. Me da pena que lo haya dicho en serio, creo que convencido. ¡Cuánto le convenía creer en otra vida! ¡Qué ejemplo de conveniencia!

Josechu se ha puesto serio, grave y hasta dolido. Luego sigue hablando de la religiosidad de su amigo:

> No era de misa diaria. Los domingos, con la familia, sí. Encajó el desenlace como algo muy real y muy natural. Esa actitud de las últimas semanas es consecuente con su realismo de toda la vida.

La entrevista de Jesús Hermida en el programa *A mi manera* se pudo ver en televisión el 15 de enero de 1990; se reproduce íntegra en el libro *Color en un mundo gris*, editado con *copyright* de Juan Antonio Vallejo-Nágera en 1991.

La reacción de Josechu la he comentado con diversos amigos. Una doctora experta en confortar sufrimientos, me replica que si un consuelo consuela, no puede ser tan simple. Si sirve, es bueno y, como el propio Josechu señala, es práctico. En sus últimas entrevistas, Juan Antonio, sabiendo que se iba a morir en breve, habla ante un público muy heterogéneo, en su mayoría simple, no intelectual. No es imaginable que le diera, en tan corto plazo, por leer profundas meditaciones de teólogos antiguos o contemporáneos. Y, sin embargo, algunas cosas que dice o hace son semilla de cristianos. Viviendo y muriendo, del Señor somos y a él volvemos. No precisa citar a San Pablo: «He llegado a la meta en la carrera, he conservado la fe.» Esa es su actitud profunda, la de siempre, a pesar de que bajo los focos de la televisión parezca obligado efectuar guiños con los ojos y con el alma. El maquillaje incómodo y las luces del plató impiden traer a colación aquella epístola a los tesalonicenes: «No os entristezcáis como los demás, que no tienen esperanza. Porque si creemos que Jesús murió y que resucitó, de la misma manera, Dios llevará consigo a quienes murieron en Jesús.»

En el catecismo del padre Astete Vilariño se mencionan catorce artículos de la fe. Los siete primeros corresponden a la Divinidad, y los siete restantes, a la Santa Humanidad de Nuestro Señor Jesucristo. Entre estos últimos, el quinto dice: «Resucitó al tercero día.» En la doctrina del mismo catecismo se afirma que al fin del mundo han de resucitar todos los muertos con los mismos cuerpos y almas que tuvieron. También se dice, en la tercera parte, que estamos obligados a hacer actos de fe, esperanza y caridad en peligro de muerte.

La fe es un don que se tiene o no se tiene; se apoya en una superación de la certeza científica; si no, no sería fe. Si la existencia del mal es el mayor obstáculo para la fe, el hecho de la muerte, máximo mal, pone nuestras convicciones ante la más dura prueba. ¿Y si todo esto, por lo que he vivido yo y por lo que ha vivido y dado la vida tanta gente desde que el mundo es mundo, no fuera más que una especie de carnaval? ¿Y si no hubiera nada absolutamente? Al verdadero creyente no le hacen falta los argumentos para demostrar la existencia de Dios; al incrédulo no le convencen, por más que resulten de impecable construcción gramatical y lógica. Para el creyente existe la victoria sobre la muerte. Para unos la fe es huida; para otros, audacia. La más fuerte convicción en la otra vida no la prueba, por intensa que sea, ni aunque lo haya creído así durante siglos la mayor parte de la humanidad. «La sed no es prueba de la existencia de la fuente.» Algunos se consuelan mirando más hacia atrás que hacia adelante; la sensación de haber obrado bien, de haber sido justo, parece confortarles más que la esperanza en la vida eterna.

La conversación con otro amigo, que prefiere silenciar su nombre, se centra en el tipo de religión que puede prosperar en nuestro tiempo: un catolicismo «blando», piadoso, bueno para burgueses que se dicen apolíticos. Con el debido respeto, Juan Antonio y el padre Martín Descalzo encajarían juntos en él, mucho más que don Antonio Vallejo-Nágera, cristiano hispanogodo. Andamos hoy en vecindad de los agnósticos, para quienes la religión sería buena cosa, porque morirían más consolados. Es una «envidia» del catolicismo, triste y nostálgica, que mira desde fuera.

La muerte vallejiana cumple la norma general cristiana: el mismo Jesús, en el momento crítico, tiembla y gime sintiéndose abandonado. De todos modos, a partir de cierto momento, lo que haya dicho en público, y lo cogitado en los quebraderos de sus últimas somnolencias, es producto de circunstancias excepcionales, en el límite definitivo de la existencia.

El auténtico *momento de la verdad* de Juan Antonio no tiene lugar en febrero de 1990, ni menos aún en los pocos días que le quedan en marzo entre las sábanas donde yace agotado. El suyo de veras coincide con aquella fecha de noviembre de 1989 en que recibe la noticia de su muerte, próxima e inevitable. La decisión de ponerse a bien con Dios, lo define como católico que se siente dentro del seno de la madre Iglesia. Con ese espíritu se despide por carta de varios amigos. A continuación viene la avalancha de presiones de los medios de comunicación; se pone en marcha todo un proceso de muerte «consumista». No pierde autenticidad lo auténtico, pero queda semioculto por la hojarasca.

Muertes famosas que no sobraría evocar aquí, como las de Sócrates, sabio y hombre público; Séneca, tan estoico como mundano, y, sobre todo, Petronio, el primer dandi, el árbitro de todas las elegancias, sufren similares influencias del entorno. Más cerca de nosotros, la gallardía y popular majeza de Francisco Rivera, apodado *Paquirri* en los ruedos taurinos, es un ejemplo de muerte a la española usanza. Mientras se le va la vida en la noche del 26 de agosto de 1984, pide calma a los circunstantes, habla sereno con su médico instándole a cumplir con su obligación y sonríe a la cámara de televisión y a los periodistas que invaden la enfermería. Juan Antonio, en cierto modo, se muere de la misma manera. Pese a la apariencia de publicidad y de *marketing* llevado a su más extrema situación, se trata de una muerte auténtica, del momento de su verdad individual.

Ausencia y permanencia de Juan Antonio Vallejo-Nágera

Juan Antonio no querría que un homenaje a su persona terminase con notas graves, con sones de bordón. Recae sobre todos los que le hayan tratado, leído, seguido en radio y televisión, la tarea de recordar su paso por el mundo tal como fue: alegre, activo, incansable, impaciente por hacer el bien y por hacer las cosas bien. Compaginemos la necesidad suya con la nuestra, la de seguir elaborando el duelo de su ausencia. Para los amigos, es inevitable sentir que un airecillo elegíaco menea los trigos de Paredes de Nava y los arbolicos municipales de la calle de Santiago Bernabéu. Proviene dicho aire de la singularidad de su partida y de la reacción individual de cada uno de los que le conocimos. Tan auténtico es el sentimiento de pesar, a solas en nuestra casa, por la falta del amigo, como el gozo fuera de ella, viendo renovarse con los ciclos del año, los árboles y los trigos que simbolizan su persistencia.

Él desearía que hiciéramos nuestro duelo con optimismo, por más que parezca paradójico. Si notamos, como Luis Miguel *Dominguín* en la puerta de cuadrillas, una mano helada en la sien, procuremos sentir gratitud hacia el destino; en cuanto se pueda, busquemos el buen humor contagioso en el que Juan Antonio era maestro, como en tantas cosas. O por lo menos, hagamos lo necesario para acercarnos, con tranquila alegría, con digna entereza, al sosiego y serenidad de los claros varones de su estirpe.

Demos tiempo a la meditación tranquila para que la pena, trascendida, transfigurada, nos lleve por los caminos de las mejores elegías españolas a encontrarnos con nuestro verdadero, personal y permanente Juan Antonio. No los empleados de servicios funerarios, sino los hombres de letras, nos dirán que él ya tiene la misma edad de Dios; que veremos su luz celeste en las noches más hermosas de las llanuras de Tierra de Campos, sintiendo que, desde lejos, nos mira. Hay paz y a la vez inquietud, en el firmamento estrellado de las noches de verano en Castilla. Y ocasión para dar, en nuestras reflexiones, no más importancia de la que tienen, a los trajines de este mundo.

Jorge Guillén, poeta paisano, casi de la familia, halla en la muerte toda la dignidad de la obediencia; hace del amigo ausente una presencia vital en compenetración íntima. Con palabras de Jorge Guillén puede recordarse al doctor Juan Antonio Vallejo-Nágera en su propio terreno, en su tarea de siempre:

> Coloquio en incesante crecimiento.
> Las palabras ya dichas no se pierden,
> y desde su pasado nos alumbran
> Más espaciosas comunicaciones...

cronología

La selección, sumamente perfectible, subjetiva y no poco arbitraria por parte del autor, de hechos acaecidos durante la vida de Juan Antonio Vallejo-Nágera Botas resalta, de acuerdo con el talante del biografiado, lo humanístico y literario, a expensas de los avatares políticos y de otros órdenes. Se omiten, en general, las atrocidades de que ha sido capaz la humanidad durante ese período: el silencio sobre ellas es de sobra elocuente para todos. Por otra parte, para el relevo de generaciones deberían constar por partes iguales la lista de personalidades que nos dejan cada año y la relación de las que vienen. La primera es, desde varios puntos de vista, mucho más segura, aparte de invitar a reflexiones de distinto alcance.

1926 Nacen Juan Antonio Vallejo-Nágera, Ricardo de la Cierva, Ana María Matute, Jesús Fernández Santos, Jorge Ferrer Vidal, Luis Jiménez Martos, Marilyn Monroe, Luis Miguel *Dominguín,* Aurora Bautista, Francisco Rabal, Roger Vadim, Ángel Peralta, Valery Giscard d'Estaing, Leopoldo Calvo-Sotelo, Nicolás Redondo e Isabel II de Inglaterra.

Muere trágicamente en el ruedo de Málaga el matador Manuel Báez *(Litri)*. Fallecen el doctor Ramón Turró, el arquitecto Gaudí, el poeta Rilke, el pintor Claude Monet, el actor Rodolfo Valentino y el emperador japonés Yosi-Hito. El coronel Francisco Franco Bahamonde es ascendido a general de brigada por méritos de guerra. En Milán se estrena *Turandot,* de Puccini. El científico escocés John Baird presenta un aparato que denomina «televisión», considerado por el Royal Institute «interesante y perfectible». El 2 de enero comienzan en España los diarios hablados por radio. El general Primo de Rivera ordena recoger las publicaciones pornográficas y clausurar *music-halls*. Marañón publica *Tres ensayos sobre la vida sexual*. Ramón Gómez de la Serna: *La malicia de las acacias* y *El torero Caracho*. Wenceslao Fernández Flórez: *Las siete columnas*. Grazia Deledda, Nobel de Literatura. Vuelo del *Plus-Ultra* a Buenos Aires.

1927 Bicentenario de Góngora. Los poetas de la generación del 27 se congregan en Sevilla ayudados por el mecenazgo de Ignacio Sánchez Mejías. Alberti: *El alba del alhelí*. Cernuda: *Perfil del ave*. doctor Gonzalo R. Lafora: *Don Juan, los milagros y otros ensayos*. Ramón Gómez de la Serna: *La mujer de ámbar*. Hermann Hesse: *El lobo estepario*. Blasco Ibáñez: *A los pies de Venus*. Henri Bergson, Nobel de Literatura. Nacen Juliette Greco, Gina Lollobrigida, Fidel Castro, Juan Benet, Rafael Sánchez Ferlosio, Narciso Yepes, Ronald Laing. Muere Isadora Duncan. En Estados Unidos son ejecutados en la silla eléctrica Sacco y Vanzetti, acusados y sospechosos de anarquismo, pese a la escasez de pruebas.

1928 Se incendia en Madrid el teatro Novedades y perecen doscientos espectadores. Se escapa un oso en el Retiro y provoca escenas de pánico. Se funda el Opus Dei. Lorca: *Romancero Gitano*. Jorge Guillén: *Cántico*. Giménez Caballero: *Yo, inspector de alcantarillas*. Dalí-Buñuel: *Un perro andaluz*. Nacen Jeanne Moreau, Adolfo Marsillach, Félix Rodríguez de la Fuente, Gabriel García Márquez, doña Fabiola Fernanda de Mora y Aragón, Ernesto *Che* Guevara, Carlos Barral. Paulino Uzcudun, campeón de Europa, conserva su título después de derribar por K.O. a Hayman en San Sebastián.

1929 Exposición Internacional Barcelona-Sevilla. Nacen Grace Kelly, Jacqueline Kennedy-Onassis, Hassan II de Marruecos, Ana Frank, Audrey Herburn, Jürgen Habermas, Milan Kundera y Martin Luther King. Thomas Mann, Premio Nobel de Literatural. Pedro Salinas: *Seguro Azar*. Lorca: *Poeta en Nueva York*. Doctor Gonzalo R. Lafora: *La psiquiatría en el nuevo Código Penal español de 1928*. Ignacio Sánchez Mejías estrena *Zayas* en Santander. Aldous Huxley: *Contrapunto*. Mueren Max Scheler, Hugo von Hofmanstaal y el pintor Ángel Lizcano. El explorador Amundsen muere en el Ártico al intentar rescatar a Umberto Nobile.

1930 Fin de la dictadura del general Primo de Rivera, que dimite el 28 de enero y marcha a París, donde fallece el 16 de marzo. Sublevación de Jaca. Ortega: *La rebelión de las masas*; Ramón Gómez de la Serena: *La Nardo*. López-Ibor: *Lo vivo y lo muerto del psicoanálisis*. Sinclair Lewis, Nobel de Literatura. Nacen Antonio Gala, Antonio Saura y Jordi Pujol. Mueren, además del general Primo de Rivera, el pintor Julio Romero de Torres, el escritor Gabriel Miró y el poeta de la generación del 27, y criador de reses de lidia, Fernando Villalón.

1931 Exilio de don Alfonso XIII y proclamación de la República. El ministro de la Guerra, señor Azaña, inicia el retiro de los generales y de la mayor parte de la oficialidad, reestructura las divisiones del ejército y desmilitariza Marruecos. Se regulan las posibilidades de ascenso de los suboficiales, desaparece el Consejo Supremo de Justicia Militar y se clausura la Academia General de Zaragoza por fomentar el antirrepublicanismo. El Parlamento aprueba una ley de Defensa de la República. El señor Azaña, por otra parte, se ha dirigido a la Cámara afirmando que «el pueblo español ha empezado a dejar de ser católico». La prensa comenta la estadística de más de medio millón de tuberculosos en España, de los que anualmente mueren unos cincuenta mil; pertenecen, sobre todo, a clases modestas. Unamuno: *San Manuel Bueno, mártir*. Pemán: *El barrio de Santa Cruz* y *Elegía de la tradición de España*. Lorca: *La zapatera prodigiosa*. Ramón Gómez de la Serna: *La hiperestésica*. Fernández Flórez: *El malvado Carabel*. Manuel Azaña: *La corona (drama en tres actos)*. Nacen Juan Goytisolo, James Dean, Leslie Caron y Annie Girardot.

1932 Sublevación del general Sanjurjo. Ramón Gómez de la Serna publica *Policéfalo y señora*. Edgar Neville: *Torerito soberbio*. W. Fernández Flórez: *El hombre que compró un automóvil*. Gran éxito de *Las leandras* a raíz de su estreno en el mes de enero. El Ministerio de Justicia disuelve la Compañía de Jesús en todo el territorio nacional. Se aprueba la ley del divorcio. En relación con demandas de régimen autonómico, la bandera andaluza verde y blanca ondea en la Diputación de Sevilla. Plaga de langosta en Canarias. Nacen Adolfo Suárez, Marujita Díaz, Fernando Arrabal, Carlos Saura, Elizabeth Taylor, Edward Kennedy y Umberto Eco. Muere el pintor Ramón Casas.

1933 Fundación de Falange Española. Revuelta anarquista de Casas Viejas. El Parlamento aprueba la ley de confesiones y congregaciones religiosas, en virtud de la cual se establece el cese de actividades docentes desempeñadas por religiosos, salvo en la enseñanza primaria. El analfabetismo en España no es inferior al treinta por ciento y la escolarización oficial alrededor del cincuenta por ciento. Lorca: *Bodas de sangre*. Miguel Hernández: *Perito en lunas*. Pedro Salinas: *La voz a ti debida*. Agustín de Foxá: *La niña del caracol*. Doctor Gonzalo R. Lafora: *La educación sexual y la reforma de la moral sexual*. Fernández Flórez: *Aventuras del caballero Rogelio de Amaral*. Pemán estrena en Madrid *El Divino Impaciente*, y Valle-Inclán, *Divinas Palabras*. Nacen Kim Novak, Ramón Tamames y Juan Marsé. Mueren el poeta Stefan George y el médico Roberto Novoa Santos.

1934 Revolución de Asturias. Proclamación de la República Federal de Cataluña. El señor Lerroux ultima un proyecto para restablecer la pena de muerte contra delitos de terrorismo y de inestabilidad social. Fusión de Falange Española y de las JONS. Ley para la mejora de la raza en Alemania desde el 1 de enero: los afectados por enfermedades hereditarias, los criminales y quienes hayan cometido delitos sexuales serán obligatoriamente esterilizados. El 8 de abril, el coronel Fernando Capaz ocupa pacíficamente Ifni, «posesión española desde los Reyes Católicos». Pirandello, Premio Nobel de Literatura. Pemán: *Señorita del mar* y *Cuando las cortes de Cádiz*. Muere Ignacio Sánchez Mejías, corneado en la plaza de toros de Manzanares. Inmediatamente, Alberti le dedica al torero una espléndida elegía titulada *Verte y no verte*, así como Miguel Hernández: *Citación final*, que en parte oscurece Federico García Lorca con su *Llanto*, aparecido al año siguiente. El 17 de octubre, a los 82 años, fallece don Santiago Ramón y Cajal.

1935 Comienza la guerra ítalo-abisinia. En Alemania se prohíbe la difusión por radio de la música negra de jazz. Ingreso de Pío Baroja en la Academia. Nacen Elvis Presley y Yuri Gagarin. Primeras actuaciones en Madrid de Manuel Rodríguez *(Manolete)*, en dos novilladas celebradas en la plaza de Tetuán de las Victorias. Lorca: *Llanto por Ignacio Sánchez Mejías*. Agustín de Foxá: *El toro, la muerte y el agua*. Azorín: *Lope en silueta*. Ramón J. Sender: *Mr. Witt en el cantón* (Premio Nacional de Literatura). Pemán: *Noche de Levante en calma*.

1936 Triunfo electoral del Frente Popular. Tras los asesinatos del teniente Castillo y de Calvo Sotelo, el 12 y 13 de julio, estalla la guerra civil española el 18 de julio. El Gobierno se refugia en Valencia y deja la defensa de Madrid en manos de los generales Miaja y Pozas, quienes con el teniente coronel Rojo y la Junta de Defensa han creado un clima de entusiasmo y alta moral, que logra detener el avance enemigo a las puertas de Madrid. Asedio durante sesenta y ocho días del Alcázar de Toledo. José Antonio Primo de Rivera, fusilado en Alicante. Federico García Lorca, en Viznar. El escritor don Pedro Muñoz Seca, fusilado en Paracuellos del Jarama. Por causas no violentas, mueren Valle-Inclán, Unamuno, Ramiro de Maeztu, Eugenio Noel, Apel.les Mestres, Francisco Villaespesa, Oswald Spengler, Máximo Gorki, Chesterton, Grazia Deledda, Pirandello, Alban Berg e Ivan Petrovich Pavlov. Eugenio O'Neil recibe el Premio Nobel de Literatura. Pedro Salinas publica *Razón de amor*. Miguel Hernández: *El rayo que no cesa*. Cernuda: *La realidad y el deseo*. Lorca: *La casa de Bernarda Alba*. Marañón: *El Conde-Duque de Olivares, la pasión de mandar*. Nacen Manuel Benítez *(el Cordobés)*, Glenda Jackson y Úrsula Andress. La guerra civil estalla mientras la familia Vallejo-Nágera veranea en Castrillo de Polvazares (León).

1937 Bombardeo de Guernica el 26 de abril por la aviación alemana. Las tropas italianas ocupan Málaga el 8 de febrero. En el mismo mes, batalla del Jarama. El 1 de mayo se rinde el Santuario de la Cabeza, tras un asedio de nueve meses. Se celebra en Valencia durante el mes de julio el Congreso Internacional de Escritores para la Defensa de la Cultura. Por los mismos días, desde el bando nacional se publica una carta colectiva del episcopado, dirigida a los obispos de todo el mundo, denunciando las matanzas de religiosos, profanaciones y supresión del culto en la zona republicana. Miguel Hernández publica *Viento del pueblo, El labrador de más aire* y *Teatro en la guerra*. Roger Martin du Gard, Nobel de Literatura. En Lisboa inicia su carrera taurina Luis Miguel *Dominguín*. Mueren la actriz Jean Harlow, el compositor Gershwin, Lou Andreas Salomé (vinculada a Nietzsche, Rilke y al círculo de Freud), Alfred Adler y Maurice Ravel. Las tropas japonesas invaden China y se adueñan de su territorio entre julio y diciembre.

1938 Juan Antonio estudia en el Colegio de San José, en los jesuitas, en Valladolid. Decreto de 21 de marzo, declarando nulos los matrimonios civiles en zona nacional. Batalla del Ebro. Con lluvia de abril, muere en París César Vallejo, autor de los versos: *Moriré en París con aguacero*. Muere el escritor Armando Palacio Valdés en el Madrid asediado; en Italia, Gabriel D'Anunzio. Se suicidan en Sudamérica la poetisa Alfonsina Storni y el poeta Leopoldo Lugones. El Tercer Reich se anexiona Austria. Nacen el infante don Juan Carlos de Borbón, futuro rey de España; doña Sofía de Grecia, futura reina de España; Santiago Martín *(el Viti)*; Claudia Cardinale y Romy Schneider. Pearl S. Buck recibe el Nobel de Literatura. León Felipe publica *El payaso de las bofetadas*. Agustín de Foxá: *Cui-Pin-Sing* y *Madrid, de corte a checa*. Luis Miguel *Dominguín* actúa en veintidós festivales taurinos en la zona nacional.

1939 Juan Antonio estudia parte del bachillerato en el Seminario de Comillas en Santander. El 1 de abril, Franco firma el último parte oficial de guerra. Muerte de Antonio Machado en Colliure. León Felipe publica *El hacha español del éxodo y el llanto*. Miguel Hernández: *El hombre acecha*. Wenceslao Fernández Flórez: *Una isla en el mar Rojo*. Azorín: *Españoles en París*. Se crea el Consejo Superior de Investigaciones Científicas. Pemán ingresa en la Real Academia y pronuncia su discurso *Del sentido civil y su expresión en la poesía española*. Poco después es nombrado director por unanimidad. Alternativa de *Manolete* en Sevilla, de manos de *Chicuelo*, y confirmación en Madrid de manos de Marcial Lalanda. El 1 de septiembre, con la invasión de Polonia por los alemanes, comienza la segunda guerra mundial. El 23 de ese mes muere en Londres Sigmund Freud.

1940 El *Boletín Oficial del Estado* publica la ley de represión contra la masonería y el comunismo. Ataúlfo Argenta se presenta en Madrid como pianista. Orden por la que se prohíben en los rótulos y denominaciones comerciales toda clase de vocablos extranjeros. El 27 de junio, los alemanes ocupan Hendaya, donde tendrá lugar el 24 de octubre la entrevista Franco-Hitler. Von Ribbentrop logra la firma del Pacto Tripartito por parte de Alemania, Italia y Japón, que divide Europa y Asia en esferas de influencia. Creación de la Milicia Universitaria. Se raciona el tabaco y se crea la cartilla del fumador. Azorín publica *Pensando en España*. Agustín de Foxá: *El almendro y la espada*. Muere don Julián Besteiro, de septicemia, en la prisión de Carmona; Luis Companys, ex presidente de la Generalitat Catalana, por fusilamiento en el castillo de Montjuich; el arzobispo de Toledo y cardenal primado de España Isidro Gomá, de cáncer, después de haber insistido hasta última hora en la necesidad del perdón para los vencidos, denunciando el fusilamiento de inocentes y el totalitarismo paganizante; en Francia, don Manuel Azaña. Mueren también los escritores Tagore y Joyce.

1941 Casi un tercio de la ciudad de Santander, destruido por un incendio avivado por un huracán. El 7 de diciembre, Japón ataca Pearl Harbour, y el 25 del mismo mes se rinde la guarnición inglesa de Hong-Kong ante el asedio nipón. Hitler asume el mando supremo del ejército alemán. Azorín: *Valencia, Visión de España, Tomás Rueda, El escritor*. Eugenio d'Ors: *Teoría de los estilos, Historias de enfermos y de viejos*. Agustín de Foxá: *Poemas a Italia*. Federico Muelas: *Cantando entre cielo y sangre*. Eduardo Mallea: *Todo verdor perecerá*. Muere Henri Bergson en el París ocupado. Entrevista Franco-Mussolini, el 12 de febrero, en Bordighera. Muerte de don Alfonso XIII en el exilio. Muere en Córdoba el veterano torero Rafael Guerra *(Guerrita)*.

1942 Creación en España del Seguro Obligatorio de Enfermedad. Hitler impone a Muñoz Grandes las Hojas de Roble y le condecora con la Cruz de Hierro. Monseñor Pla y Deniel es el cardenal primado. Se crea el noticiario *NO-DO*. Azorín: *Cavilar y contar* y *Sintiendo a España*. Cela: *La familia de Pascual Duarte*; Zubiri: *Naturaleza, Historia, Dios*. León Felipe: *El poeta prometeico*. López-Ibor: *Neurosis de guerra*. Miguel Hernández muere de tuberculosis en la cárcel de Alicante.

1943 Juan Antonio Vallejo-Nágera comienza la carrera de Medicina en Madrid, dentro del nuevo plan que consta de seis años de estudio, y uno de prácticas. Se implanta la cartilla oficial de racionamiento en todo el territorio nacional. Presentación en Madrid de la bailaora Lola Flores. Aparición de la revista literaria *Garcilaso*. Max Aub: *Campo cerrado*. Azorín: *El enfermo*. Fernández Flórez: *El bosque animado*. Dionisio Ridruejo: *Sonetos de la piedra*. Eugenio d'Ors: *La civilización en la historia* y *Epos de los Destinos*. Rafael Morales: *Poemas del Toro*. Agustín de Foxá:

Gente que pasa. Mueren Sergei Rachmaninov, Carlos Arniches y Francisco Rodríguez Marín.

1944 España ratifica su neutralidad. Decreto de la Presidencia del Gobierno prohibiendo taxativamente las recomendaciones en los asuntos que tramita la Administración del Estado. Comienzan las obras del estadio Santiago Bernabéu. Pemán, reelegido director de la Real Academia. El 18 de julio, presentación y triunfo espectacular del mexicano Carlos Arruza en la plaza de toros de Madrid. El 2 de agosto, Luis Miguel *Dominguín* recibe la alternativa como matador en la plaza de La Coruña, de manos de Domingo Ortega. Agustín de Foxá estrena *Baile en capitanía*. Pemán: *La hidalga limosnera*. Azorín: *La isla sin aurora, María Fontán, Salvadora de Olbena, Los valores literarios*. Ramón Gómez de la Serna: *El refugiado Centauro Flores*. Carmen Laforet, Premio Nadal con *Nada*. Mueren Romain Rolland, Kandinski, Alexis Carrel y Saint-Exupéry.

1945 El 20 de enero, deserción de 6.300 de los 15.600 soldados canadienses reclutados para ultramar. Éxito de Juanita Reina en Madrid con *Solera de España*. El 30 de abril, caída de Berlín y suicidio de Hitler. Azorín: *Leyendo a los poetas; París, memorias; Los clásicos redivivos*. Sir Alexander Fleming, Premio Nobel de Medicina por su descubrimiento de la Penicilina. Gabriela Mistral, Nobel de Literatura. Al fallecer Roosevelt, le sucede Harry Truman, que ordena el bombardeo atómico de Hiroshima y Nagasaki. Fin de la segunda guerra mundial el 15 de agosto, en mensaje difundido por el emperador Hiro-Hito. España evacua la zona de Tánger. En noviembre comienzan los procesos de Nüremberg. Se crea la UNESCO, «para la paz, la educación, la ciencia y la cultura». Presentación en Madrid del espectáculo *Zambra*, de Lola Flores y Manolo Caracol. En España, la competencia entre *Manolete* y Arruza alcanza los máximos grados de pasión. Se estrena la película *Mi reino por un torero*, protagonizada por Arruza. Mueren Bela Bartok, Mascagni, Paul Valéry, *La Argentinita*, los pintores Ignacio Zuloaga, José María Sert, José Gutiérrez Solana y Manuel Hugué.

1946 Las Naciones Unidas condenan el régimen político español. La misma Asamblea recomienda la retirada de embajadores en Madrid. El 16 de octubre son ajusticiados diez condenados en Nüremberg, el primero de ellos el barón Von Ribbentrop, ministro de Asuntos Exteriores, que muere diciendo «Dios salve a Alemania». Se concede el Nobel de Literatura a Hermann Hesse. Pemán: *Las flores del Bien.* Azorín: *El artista y el estilo, Memorias inmemoriales.* B. Llopis: *La psicosis pelagrosa.* Mueren Manuel de Falla, Eduardo Marquina, Gertrude Stein, H. G. Wells, el conde de Keyserling y Largo Caballero.

1947 Thomas Mann publica *Doctor Faustus,* obra maestra que trata de las dolencias espirituales de Alemania. Ramón Menéndez Pidal: *Los españoles en la Historia.* Delibes: *La sombra del ciprés es alargada.* Ramón Sender: *El rey y la reina.* André Gide, Nobel de Literatura. Pemán renuncia al puesto de director de la Real Academia, en favor de don Ramón Menéndez Pidal. Mueren don Mariano Benlliure y don José Lázaro Galdiano. En España, México y otros países sudamericanos, ceremonias de sentido duelo por la trágica muerte de *Manolete* en el ruedo de Linares, el 28 de agosto; el Gobierno español le impone a título póstumo la medalla de Beneficencia.

1948 Américo Castro: *España en su historia.* Camilo José Cela: *Viaje a la Alcarria.* Baroja: *Desde la última vuelta del camino.* Agustín de Foxá: *El Gallo y la Muerte* y *El beso a la bella durmiente.* Elena Quiroga: *La soledad sonora.* Eugenio Montes: *Elegías europeas.* Leopoldo de Luis: *Huésped de un tiempo sombrío.* López-Ibor: *La agonía del psicoanálisis.* T. S. Elliot, Nobel de Literatura. Tennesse Williams obtiene el Premio Pulitzer por su obra teatral *Un tranvía llamado deseo.* Muere Georges Bernanos. Visitan España el doctor Alexander Fleming, Jorge Negrete y María Félix. Juan de Orduña estrena *Locura de amor.* Se declara independiente el Estado de Israel, asentado en Palestina; la Legión Árabe responde inmediatamente con una ofensiva contra la guarnición judía de Jerusalén.

1949 Juan Antonio Vallejo-Nágera termina brillantemente la licenciatura de Medicina con un expediente saturado de matrículas de honor, tras adelantar un curso. Las naciones hispanoamericanas piden a la ONU que revoque la condena contra España. Se abre al tráfico en Madrid la calzada central de la avenida del Generalísimo. Calvo Serer publica *España sin problema*, y Laín Entralgo, *España como problema*. Luis Rosales: *La casa encendida*. Juan Ramón Jiménez: *Animal de fondo*. Fernández Flórez: *El sistema Pelegrín*. López-Ibor: *Los problemas de las enfermedades mentales*. Rof Carballo: *Patología psicosomática*. George Orwell publica su novela *1984*. William Faulkner, Nobel de Literatura. Rita Hayworth se casa con Ali Kahn. El papa Pío XII ordena la excomunión *ipso facto* de los comunistas y sus simpatizantes. Mueren don Fernando de los Ríos, don Alejandro Lerroux, don Niceto Alcalá Zamora, el pintor mexicano José Orozco y los compositores Joaquín Turina y Richard Strauss. Se estrena *Historia de una escalera*, de Antonio Buero Vallejo.

1950 La ONU revoca el acuerdo de 1946, en que recomendó la retirada de embajadores en Madrid. España y Estados Unidos nombran embajadores. Estreno de *Pequeñeces, Agustina de Aragón* y de la versión cinematográfica de *Don Juan*, de Sáenz de Heredia. Inauguración oficial del tren Talgo en España. Canonización del Padre Claret. El escritor Cesare Pavese se suicida en Turín. Mueren el bailarin Nijinski y el escritor Bernard Shaw. Se elige en concurso en Jerez la palabra *Jeriñac* para sustituir a *Coñac*. López-Ibor: *La angustia vital*. Buero Vallejo: *En la ardiente oscuridad*. Ramón de Garciasol: *Defensa del hombre*. Blas de Otero: *Ángel fieramente humano*. Ricardo Fernández de la Reguera: *Cuando voy a morir*. Elena Quiroga, premio Nadal con *Viento del Norte*. Luis Miguel *Dominguín*, en la cabeza del escalafón taurino, actúa en 98 corridas. Rita Hayworth y Ali Kahn visitan España. Bertrand Russell, Nobel de Literatura.

1951 Primeras huelgas en España desde la terminación de la guerra civil. Estreno de las películas *Alba de América* y *La Señora de Fátima*. Camilo José Cela: *La Colmena*. Elena

Quiroga: *Viento del Norte* (Premio Nadal). Blas de Otero: *Redoble de conciencia.* Rof Carballo: *El hombre a prueba.* Mueren Sinclair Lewis, André Gide, Van der Meersch. Wittgenstein, Jacinto Guerrero, Arnold Schomberg, María Montez y, en prisión, el mariscal Pétain, a los 95 años de edad.

1952 Juan Antonio Vallejo-Nágera médico numerario de la Beneficencia Municipal de Madrid. Asiste al Congreso de la Asociación Nacional de Neuropsiquiatría en Santiago y La Toja. Hemingway publica *El viejo y el mar.* François Mauriac recibe el Premio Nobel de Literatura, el profesor Waksman el de Medicina y Albert Schweizer el Nobel de la Paz. Mueren Jardiel Poncela, Knut Hansum, Pär Lagerkvist, Pedro Salinas, Paul Élouard, Benedetto Croce, Jean Dewey y George Santayana. En Santander se celebra el II Congreso Nacional de Moralidad en Playas y Piscinas, para velar por el Pudor y el Recato; presiden los obispos correspondientes. Rof Carballo: *Cerebro interno y mundo emocional.*

1953 España ingresa en la UNESCO. Estreno en Barcelona de *Bienvenido, Mr. Marshall,* de Berlanga y Bardem. Estudiantes universitarios boicotean por vez primera las elecciones para delegados del SEU. Mueren José Stalin, Dylan Thomas, Eugene O'Neill, Sergio Prokofieff y Jorge Negrete. Se estrena en París *Esperando a Godot,* de Samuel Becket. Eugenio Montes: *La estrella y la estela.* Gironella: *Los cripreses creen en Dios.*

1954 Asedio en Indochina de la fortaleza francesa de Dien-Bien-Fu, cuya rendición se produce a los cincuenta y seis días. Elwis Presley inicia un nuevo estilo en la canción. Se graba en Nueva York el primer disco de *rock and roll,* titulado *Rock around the clock.* Rafael Morales, Premio Nacional de Literatura. López-Ibor: *El español y su complejo de inferioridad.* Juan Goytisolo; *Juegos de manos.* Ricardo Fernández de la Reguera: *Cuerpo a tierra.* Agustín de Foxá: *Otoño del 3006* y *El perro de Montserrat.* Aldecoa: *El fulgor y la sangre.* José Hierro: *Quinta del 42.* Visita Madrid el compositor mexicano Agustín Lara. Mueren Eugenio d'Ors, don Jacinto Benavente, el dibujante Rafael de Penagos, el pintor Matisse y el general Millán Astray.

1955 Ernest Hemingway recibe el Premio Nobel de Literatura. Vladimir Nabokov publica su famosa novela *Lolita*. Sánchez Ferlosio publica *El Jarama*. Cela: *La catira*. Tomás Salvador: *Cuerda de presos* (Premio Nacional de Literatura). Juan Goytisolo: *Duelo en el paraíso*. Delibes: *Diario de un cazador*. Blas de Otero: *Pido la paz y la palabra*. Ramón de Garciasol: *Tierras de España*. Ricardo Fernández de la Reguera: *Perdimos el paraíso*. Elena Quiroga: *La careta*. Luis Martín Santos: *Dilthey, Jaspers y la comprensión del enfermo mental*. Carmen Laforet, Premio Nacional de Literatura. Juan Antonio Vallejo-Nágera, medalla de plata de la Real Academia de Medicina. Mueren don José Ortega y Gasset, Albert Einstein, sir Alexander Fleming, el padre Teilhard de Chardin, Concha Espina, Thomas Mann, el compositor Arthur Honneger y el actor James Dean.

1956 Juan Antonio Vallejo-Nágera recibe el Premio de la Real Academia Nacional de Medicina, gana la oposición a Director Médico del Instituto Nacional de Pedagogía Terapéutica. *Estado de excepción* en España. Detención de los señores Dionisio Ridruejo, Sánchez Mazas, Ruiz Gallardón, Elorriaga, Múgica, Pradera y Tamames. Boda de Grace Kelly con Raniero III de Mónaco. Franco reconoce la independencia de Marruecos. Boda de Marilyn Monroe con Arthur Miller. El transatlántico «Andrea Doria» naufraga en el Atlántico. En octubre se realiza la primera emisión de Televisión Española desde Madrid. En Hungría se produce un alzamiento popular, ahogado de modo cruento por las tropas rusas. Ataque relámpago de tropas inglesas y francesas al canal de Suez, que mueve a la ONU a decretar el inmediato alto el fuego. Juan Ramón Jiménez obtiene el Premio Nobel de Literatura. Castillo Puche: *Sin camino* (publicada en Buenos Aires). Luis Jiménez Martos: *Historia de Juan Opositor*. José Luis Martín Descalzo: *La frontera de Dios* (Premio Nadal). Mueren Bertold Brecht, Pío Baroja, Zenobia Camprubí de Jiménez, Alfred Kinsey, Giovanni Papini, y don Juan Negrín, exiliado en París.

1957 Juan Antonio Vallejo-Nágera, profesor adjunto de Psiquiatría en la Facultad de Medicina de Madrid, Universidad Central. Boda de Juan Antonio con María Victoria Zóbel el 26 de junio. En septiembre viaja a Zurich con motivo del Congreso Mundial de Psiquiatría. Ingreso de Camilo José Cela en la Real Academia. Estreno en Madrid de la película *El último cuplé,* de Sarita Montiel. Juan Goytisolo publica *Fiestas.* Albert Camus recibe el Premio Nobel de Literatura. Boris Pasternak publica su novela *Doctor Zhivago.* Aldecoa: *Gran Sol* (Premio Nacional de la Crítica). José Hierro: *Cuanto sé de mí* (premios de la Crítica, de la Fundación March y del Príncipe de Asturias en los años siguientes). Luis Goytisolo: *Las afueras* (Premio Biblioteca Breve al año siguiente). Mueren Sibelius, Toscanini, Gabriela Mistral, Valery Larbaud, Curzio Malaparte, Nikos Katzanzakis, Diego Rivera, Humphrey Bogart, Oliver Hardy y Christian Dior.

1958 Juan Antonio Vallejo-Nágera, director del Hospital Psiquiátrico de Leganés. Elección del papa Juan XXIII tras la muerte de Pío XII. Boris Pasternak, Nobel de Literatura, no sin dificultades por parte del Gobierno ruso. El Nobel de Medicina recae sobre los doctores E. L. Tatum, C. Berkle y Joshua Lederley por sus investigaciones genéticas. Boda de Dalí con Gala. Rafael Montesinos, Premio Nacional de Literatura. Juan Goytisolo publica *La resaca.* Mueren Juan Ramón Jiménez, el general Miaja, Tyrone Power y Ataúlfo Argenta.

1959 Inauguración de la cripta del Valle de los Caídos. Estalla la presa de Vega de Tera y arrasa el pueblo de Ribadelago, en Zamora. A lo largo del verano, Ernest Hemingway, Luis Miguel *Dominguín* y Antonio Ordóñez se convierten en protagonistas del relato *El verano peligroso (The Dangereous Summer).* Hortelano publica *Nuevas amistades.* Elena Quiroga: *La última corrida.* Claudio Sánchez Albornoz: *Españoles ante la historia.* Günter Grass: *El tambor de hojalata.* Luis Buñuel, premiado en Cannes por su película *Nazarín.* En Cuba triunfa la revolución de Fidel Castro. En Madrid, Franco y Eisenhower recorren el paseo de la Castellana en coche descubierto. Severo Ochoa, Premio Nobel de Medicina. Alfonso Sastre: *La cornada;* Luca de Tena: *Edad prohibida.* Juan Goytisolo: *Campos de Níjar.* Gironella: *Los fantasmas de mi cerebro.* Ricardo Fernández de la Reguera: *Vagabundos provisionales.* Mueren Arturo Duperier, Agustín de Foxá, Felipe Sassone, Luis Astrana Marín, Errol Flyn y Cecil B. de Mille.

1960 Mueren el profesor don Antonio Vallejo-Nágera, padre de Juan Antonio, el doctor don Gregorio Marañón y también Albert Camus, Boris Pasternak, Vicky Baum, Jaime Vicens Vives, Rafael Zabaleta, Rafael *el Gallo* y Clark Gable. El III Congreso de Académicos de la Lengua Española, celebrado en Bogotá, rechaza la expresión «América Latina» por considerarla incorrecta. Rosa Chacel publica *La sinrazón.* Elena Quiroga: *Tristura.* Carmen Martín Gaite: *Las ataduras.* Tierno Galván: *Introducción a la sociología.* Tamames: *Estructura económica de España.* Luis Rosales: *Cervantes y la libertad.* Ramón Sender: *Réquiem por un campesino español.* Buero Vallejo estrena *Las Meninas.*

1961 Son derrotados en Cuba los invasores anticastristas de Bahía de Cochinos. Se concede a Luis Buñuel la Palma de Oro en Cannes por su película *Viridiana.* El 6 de junio muere en Küsnacht, Suiza, el psiquiatra Carl Gustav Jung, a los ochenta y cinco años. El escritor Enrique Larreta fallece en Buenos Aires, el 7 de julio, cuatro días después del suicidio de Ernest Hemingway en Ketchum. El mismo año muere Gary Cooper. Ruiz-Giménez publica *Del ser de España.* Rof Carballo: *Urdimbre afectiva y enfermedad.* Aranguren: *La juventud europea.* Juan Goytisolo: *La isla.* Aldecoa: *Caballo de pica.* García Hortelano: *Tormenta de verano.* José María Gironella, éxito con *Un millón de muertos.* Condenado a treinta años de prisión el psicólogo Timoty Leary, investigador de drogas en Harward, autor de *La experiencia psicodélica;* Carlos Saura recibe el Oso de Plata en Berlín por su película *La caza.* Durante esta década, la moda *beatnik* se ve sustituida por el movimiento *hippy* y por las comunas.

1962 En España comienza a considerarse endémica la agitación estudiantil, iniciada en 1956. Cae la excomunión del Vaticano sobre Fidel Castro. La DECCA rechaza al conjunto The Beatles y declara que esos muchachos no tienen la menor posibilidad de triunfar. El 11 de octubre, en el Concilio Vaticano II, el papa Juan XXIII expone ideas de apertura y *aggiornamento.* John Steinbeck recibe el Premio Nobel de Literatura y muere en el mismo año en que fallecen Niels Böhr, Hermann Hesse, William Faulkner, Leopoldo Panero, Julio Rey Pastor, Indalecio Prieto, Diego Martínez Barrios, Julio Camba, Pérez de Ayala, Hugo Wast, Raquel Meller, Irene López Heredia, Charles Laughton, Juan March, y se suicidan Juan Belmonte y Marilyn Monroe. Lauro Olmo estrena *La camisa.* Dionisio Ridruejo publica *Escrito en España.* Federico Muelas: *Sorpresa de España.* Luis S. Granjel: *Historia de la Medicina española.* Francisco Llavero Avilés: *La repoblación cerebral de España.* Laín: *La espera y la esperanza* y *Marañón y el enfermo.* La prensa oficial se hace eco del «Contubernio de Munich», que propone un régimen democrático y el ingreso en la comunidad europea. Se crea Amnistía Internacional.

1963 Elección del papa Pablo VI, el 21 de junio, tras el fallecimiento de Juan XXIII, el 3 del mismo mes. Se inicia el Primer Plan de Desarrollo. Mueren Ramón Gómez de la Serna, Luis Cernuda, Aldous Huxley, Georges Braque, Jean Cocteau, Edith Piaf, Carmen Amaya, Paul Hindemith. Asesinato de John F. Kennedy en Dallas, el 22 de noviembre, y de su presunto asesino Lee Harvey Oswald por Jack Ruby, el 24 del mismo mes. Reaparición de la *Revista de Occidente.* Fundación de *Cuadernos para el Diálogo.* Aranguren publica *Ética y Política.* Tierno Galván: *Humanismo y sociedad.* Lauro Olmo: *El gran sapo.* Carmen Martín Gaite: *Ritmo lento.* Antonio Gala: *Los verdes campos del Edén* (Premio Nacional de Teatro).

1964 El papa Pablo VI levanta los fuertes castigos eclesiásticos que desde 1888 pesaban sobre los católicos que desearan la incineración después de la muerte. Progresa a lo largo del año la moda de la minifalda, lanzada por la diseñadora

Mary Quant. Martin Luther King recibe el Premio Nobel de la Paz y Jean-Paul Sartre, el de Literatura, al cual renuncia por motivos ideológicos. Delibes: *El libro de la caza menor* y *Viejas historias de Castilla la Vieja.* Lera: *Hemos perdido el sol.* En mayo se publica *Libertad, temporalidad y transferencia en el psicoanálisis existencial,* de Luis Martín Santos, fallecido a primeros de año. Mueren el también ilustre médico psiquiatra Emilio Mira y López (en el exilio), el biólogo Domagk, el académico Wenceslao Fernández Flórez y el músico Cole Porter.

1965 El 23 de febrero, los profesores García Calvo y Aranguren arengan a doscientos estudiantes y convocan para el 25 del mismo mes una manifestación de cinco mil alumnos ante el Rectorado. Recepción entusiasta en Madrid del conjunto Los Beatles. En el mismo año comienza la ascensión de otro grupo musical más duro, Rolling Stones, que al parecer se vanaglorian de ser vistos como salvajes y pornográficos por parte del público. El ejército norteamericano inicia en Vietnam el empleo de *napalm.* Durante el verano se ruedan en España escenas de la película *Doctor Zhivago.* La reina de Inglaterra condecora en septiembre al grupo Los Beatles, y con ese motivo, antiguas personalidades condecoradas devuelven sus medallas a la reina. Aranguren publica *Moral y sociedad.* Umbral: *Balada de gamberros.* Elena Quiroga: *Escribo tu nombre.* Mueren Martín Buber, T. S. Elliot, Winston Churchill. Albert Schweiter, Sommerset Maugham, el general Weigand, Stan Laurel, Clara Bow, Tito Schipa, César González Ruano y el doctor Ignacio Barraquer.

1966 Juan Antonio Vallejo-Nágera torea con brillantez en la plaza de Vista Alegre de Carabanchel, en festival organizado en honor a los asistentes al Congreso Mundial de Psiquiatría. Se producen ciento cincuenta huelgas en toda España, que son calificadas como «conflictos laborales». Jaime Capmany recibe el premio Mariano de Cavia. Juan Goytisolo publica *Señas de identidad.* Juan Marsé: *Últimas tardes con Teresa.* Gironella: *Ha estallado la paz.* Umbral: *Travesía de Madrid.* Luis Rosales: *El sentimiento del desengaño en la* *poesía barroca.* Julián Marías: *Meditaciones sobre la sociedad española.* Jesús Torbado: *Las corrupciones.* Marta Portal es Premio Planeta con *A tientas y a ciegas.* Mueren André Breton, Walt Disney, Buster Keaton, Cléo de Mérode, Jan Kiepura, Montgomery Clift, Herbert Marshall, Rafael Sánchez Mazas y Carlos Arruza.

1967 Se producen cuatrocientas dos huelgas, «conflictos laborales», en toda España; de ellas, doscientas noventa y ocho en señal de solidaridad con trabajadores detenidos, sancionados o despedidos. El almirante Carrero Blanco es nombrado vicepresidente del Gobierno. El 8 de enero, el señor Fraga, ministro de Turismo, y el embajador de Estados Unidos, se bañan en la playa de Palomares ante numeroso público y periodistas, para demostrar que no hay riesgo de radiación atómica por la bomba encontrada en dicha playa. Miguel Ángel Asturias, Premio Nobel de Literatura. Juan Goytisolo publica *El furgón de cola.* García Hortelano: *Gente de Madrid.* Lera: *Las últimas banderas* (Premio Planeta). José María Sanjuán, Premio Nadal con *Réquiem para todos nosotros.* Juan Benet: *Volverás a Región.* Delibes: *Cinco horas con Mario.* Fernando Sánchez Dragó (seudónimo, *Ramiro Delso*): *España viva.* Rof Carballo: *Violencia y ternura.* Mueren Azorín, el doctor Carlos Jiménez Díaz, André Maurois, *Che* Guevara, Martine Carol, Vivian Leight, Jane Mansfield, Nelson Eddy y Anthony Mann. Recibe Buñuel el León de Oro en Venecia por su película *Belle de Jour.* Buero Vallejo estrena *El tragaluz*, y Saura, *Pipermint frappé.*

1968 La pintura en Juan Antonio Vallejo-Nágera sustituye a su entusiasmo por la encuadernación. El 22 de marzo se nombra un juez especial en relación con la creciente agitación estudiantil; por motivos relacionados con ello, se crea un servicio especial de policía. Incidentes en las universidades de Madrid y Barcelona. Asesinato en Memphis, Estados Unidos, de Martin Luther King. El 6 de abril, Massiel gana el concurso de Eurovisión cantando *La-la-la.* Del 22 al 29 de mayo, espectaculares incidentes en las universidades francesas. Sartre se solidariza con las manifestaciones antiimperialistas. El general De Gaulle comenta despectivamente tal «efebocracia callejera». El 6 de junio, asesinato de Bob Kennedy en Los Ángeles. El 20 de agosto, invasión soviética de Praga. En el mismo mes, *Pinito del Oro* se cae del trapecio con graves consecuencias. Jackie Kennedy se casa con el magnate Onassis. Yasamuri Kawabata obtiene el Nobel de Literatura. López-Ibor publica *Rasgos neuróticos del mundo contemporáneo*. Castilla del Pino: *La culpa, Dialéctica de la persona, dialéctica de la situación* y *El humanismo imposible*. Jesús Torbado: *La construcción del odio*. Lauro Olmo: *Golfos de bien;* Carmen Martín Gaite: *El balneario*. Álvaro Cunqueiro: *Un hombre que se parecía a Orestes* (Premio Nadal). Daniel Sueiro: *Corte de corteza* (Premio Alfaguara). Mueren don Ramón Menéndez Pidal, Romano Guardini y John Steinbeck.

1969 Decretado en todo el territorio nacional el estado de excepción a causa de la agitación estudiantil. En *ABC* del 24 de enero, Torcuato Luca de Tena califica de «macabra villanía» el incendio de la vieja Universidad de San Bernardo, el asalto al Decanato de la Facultad de Derecho en Madrid y del Rectorado en la Universidad de Barcelona; en este último se arrancó la bandera nacional y se reemplazó por la roja con la hoz y el martillo, además de defenestrar un busto del Jefe del Estado y haber intentado hacer lo mismo con la persona del rector. Con fecha 8 de septiembre, *ABC* se refiere a la «intolerable subversión» y a las pancartas injuriosas para la Patria y el Jefe del Estado, colocadas en centros docentes; se llegó a la exhibición de la hoz y el martillo, a ultrajar el crucifijo y la bandera nacional. España cede Ifni a Marruecos. El 21 de julio, los astronautas Amstrong y Aldrin dan un paseo por la superficie de la Luna. El 23 de octubre comienza la retirada norteamericana de Vietnam. Boda de Massiel con el doctor don Luis Recatero en la capilla de los reverendos padres dominicos de Alcobendas. Samuel Becket, Premio Nobel de Literatura. Camilo José Cela publica *San Camilo 36*. Miguel Delibes: *Parábola del náufrago*. Rodrigo Rubio: *La sotana*. Laín: *Teoría y realidad del otro*. J. Aguirre: *Cristianos y marxistas*. Umbral: *Las vírgenes*. Pedro de Lorenzo: *Viaje a los ríos de Espa-*

ña. Mueren Ignacio Aldecoa, el pintor Vázquez Díaz, el filósofo y psiquiatra Karl Jaspers, el ex presidente Eisenhower y doña Victoria Eugenia de Battenberg, viuda del rey don Alfonso XIII.

1970 Juan Antonio Vallejo-Nágera pasa a Adjunto Honorario tras muchos años de labor docente en la cátedra de Psiquiatría. Participa en competiciones de golf en Sotogrande. Buero Vallejo estrena *El sueño de la razón*. Juan Goytisolo publica *Reivindicación del conde don Julián*. Umbral: *El Giocondo*. Vizcaíno Casas: *Mis queridas nostalgias*. Rof Carballo: *Rebelión y futuro*. B. Llopis: *Introducción dialéctica a la Psicopatología*. Con motivo del proceso de Burgos contra terroristas se dictan nueve penas de muerte. El Jefe del Estado anuncia el indulto de las penas capitales. Soljenitsin, Premio Nobel de Literatura, no puede recoger el galardón por haber denunciado los campos de concentración o *gulags*. Mueren el general Charles De Gaulle y Bertrand Russell, y se suicida el escritor japonés Mishima.

1971 Juan Antonio Vallejo-Nágera solicita cesar en su cargo de director del Hospital Psiquiátrico de Leganés y pasar a dirigir un Dispensario Central en cuanto se produzca una vacante. Participa con eficacia en las competiciones de polo de Sotogrande, celebradas en el mes de enero. El 20 de enero, boda en Illescas de Julio Iglesias e Isabel Preysler. El 5 de junio, la expulsión de veinte médicos del Hospital Provincial de Asturias provoca la huelga de unos mil doscientos médicos internos y residentes en veintiún centros de nueve provincias españolas. En México, el 10 de junio, mueren nueve estudiantes y más de ciento treinta resultan heridos en enfrentamientos con la policía. Dámaso Alonso, nuevo director de la Real Academia. El cardenal Tarancón, arzobispo de Madrid. Pablo Neruda recibe el Premio Nobel de Literatura. Castilla del Pino publica: *Sexualidad y represión* y *Cuatro ensayos sobre la mujer*. Vizcaíno Casas: *Contando los cuarenta*. Manuel Vázquez Montalbán: *Crónica sentimental de España*. Carmen Martín Gaite: *Cuarto de atrás*. Leopoldo de Luis: *Reformatorio de adultos*. Mueren el filósofo Luckaks y el general Camilo Alonso Vega.

1972 Boda en Venecia del cantante Raphael con Natalia Figueroa. En San Sebastián tiene lugar el Primer Congreso Nacional de Brujología, con asistencia de alrededor de cuatrocientos brujos, en su mayoría españoles, que según la prensa se consideran los auténticos representantes de la primitiva religión de los bosques: brujos, lamias, curanderos y hechiceras. Umbral: *Memorias de un niño de derechas.* Heinrich Böll, autor de *Opiniones de un payaso,* Premio Nobel de Literatura. El rector de la Universidad Complutense anuncia la retirada de la fuerza pública del campus universitario. Rof Carballo publica *Biología y Psicoanálisis* y *Signos en el horizonte.* Mueren Américo Castro, Max Aub, Jules Romains, Yasamuri Kawabata, Maurice Chevalier, el modisto Balenciaga, y se suicida el académico Henri de Montherlant.

1973 El 27 de enero, Estados Unidos y Vietnam del Norte firman el alto el fuego. En abril, huelgas y manifestaciones en Barcelona; coincidiendo con la intervención policial se produce una muerte. En mayo, Dalí pronuncia una conferencia en el Museo del Prado, titulada *Velázquez y yo.* Claudio Sánchez Albornoz: *El drama de la formación de España y los españoles.* Umbral: *Carta abierta a una chica progre, Retrato de un joven malvado* y *Spleen de Madrid.* El Premio Nobel de Medicina recae sobre Konrad Lorenz, Karl von Frisch y Nikolaas Tinbergen por sus estudios sobre la conducta animal y humana. Rof Carballo publica *El hombre como encuentro.* Óscar para Luis Buñuel por su película *El discreto encanto de la burguesía.* Luis Miguel *Dominguín,* a fin de año, da por terminada su carrera taurina. Mueren Pablo Picasso, Pau Cassals, Gabriel Marcel, Jacques Maritain, Karl Lövith y Manolo Caracol. En toda España, la noticia del asesinato del almirante Carrero Blanco, el 20 de diciembre, produce intensa conmoción. En Chile, un golpe militar termina con el régimen del presidente Allende, que se quita la vida.

1974 Juan Antonio Vallejo-Nágera deja la Universidad. Recibe un Premio Internacional de Pintura en Lausana. Atentado terrorista en la calle del Correo en Madrid. Patricia Hearst, heredera de una gran fortuna, se identifica con sus secuestradores y participa metralleta en mano de sus puntos de vista y actividades. Camilo José Cela retira su candidatura a la presidencia del Ateneo de Madrid. Dimisión de Nixon en relación con el escándalo Watergate. En abril tiene lugar la llamada «revolución de los claveles» en Portugal. Estalla el escándalo financiero Sofico. Julián Marías: *La justicia social y otras justicias.* Umbral: *Crónicas antiparlamentarias.* Mueren Juan Zaragüeta, Manuel Dicenta, Juan Domingo Perón, David Oistrak, Pär Lagerkvist, Gaspar Gómez de la Serna, Adolfo Muñoz Alonso, Vicente Villar Palasí, U. Thant, el cardenal Danielou, Georges Pompidou y Miguel Ángel Asturias.

1975 Juan Antonio participa en actividades relacionadas con la pintura naïf. El 8 de abril comienza el juicio por el escándalo Matesa. El 26 de junio muere en Roma monseñor Escrivá de Balaguer, fundador del Opus Dei. El 27 de septiembre son ejecutadas cinco sentencias de muerte a los acusados de terrorismo. El 29 de junio muere el poeta Dionisio Ridruejo. El 7 de octubre, a consecuencia de un percance mientras tentaba vaquillas en El Escorial, muere el torero Antonio *Bienvenida.* Su ahijado de alternativa, Manuel Benítez *(el Cordobés),* contrae matrimonio con la señorita Martine Craysse. El 20 de noviembre muere el Generalísimo Franco. El 22 de noviembre, don Juan Carlos de Borbón jura como Rey en las Cortes. Umbral: *La guapa gente de derechas, Diario de un español cansado, Mortal y rosa, Suspiros de España* y *España cañí.* Vizcaíno Casas: *La memoria de don Francisco y otras memorias más, La España de la posguerra.* Eugenio Montale, Premio Nobel de Literatura.

1976 Boda de la cantante Rocío Jurado con el boxeador Pedro Carrasco en Chipiona. Adolfo Suárez, presidente del Gobierno. Saúl Bellow, Premio Nobel de Literatura. Julián Marías publica *La España real.* Laín Entralgo: *Descargo de conciencia.* Umbral: *Las ninfas, Los políticos, Crónicas posfranquistas, Crónicas de la nueva España.* Vizcaíno Casas: *De camisa vieja a chaqueta nueva.* Ulrike Meinhoff, cofundadora de una famosa banda terrorista, se suicida. Mueren en el mismo año el compositor Óscar Esplá, el realizador cinematográfico Luchino Visconti y el escritor y político André Malraux.

1977 Juan Antonio Vallejo-Nágera toma posesión, con carácter definitivo, del cargo de Director del Centro de Salud Mental A, de Madrid, en la calle de Maudes, 32. Legalización y recuperación de protagonismo de los partidos políticos, singularmente de izquierda. Mítines sindicales en toda España. Elecciones generales, por primera vez desde la Segunda República. Don Juan de Borbón renuncia a sus derechos en favor de su hijo don Juan Carlos. El 23 de abril obtiene el Premio Cervantes el poeta Jorge Guillén. Juan Antonio Vallejo-Nágera publica *Locos egregios,* que luego se reeditará varias veces con enorme éxito. El doctor Luis Valenciano Gayá publica la importante biografía titulada *El doctor Lafora y su época.* Julián Marías: *La devolución de España.* Tuñón de Lara: *Medio siglo de cultura española.* Umbral: *La noche que llegué al café Gijón, Tratado de las perversiones* y *Diccionario para pobres.* Vizcaíno Casas: *La boda del señor cura.* Vicente Aleixandre recibe el Premio Nobel de Literatura. Mueren María Callas, Roberto Rosellini, Jacques Prévert, Jean Rostand, Miguel Mihura, Bing Crosby y Elvis Presley.

1978 La Iglesia católica, descontenta con la aconfesionalidad del anteproyecto constitucional. Se aprueban los artículos del proyecto de ley que despenaliza el adulterio y el amancebamiento. Nace el primer bebé probeta en un hospital de Manchester. El 18 de noviembre, en la selva de la Guayana, más de novecientos miembros de la secta estadounidense Templo del Pueblo, dirigida por Jim Jones, mueren por suicidio o asesinados. Secuestro y asesinato del primer ministro italiano Aldo Moro por las Brigadas Rojas. Detención en Madrid, en la «Operación Galaxia», de diversos militares españoles implicados en el proyecto de un golpe de Estado para imponer un gobierno de salvación nacional. Alfredo Evangelista, campeón europeo de peso pesado. Se aprueba la supresión de discriminaciones contra los gitanos. Carmen Conde ingresa en la Real Academia. Juan Antonio Vallejo-Nágera publica: *Mishima o el placer de morir*. Julián Marías: *España en nuestras manos*. Carmen Martín Gaite: *Entre visillos*. Umbral: *Ramón y las vanguardias*. Vizcaíno Casas: *Y al tercer año... resucitó*. Mueren el papa Juan Pablo I, cuyo pontificado sólo duró treinta y tres días; Salvador de Madariaga, Luis Pericot, Santiago Bernabéu, Alfonso Paso, Charles Boyer y Fermín Espinosa *(Armillita)*. Premio Nobel de la Paz para el primer ministro israelí Menahem Beguin y el presidente egipcio Anuar el Sadat.

1979 Auge del integrismo islámico y de su líder Jomeini; las mujeres chiítas deben llevar el velo negro inexcusablemente. La señora Thatcher, primer ministro en Gran Bretaña. Buero Vallejo estrena *Jueces en la noche*. José Luis Abellán inicia la publicación de *Historia Crítica del Pensamiento Español*. López-Ibor: *Neurosis*. Umbral: *Diario de un escritor burgués* y *Los amores diurnos*. Fernando Sánchez Dragó, Premio Nacional de Ensayo por su obra *Gárgoris y Habidis*. Jesús Fernández Santos, autor de *Extramuros*, Premio Nacional de Literatura. El Nobel de la Paz se concede a la Madre Teresa de Calcuta. Mueren Durancamps, Herbert Marcuse, Jean Seberg, Jean Renoir, Blas de Otero, John Wayne, Celso Emilio Ferreiro, Laly Soldevila, Pastora Imperio y Merle Oberon.

1980 Juan Antonio Vallejo-Nágera publica *Concierto para instrumentos desafinados*. Fernando Vizcaíno Casas publica *¡Viva Franco! (con perdón)*. Eugenio Trías: *Tratado de la pasión*. Carmen Martín Gaite: *Fragmentos de interior*. Mueren el psicoanalista Erich Fromm, los filósofos Roland Barthes, Jean-Paul Sartre, el escritor Alejo Carpentier, Henry Miller, el presidente Tito de Yugoslavia, el músico José Iturbi, el psiquiatra Juan Obiols Vié y el veterano político don José María Gil Robles. Cae asesinado por un enfermo mental el cantante John Lennon, del grupo Los Beatles. Duelo popular por la muerte en accidente de aviación del naturalista Félix Rodríguez de la Fuente.

1981 Dimisión del presidente Suárez. Leopoldo Calvo-Sotelo investido nuevo presidente el 25 de febrero, tras el frustrado intento de golpe de Estado del 23 de febrero. Estalla el escándalo financiero Rumasa. Graves heridas del papa Juan Pablo II, al sufrir un atentado en Roma el 13 de mayo. Juan Carlos Onetti, Premio Cervantes. Julián Marías publica *Cinco años de España.* Vizcaíno Casas: *Las autonosuyas* (una sátira, feroz y divertida, de los excesos del llamado «Estado de las autonomías»). Mueren los escritores Eugenio Montale, Álvaro Cunqueiro y Josep Pla, así como la filóloga doña María Moliner, el cantante Georges Brassens, el compositor guitarrista y musicólogo Regino Sainz de la Maza y la actriz Natalie Wood.

1982 En Madrid se celebra el «Mundial cultural», con actuación de los Rolling Stones y de Plácido Domingo, como principales atracciones. Se prohíbe en España la venta de tabaco a menores de dieciséis años. Liberación del padre de Julio Iglesias tras un penoso secuestro. Octavio Paz, premio Cervantes. Se publica *La realidad histórica de España,* de Américo Castro. Durante el mes de mayo tiene lugar la guerra de las Malvinas entre Inglaterra y Argentina. En julio, en el palacio de Buckinhgam, un intruso se sienta al borde de la cama de la reina de Inglaterra y le ofrece un cigarrillo. Mueren los escritores Ramón Sender, Juan Antonio de Zunzunegui, Víctor Ruiz Iriarte, Eduardo Mallea, Peter Weiss; los psicoanalistas Alexander Mitscherlich y Ana Freud; los actores Henri Ford, Curd Jurgens, Ingrid Bergman, Romy Schneider y José Nieto; el filólogo Jakobson, el compositor Moreno Torroba, y Gala (Elena Dimitrovnie Diakonova), esposa de Dalí, después de haberlo sido del poeta Paul Élouard. Obtiene el Nobel de Literatura el escritor colombiano Gabriel García Márquez.

1983 Se autoriza en España, desde el 27 de abril, la exhibición de películas pornográficas. Francisco Andrés Orizo publica *España, entre la apatía y el cambio social.* Antonio Jutglar: *La España que no pudo ser.* Entre 1983 y 1990 publica Juan Antonio Vallejo-Nágera numerosos artículos en *ABC Dominical, Panorama* y otras revistas, que se hallan recogidos junto a entrevistas en televisión, en el libro *Color en un mundo gris,* aparecido en 1991, fundamental para conocer la personalidad de su autor. Ángel Nieto, campeón mundial de motociclismo. Boda del torero *Paquirri* con la tonadillera Isabel Pantoja. Se concede el Premio Nobel de la Paz a Lech Walesa, y el de Literatura, a William Golding, autor de *El señor de las moscas*. Regresa de un largo exilio el ilustre escritor e historiador don Claudio Sánchez Albornoz. Mueren Luis Buñuel, Tennesse Williams, Bergamín y Xavier Zubiri. Fallece el legendario actor John Weismuller, que encarnó durante muchos años el personaje del popular *Tarzán*. El escritor Arthur Koestler y su esposa se suicidan juntos.

1984 Juan Antonio Vallejo-Nágera suplica excedencia voluntaria de su cargo de director del Centro de Salud Mental de la calle Maudes. El Gobierno socialista hace público un censo de 1.477.206 funcionarios, incluidos los del Gobierno central y los de las autonomías. El recelo cada vez mayor contra muchas sectas lleva a denunciar las prácticas homosexuales en niños mediante engaño, por parte de miembros de la secta Edelweiss. Castilla del Pino publica *Teoría de la alucinación*. Fernando Vizcaíno Casas: *100 años de honradez,* una sátira mordaz, divertida y documentada del cambio político. Muere el pintor y mecenas Fernando Zóbel, muy vinculado a la familia Vallejo-Nágera. Mueren el poeta Jorge Guillén y los escritores Guillermo Díaz-Plaja, Julio Cortázar, Solokhov, el filósofo Michel Foucault y don Claudio Sánchez Albornoz. Toda España vibra con las escenas trágicas de la lúcida y gallarda muerte del torero *Paquirri,* filmadas en la enfermería de la plaza de toros de Pozoblanco, Córdoba.

1985 Juan Antonio Vallejo-Nágera declara el 23 de enero en un programa radiofónico de la COPE que es demasiado tarde para practicar el psicoanálisis de España en el diván, es preciso llevarla como paciente a la UVI. Concesión del Premio Planeta al doctor Juan Antonio Vallejo-Nágera Botas, el 15 de octubre, por su libro *Yo, el rey*. José Luis Tomás García, Premio Nadal por su novela *La otra orilla de la droga*. Julián Marías: *España inteligible*. Cristóbal de Zaragoza publica *Acta de defunción; una reflexión sobre la* *violencia de los españoles.* Leopoldo de Luis: *Del temor y de la miseria.* La Universidad de Oxford niega el doctorado *honoris causa* a la señora Thatcher. Mueren el filólogo Antonio Tovar, el escritor Heinrich Böll, el actor Rock Hudson y el cineasta Orson Welles, muy ligado a España. Todavía reciente el duelo por *Paquirri,* causa estupor, el 30 de agosto, la muerte en el ruedo de Colmenar Viejo del matador José Cubero *(Yiyo),* filmada por la televisión.

1986 Supresión en España de las pólizas para tramitar documentos administrativos. Saura estrena *El amor brujo.* Torrente Ballester, Premio Cervantes. Se estrena la película *Tiempo de silencio,* dirigida por Vicente Aranda, basada en la novela del psiquiatra y escritor Luis Martín Santos. Jesús Ordovás: *Historia de la música pop española.* Fernando Vizcaíno Casas: *La letra del cambio.* Francisco Ayala: *La imagen de España.* José Luis Abellán: *Los españoles, vistos por sí mismos.* Amando de Miguel: *El rompecabezas nacional.* Pedro Voltes: *El tiempo inmóvil ¿Ha cambiado alguna vez España?* El 19 de enero muere el popular alcalde de Madrid don Enrique Tierno Galván. Fallecen en el mismo año Simone de Beauvoir, Jean Genet, Mircea Eliade, Jorge Luis Borges y el cineasta Otto Preminger.

1987 Según Vázquez Montalbán, se trata de un «año de trámite», durante el cual se advierten signos de tedio parlamentario, así como de anorexia de los políticos y de sus clientes. Reciben los Premios Príncipes de Asturias, Cela, Linz, Chillida y Pérez de Cuéllar. Carlos Seco, Premio Historia de España. Premios literarios para Rosa Chacel, Francisco Brines, José Antonio Maravall y Octavio Paz. Juan Antonio Vallejo-Nágera publica *Yo, el intruso,* segundo libro sobre José Bonaparte y «Ante la depresión». Salustiano del Campo y Manuel Navarro: *Nuevo análisis de la población española.* Hooper: *Los españoles de hoy.* Mueren los doctores Ramón Castroviejo y Gil Vernet, los músicos Andrés Segovia y Frederic Mompou, el poeta y académico Gerardo Diego, Margarita Yourcenar, Gerald Brenan, Galo Plaza, Manuel Viola, Danny Kaye, Rita Hayworth, Geraldine Page, Fred Astaire, John Huston, Jean Anouhil, Rudolf

Hess, Jacques Anquetil y Josefina Manresa, viuda del poeta Miguel Hernández.

1988 Se contabilizan oficialmente en España, con fecha de 3 de septiembre, 1.850 enfermos de SIDA, con neto predominio del sexo masculino. El anuario de *El País* se ocupa de la creciente problemática de la droga en los barrios. Se describe el «desembarco masivo de sectas» en España, con una «clientela» no inferior a las 300.000 personas; estima el sociólogo Alberto Moncada que, en las actuales circunstancias, seguirán proliferando. Auge mundial de macrofestivales de música *rock,* vinculados a causas humanitarias y a otras causas. En Marbella, Madrid y Barcelona triunfa Michael Jackson. El *pop-rock* español atraviesa grave crisis de mercado. En cabeza figuran Mecano, Gabinete Caligari, Duncan Dhu y Hombres G. Se inicia la moda del *flamenco-pop* con Pata Negra y Ketama. Francisco Ayala, Premio de las Letras Españolas. Juan Antonio Vallejo-Nágera publica *Perfiles humanos,* José Antonio Vaca de Osma: *España a destiempo.* Amando de Miguel: *La España oculta.* Eugenio Trías: *La aventura filosófica.* Nuria Amat: *El ladrón de libros.* Torrente Ballester, Premio Planeta por *Filomeno a mi pesar.* Rosa Montero: *Amado amo.* Boda de Miguel Boyer con Isabel Preysler. Mueren el doctor Ramón Rey Ardid, doña Carmen Polo de Franco, Rafael Calvo Serer, Domingo Ortega, Antonio Márquez, Guillermo Marín, Ernesto Giménez Caballero, Jesús Fernández Santos, Josep Tarradellas, Consuelo Bergés, María Teresa León, Cristina Onassis, Antal Dorati, el pintor Carlos Pradal y los compositores Manuel Quiroga y Pablo Sorozábal.

1989 Juan Antonio Vallejo-Nágera presenta en mayo el libro de un amigo suyo *Historia ilustrada de la tauromaquia* en la Biblioteca Nacional junto a Ángel Luis *Bienvenida.* En julio da una conferencia taurina con Luis Miguel *Dominguín* en La Línea de la Concepción. Viaja en el verano a Japón con su hermano José Ignacio. El 24 de noviembre recibe el exacto diagnóstico de su enfermedad y el pronóstico de su muerte a corto plazo. Escribe cartas de despedida a sus amigos. El Gobierno acuerda con los obispos que la Inmaculada sea fiesta fija anual. Según encuestas sociológicas de José Juan Toharia, recogidas en el libro *Los españoles* de Amando de Miguel, entre los jóvenes de quince a veinticuatro años, el 71 por 100 conocen a alguna chica menor de edad que ha tenido un hijo; el 62 por 100 tienen un amigo bebedor habitual; 45 por 100 tienen un amigo o conocido «enganchado» a la droga. Entre los jóvenes encuestados, 66 por 100 consideran innecesaria la Iglesia como institución; 63 por 100 opinan lo mismo del Ejército y 58 por 100 no ven necesario el matrimonio. Castilla del Pino publica: *Temas, hombres, cultura, sociedad.* Martín Sagrera: *Las mil Españas.* Leopoldo de Luis: *Los caminos cortados. Juan Antonio Vallejo-Nágera publica: «Vallejo y yo».*

1990 Juan Antonio Vallejo-Nágera permanece en cama desde el 28 de febrero hasta su fallecimiento el 13 de marzo. Víctor Márquez Reviriego, Premio Espejo de España por *El desembarco andaluz.* Salvador Giner publica *España: sociedad y política;* Justino Sinova y Javier Tusell: *El secuestro de la democracia,* Amando de Miguel: *Los españoles.* Juan Antonio Vallejo-Nágera: *Conócete a ti mismo.* Octavio Paz, Premio Nobel de Literatura. El Nobel de la Paz es para Mijail Gorbachov. Carlos Bousoño, Premio Nacional de Poesía por *Metáforas del desafuero.* Agustín García Calvo, premio de Ensayo por *Hablando de lo que había.* José Hierro, Premio Nacional de las Letras por su obra, en conjunto. Premio Nacional de Literatura a José Donoso por su obra. Antonio Gala recibe el Premio Planeta por *El manuscrito carmesí.*

Juan Antonio Vallejo-Nágera: *Cómo hablar en público* (presentado el día de su muerte por su hija Alejandra). Mueren Juan Antonio Vallejo-Nágera Botas, Bruno Bettelheim, Dámaso Alonso, Ava Gardner, Bárbara Stanwyck, Joaquín Casalduero, Sandro Pertini, José Solís Ruiz, Jaime Gil de Biedma, Jimena Menéndez Pidal, *Capucine,* Aldo Fabrizi, Greta Garbo, Paulette Godard, Eduardo Nicol, Sammy Davis, Rex Harrison, José Corrales Egea, Mario Cabré, Fernando Sancho, Irene Dunne, Alberto Moravia, Michel Leiris, Luis Althuser, Marcial Lalanda, Xavier Cugat, Alfred Sauvy, German Bleiberg, Lawrence Durrell, Aaron Copland, Concha Piquer y Friedrich Dürrenmatt.

índice alfabético

índice de materias